路用氯氧镁水泥混凝土
设计与施工

徐安花　关博文　陈华鑫　房建宏　著

交通运输行业高层次人才培养项目资助出版

科学出版社

北京

内 容 简 介

本书总结了作者多年来氯氧镁水泥道路混凝土设计与应用工作的研究成果。全书共 7 章，内容包括绪论、氯氧镁水泥材料组成与设计优化、路用氯氧镁水泥混凝土材料组成关键参数研究、氯氧镁水泥专用聚羧酸减水剂开发、氯氧镁水泥混凝土组成设计与路用性能研究、路用氯氧镁水泥混凝土耐水性能提升技术、氯氧镁水泥混凝土路面与涵洞施工关键技术，全面介绍了路用氯氧镁水泥混凝土设计与施工的应用成果。

本书可供交通、建筑、水利等工程领域的科学研究、工程设计和施工技术人员参考，也可供高等院校师生参考。

图书在版编目（CIP）数据

路用氯氧镁水泥混凝土设计与施工 / 徐安花等著. —北京：科学出版社，2023.3
ISBN 978-7-03-074054-0

Ⅰ. ①路… Ⅱ. ①徐… Ⅲ. ①水泥混凝土路面–路面设计 Ⅳ. ①U416.216.02

中国版本图书馆 CIP 数据核字（2022）第 228845 号

责任编辑：祝　洁　汤宇晨 / 责任校对：崔向琳
责任印制：张　伟 / 封面设计：蓝正设计

科学出版社 出版
北京东黄城根北街 16 号
邮政编码：100717
http://www.sciencep.com
北京中石油彩色印刷有限责任公司 印刷
科学出版社发行　各地新华书店经销

*

2023 年 3 月第 一 版　开本：720×1000　1/16
2023 年 3 月第一次印刷　印张：11 1/4
字数：223 000
定价：118.00 元
（如有印装质量问题，我社负责调换）

前　言

氯氧镁水泥由菱镁矿石经轻烧、粉磨而成，是具有一定活性的轻烧氧化镁与氯化镁、水三元体系按一定比例配制而成的一种气硬性胶凝材料，具有低温凝结快、黏结强度高、耐磨性好、干缩小、抗冻性良好和耐盐腐蚀等优点，并且在严寒气候环境条件下具有较好的稳定性，较大的温度变化不会影响其稳定性。将氯氧镁水泥材料代替传统硅酸盐水泥应用于道路工程，对改善西部地区恶劣气候环境下道路工程结构物的耐久性和促进道路新材料发展具有积极的意义。青海省内盐湖分布广泛，在盐湖地区生产钾肥会产生大量氯化镁含量较高的废料。研究资料显示，生产 1t 氯化钾的同时要排出 9～10t 氯化镁，仅 2015 年青海察尔汗盐湖钾肥厂就已副产 9710 万 t 老卤，折合氯化镁超过 3140 万 t。存放如此庞大的氯化镁废料，不仅占用了大量的土地资源，而且严重污染了周边生态环境。氯化镁堆积存放于工厂、盐湖等地区，对周边空气、土壤、河流等造成一定不利影响，而且受大风、连续降雨、地质变化等影响，大量的镁盐向周边不断侵袭，进而对周边地区的生态环境产生极大的威胁，形成"镁灾"。因此，采用生产钾肥时产生的氯化镁废料作为主要原材料生产氯氧镁水泥，代替普通硅酸盐水泥，不仅能显著提高道路混凝土材料的耐久性，还能"变废为宝"，达到节能减排、循环利用的目的，既解决了环境污染问题，又能降低道路混凝土的生产成本。

鉴于此，本书研究如何将氯氧镁水泥应用于道路工程混凝土中，代替传统硅酸盐水泥，通过大量的现场调研、室内外试验与实体工程验证，结合宏观力学试验与微观结构分析，攻克氯氧镁水泥在公路路面及涵洞工程应用中的技术难题，对路用氯氧镁水泥道路混凝土材料组成设计与应用关键技术进行了系统的研究。氯氧镁水泥混凝土在青海道路工程中的推广应用，一方面就地取材，不但减少了道路工程混凝土早期破坏造成的经济损失，还节约了建设成本；另一方面助力了盐湖资源的循环再利用，减少了"镁灾"对生态环境、土地资源造成的不利影响，既符合当前我国具体国情，又符合循环经济发展理念，是建设节约型社会、实现可持续发展战略的现实需求，具有极大的经济效益、社会效益和生态效益。

随着国内外氯氧镁水泥理论研究、工程应用和技术标准的逐步完善，氯氧镁水泥的研究和应用成果越来越多，涉及的应用领域也更加广泛，但是，系统性介绍氯氧镁水泥混凝土在道路工程中应用的专著较少。本书在作者主持的青海省交通科技项目"镁水泥在公路路面及涵洞工程中的应用研究"基础上，根据多年来氯氧镁水泥道路混凝土设计与应用工作的经验总结凝练而成。本书全面探讨了氯氧镁水泥胶凝材料制备、氯氧镁水泥专用聚羧酸减水剂开发，提出了一套切实可行的氯氧镁水泥混凝土材料设计与施工方法，力求氯氧镁水泥混凝土在道路工程中的应用有章可循、简单明了。

  本书第 1~4 章由青海交通职业技术学院徐安花撰写；第 5 章由长安大学关博文撰写；第 6 章由长安大学陈华鑫撰写；第 7 章由青海省交通科学研究院房建宏撰写。感谢张硕文、吴佳育、冯超、王永维、马慧、夏雨、王爱鹏、何珍庆、李佩潼、吴奇霖、夏春秋、朱腾宇等研究生在本书相关研究工作中的付出。

  由于作者学术水平有限，书中难免存在疏漏之处，敬请读者批评指正。

目 录

前言
第1章　绪论 ··· 1
　1.1　引言 ··· 1
　1.2　氯氧镁水泥研究现状 ·· 2
　1.3　氯氧镁水泥混凝土的工程应用问题 ··· 6
　参考文献 ··· 8
第2章　氯氧镁水泥材料组成与设计优化 ·· 10
　2.1　原材料技术要求及氯氧镁水泥基本组成优化 ································ 10
　　2.1.1　原材料技术要求 ··· 10
　　2.1.2　氯氧镁水泥基本组成优化 ··· 13
　2.2　路用复合氯氧镁水泥开发 ·· 20
　　2.2.1　粉煤灰氯氧镁水泥 ·· 20
　　2.2.2　白云石粉氯氧镁水泥 ··· 26
　　2.2.3　石灰石粉氯氧镁水泥 ··· 33
　　2.2.4　抗水氯氧镁水泥 ··· 39
　2.3　青海省低温环境适应性 ··· 42
　　2.3.1　青海省气候特征 ··· 42
　　2.3.2　低温环境下氯氧镁水泥性能研究 ·· 45
　2.4　氯氧镁水泥的早期水化行为 ··· 48
　　2.4.1　氯氧镁水泥的早期水化行为测试方法 ···································· 48
　　2.4.2　氯氧镁水泥水化行为与凝结时间 ·· 51
　参考文献 ··· 54
第3章　路用氯氧镁水泥混凝土材料组成关键参数研究 ························· 55
　3.1　路用氯氧镁水泥混凝土性能影响因素分析 ··································· 55
　　3.1.1　胶凝材料用量 ·· 55
　　3.1.2　砂率 ·· 58
　　3.1.3　集料最大粒径 ·· 60
　　3.1.4　浆集比 ··· 61
　　3.1.5　$MgCl_2$浓度 ·· 62
　　3.1.6　外加剂 ··· 63

3.2 路用氯氧镁水泥混凝土增强增韧设计···67
3.2.1 增韧材料对氯氧镁水泥基复合材料弯曲性能影响研究·················67
3.2.2 纤维增强氯氧镁水泥混凝土的弯曲性能研究·······························77
参考文献··81

第4章 氯氧镁水泥专用聚羧酸减水剂开发···83
4.1 聚羧酸减水剂合成工艺··83
4.2 聚羧酸减水剂的分子设计与合成··84
4.3 聚羧酸减水剂对氯氧镁水泥性能的影响··89
4.3.1 聚羧酸减水剂掺量的确定···89
4.3.2 缓凝剂对氯氧镁水泥性能的影响···90
4.3.3 现有聚羧酸减水剂性能对比分析···93
4.3.4 氯氧镁水泥聚羧酸减水剂表征···95
4.4 氯氧镁水泥聚羧酸减水剂性能评价··97
参考文献··103

第5章 氯氧镁水泥混凝土组成设计与路用性能研究·································104
5.1 氯氧镁水泥混凝土原材料技术要求··104
5.2 氯氧镁水泥混凝土配合比设计··105
5.3 氯氧镁水泥混凝土材料组成设计实例··108
5.3.1 计算初步配合比···108
5.3.2 配合比室内调整及强度复核···110
5.3.3 施工配合比调整···110
5.4 氯氧镁水泥混凝土路用性能研究··111
5.4.1 耐水性能···111
5.4.2 耐磨性能···112
5.4.3 收缩性能···116
5.4.4 抗渗性能···117
5.4.5 抗冻性能···118
参考文献··120

第6章 路用氯氧镁水泥混凝土耐水性能提升技术·····································122
6.1 水分隔离技术的选择··122
6.2 碳化反应对氯氧镁水泥混凝土耐水性能的影响··123
6.2.1 温度···124
6.2.2 相对湿度···127
6.2.3 碳化行为数值模拟···131
6.2.4 碳化阻碍水分传输行为研究···132

6.3 氯氧镁水泥混凝土耐水性能劣化规律 ·········· 134
6.3.1 水环境下混凝土耐水性能劣化发展 ·········· 134
6.3.2 干燥环境下性能变化 ·········· 136
6.3.3 自然环境下混凝土耐水性能变化 ·········· 137
6.4 耐水性能提升技术有效性试验模拟 ·········· 138
6.4.1 自然环境下氯氧镁水泥的碳化 ·········· 138
6.4.2 耐水性能提升技术工艺设计 ·········· 139
6.4.3 碳化后混凝土性能变化 ·········· 140
参考文献 ·········· 144

第7章 氯氧镁水泥混凝土路面与涵洞施工关键技术 ·········· 146
7.1 青海省气候分区及氯氧镁水泥混凝土耐水性能要求 ·········· 146
7.1.1 青海省气候分区 ·········· 146
7.1.2 氯氧镁水泥混凝土耐水性能要求 ·········· 150
7.2 氯氧镁水泥混凝土制备技术 ·········· 150
7.3 氯氧镁水泥混凝土路面施工技术 ·········· 153
7.3.1 原材料 ·········· 153
7.3.2 施工配合比 ·········· 155
7.3.3 氯氧镁水泥混凝土路面施工 ·········· 156
7.3.4 氯氧镁水泥混凝土路面应用效果 ·········· 162
7.4 氯氧镁水泥混凝土涵洞施工技术 ·········· 163
7.4.1 原材料及施工配合比 ·········· 163
7.4.2 氯氧镁水泥混凝土涵洞施工 ·········· 163
7.4.3 氯氧镁水泥混凝土涵洞应用效果 ·········· 166
7.5 经济与环境效益分析 ·········· 167
7.5.1 成本分析 ·········· 167
7.5.2 性价比分析 ·········· 169
7.5.3 环境效益分析及推广应用前景 ·········· 170
参考文献 ·········· 170

第1章 绪　　论

1.1 引　　言

　　大量工程实践证明，在高海拔寒冷气候环境条件下，道路工程混凝土结构物在施工过程中暴露于自然环境中，使得普通硅酸盐水泥水化速率降低，对新拌混凝土凝结硬化和早期强度发展极为不利，混凝土很容易发生收缩开裂及冻胀病害，最终导致道路工程混凝土结构物达不到预期的服役年限，出现早期病害，严重影响混凝土结构物服役的安全性和可靠性，造成巨大的经济损失。

　　我国西部盐湖地区富产氯化镁，可制备力学强度高、耐高低温、耐盐腐蚀的氯氧镁水泥(magnesium oxychloride cement，MOC)，适用于寒冷、盐碱地区。氯氧镁水泥的原材料来源比较广泛，其中轻烧氧化镁大多来自菱镁矿和白云石矿。我国已探明菱镁矿占世界总储量的1/4，主要分布在辽宁、山东两省，河北、新疆、青海等地也有少量分布。中国第一大、世界第二大的内陆盐湖——察尔汗盐湖及绵长的海岸线，为制取氯化镁提供了主要的场所。特别是青海海西地区，大量氯化镁作为工业副产品堆积在盐湖周边形成"镁灾"，严重影响了周围生态环境。因此，加大开发氯氧镁水泥产品的综合应用、合理利用"废弃材料"、减少环境污染成为当前内陆盐湖地区重要研究课题。另外，适宜环境下氯氧镁水泥可高效吸附CO_2，降低碳排放。在西部高原地区推广氯氧镁水泥混凝土应用，既可避免早期混凝土强度不足引发的冻害或盐分侵蚀破坏，又能促进绿色建材健康可持续发展。

　　目前，我国氯氧镁水泥被应用于装饰材料、通风管道、耐火砖、代替木材的包装材料等方面[1,2]，鲜有用于道路工程混凝土。在道路工程混凝土中难以推广应用的主要原因如下。①国内外学者对氯氧镁水泥混凝土的研究大部分集中在耐水性能改善方面[3,4]，并没有明确指出其组成材料在道路工程应用中的技术要求，没有建立其强度发展规律、耐水能力等特性与各工程不同结构物耐水要求之间的联系。②氯氧镁水泥的5·1·8结构($5Mg(OH)_2·MgCl_2·8H_2O$，简称"5相")决定了其组成材料中用水量及浆体用量难以大幅度变动，现有氯氧镁水泥混凝土技术难以达到道路工程混凝土工作性能要求；同时，由于氯氧镁水泥为气硬性胶凝体系，与硅酸盐水泥水化有着本质区别，基于鲍罗米公式的现有传统水泥混凝土设计方法不适用于氯氧镁水泥混凝土。③氯氧镁水泥水化速度快、凝结时间短，对其工作性能造成较大的影响[5,6]，普通道路混凝土施工工艺不能满足氯氧镁水泥混凝土的施工要求。相关研究缺失及理论技术储备不足限制了氯氧镁水泥混凝土在道路工程中的推广应用。

鉴于此，本书通过添加剂和氯氧镁水泥的优化配比，大幅度提高其耐水性能，结合氯氧镁水泥混凝土面层材料力学与耐久性能影响因素分析，提出氯氧镁水泥混凝土面层材料组成设计方法；基于现场实体试验工程，提出氯氧镁水泥稳定碎石基层和氯氧镁水泥混凝土面层施工工艺，最终形成适用于干旱寒冷气候条件施工的氯氧镁水泥性能优化、氯氧镁水泥稳定碎石基层和氯氧镁水泥混凝土面层材料组成设计及施工成套技术。研究成果拓展了氯氧镁水泥的应用范围，减少了干旱寒冷地区水泥稳定基层和水泥混凝土面层早期破坏造成的社会经济损失，解决了盐湖地区氯化镁废料导致的生活环境破坏等问题，既符合我国具体国情，也符合发展循环经济、建设节约型社会、实现可持续发展战略的要求，具有极大的经济效益、社会效益和生态效益。

1.2 氯氧镁水泥研究现状

氯氧镁水泥性能在原材料方面主要受两方面因素影响。一方面主要受 MgO 等原材料自身性能影响，另一方面受 MgO、$MgCl_2$ 及 H_2O 三者的配合比影响。除此之外，氯氧镁水泥的性能还受养护温度和外掺材料的影响，养护温度不同，掺入材料的种类不同，对 MOC 产生的影响也大为不同。

Avanish 等[7]研究了 MgO 的煅烧温度、$MgCl_2$ 的纯度和浓度、惰性材料性能对氯氧镁水泥抗压强度和抗弯强度的影响，研究表明，MgO 的煅烧温度、$MgCl_2$ 溶液的浓度及惰性材料的细度是控制 MOC 强度发展的关键因素。该研究进一步表明，$MgCl_2$ 的纯度对 MOC 的强度发展影响不大。

Li 等[8]对 MOC 原料配合比进行了优化，发现当 MgO、$MgCl_2$ 和 H_2O 的物质的量比为 7.56：1.00：13.51 时，MOC 的抗压强度最高。

Ye[9]等研究了养护温度、H_2O 与 $MgCl_2$ 物质的量比对 MOC 性能的影响。结果表明，养护温度对 MOC 相结构和力学性能的影响与 MgO-$MgCl_2$-H_2O 三元体系中 H_2O 和 $MgCl_2$ 物质的量比密切相关。Han 等[10]研究发现，在较低温度下，温度变化对 MOC 中水合物相组合的影响很小，采用最佳配合比制备的样品体积变形也很小。3 相(3·1·8 相，$3Mg(OH)_2$-$MgCl_2$-$8H_2O$)和水镁石在相对较高的温度下变成稳定相，以最佳比例制备的 MOC 样品在较高温度下固化会发生体积收缩。

近年来，研究者更多从掺入外加材料的方向来改善 MOC 的各种性能。He 等[11,12]研究了粉煤灰、焚烧污泥灰和玻璃粉的影响效果。研究结果表明，粉煤灰和焚烧污泥灰提高 MOC 浆料耐水性能的机理是相似的，粉煤灰或焚烧污泥灰中的活性物质可以与 MgO 反应生成 M-S-H(水化硅酸镁)凝胶,其间穿插有 5 相,将 5 相的形态改变为纤维状或板条状。5 相与非晶相相互连接,形成稳定的致密结构,提高了 MOC 的耐水性能。由于火山灰活性较低,玻璃粉生成的 M-S-H 凝胶较少,因此掺入玻璃粉对耐水性能的影响远小于掺入粉煤灰。通过进一步研究,发现与玻璃粉或粉煤灰结合的 MOC 在 CO_2 固化后表现出高耐水性能,这是因为 M-S-H 凝胶的含量更大,形成了更密集的嵌挤网络。

Guo 等[13]研究了 H_3PO_4、KH_2PO_4 和 Na_2PO_3F(单氟磷酸钠)对 MOC 性能的影响,发现单氟磷酸钠对 MOC 力学性能的影响与 H_3PO_4 和 KH_2PO_4 相似,均显著提高了抗弯强度,略微降低了抗压强度,显著提高了 MOC 的耐水性能。微观研究发现,单氟磷酸钠溶液中的 PO_3F^{2-} 在 MOC 中形成无定形相,加入 H_3PO_4、KH_2PO_4 和单氟磷酸钠改变了 5 相晶体的生长方向和形貌,这有助于 MOC 耐水性能提高。

Wu 等[14]研究了聚羧酸减水剂(polycarboxylate superplasticizer,常使用缩写"PC")对 MOC 各项性能的影响,研究结果表明,聚羧酸减水剂能够显著改善 MOC 的流变性能,这是由于聚羧酸减水剂吸附在水泥颗粒表面,阻止了 MgO 颗粒与水的反应,MOC 浆料的凝结时间被延长。同时,由于形成了大量的凝胶状 $5MgO \cdot MgCl_2 \cdot 8H_2O$ 晶体,在某些聚羧酸减水剂存在下,MOC 表现出优异的机械性能。

Luo 等[15]详细研究了羟基乙酸对 MOC 耐水性能的影响。研究结果表明,羟基乙酸改性 MOC 对抗压强度的影响可以忽略不计,但可以显著提高软化系数。通过微观试验进一步表明,羟基乙酸形成羟基乙酸镁络合物,并抑制 $Mg(OH)_2$ 形成,通过配位和吸收作用稳定了水中的 5 相。

Chen 等[16]研究了磷酸和酒石酸对 MOC 性能的影响,发现添加质量分数为 1%的磷酸和酒石酸可以提高 MOC 的耐水性能并降低热稳定性,同时降低了 MOC 的抗压强度,延长了凝结时间。

Ye 等[17]将 D-葡萄糖酸钠加入 MOC,发现 MOC 的初凝时间和终凝时间会被延长,一定量的 D-葡萄糖酸钠还可以增强 MOC 的机械强度及耐水性能;改性 MOC 试件浸入水中后,5 相含量保持不变甚至增加。从微观角度分析,MOC 中的棒状 5 相在 D-葡萄糖酸钠的作用下转化为凝胶状 5 相,有效地阻碍了水分渗入 MOC 内部结构,对 5 相形成凝胶状结构保护。

El-Feky 等[18]通过研究发现,在 MOC 中加入硅粉可提高其耐水性能,但抗压强度会明显降低;若使用纳米二氧化硅代替硅粉,则会增加 M-S-H 凝胶比例并硬化孔隙结构,提高 MOC 的力学性能。Guo 等[19]也得到了硅粉影响的类似结论,并且后续研究了掺入硅粉与粉煤灰的混合物对 MOC 耐水性能的影响。研究结果表明,掺入硅粉和粉煤灰的混合物优化了 MOC 的多孔结构,增大了密度和抗压强度,从而提高了耐水性能。通过微观试验发现,细硅粉和粉煤灰颗粒的填充作用及Mg-Cl-Si-H凝胶的形成是MOC具有致密微观结构的主要原因，5相含量随着硅粉和粉煤灰的结合而降低，这有助于缓解内应力，提高MOC的稳定性，从而增强疏水性。另外，Lauermannová等[20]发现硅藻土对MOC的机械性能也有较强的提升作用。

Han等[21]将酸活化坡缕石引入MOC以构建无机纤维增强结构，结果发现MOC的抗压强度及耐水性能确实得到提高。

Li等[22]将形态稳定的相变材料(form-stable phase change material，FSPCM)植入MOC体系中，生成了具有高储热效率和相当机械强度的MOC/FSPCM复合材料。研究结果表明，加入FSPCM后，MOC的结构没有被破坏，水化速率、水化温度和总水化热有所下降，MOC/FSPCM复合材料的热导率随着FSPCM质量分数的增加而降低。

部分外加材料的掺入不仅能对MOC的性能起到提升效果，而且能对环境起到一定的保护作用。Ma等[23,24]研究发现，在MOC中掺入大体积废石膏可提高5相在水中的稳定性，有利于提高MOC的耐水性能；通过进一步研究发现，掺入烟气脱硫石膏和磷石膏未生成新的水化产物，但生成的5相会减少，水化产物之间的大孔隙略微增加，从而不同程度地降低了MOC的抗压强度，且降低水浸后的总孔隙率，使耐水性能和体积稳定性逐渐提高。Gu等[25]也提出了同样的观点，进一步发现磷石膏和脱硫石膏的掺入，增大了MOC的流动性并延缓凝固。微观试验结果表明，磷石膏和脱硫石膏的掺入诱导了3·1·8相形成，未经处理的磷石膏在MOC系统中的相容性优于脱硫石膏，磷石膏中的磷酸盐杂质促进了5相和3相成核并提高其水稳定性。

Sheng等[26]以普通农林加工废竹屑为增韧材料、以$FeSO_4$为抗水剂制备的改性氯氧镁水泥孔隙数量和孔径减少，在体系内形成了Fe-O(OH)和5相配合物，从而耐水性能得到明显提升。

Xu等[27]将疏浚作业产生的疏浚沉积物(dredged sediment，DS)及其煅烧产物煅烧疏浚沉积物(calcined dredged sediment，CDS)掺入MOC，发现DS/CDS可增强MOC浆料的耐水性能，且DS诱导的改性优于CDS。经过进一步研究发现，添加DS虽增加了改性MOC的孔隙率，但在整个MOC体系和针状5相晶体中观察到不溶性Mg-Al-Si-Cl-H凝胶，这阻碍了水的侵入，从而提高了MOC浆料的耐水性能。

除了研究单掺材料对MOC性能的影响之外，通过复掺无机和有机材料来改性MOC也成为目前氯氧镁水泥的一大研究热点。

Huang等[28]研究了粉煤灰、磷酸、纳米二氧化硅添加剂对MOC水化过程、凝结时间、抗压强度、耐水性能和热稳定性的影响。研究结果表明，在含有粉煤灰和磷酸的MOC中添加纳米二氧化硅可减少初凝时间和终凝时间，降低热稳定性,提高抗压强度并明显增强 MOC 的耐水性能。耐水性能显著增强归因于 5·1·8 相的二次水合和纳米颗粒促进无定形凝胶的形成。

Gong 等[29]研究了粉煤灰和偏高岭土的单一和复合掺加对 MOC 的影响。研究结果表明,粉煤灰可以延缓 MOC 的形成,减缓 MOC 的水化过程,而偏高岭土对 MOC 的影响是相反的。粉煤灰和偏高岭土的单一和复合掺加不改变 MOC 中水化产物的相组成,有利于形成更优质的 5 相,并且 MOC 的抗压强度和致密度随着掺量的增加而降低。

Wang 等[30]研究了掺入粉煤灰和聚乙烯纤维对 MOC 性能的影响。测试结果表明,改性 MOC 具有出色的应变硬化和多缝开裂特性。

Ye 等[31]研究了玉米淀粉和聚丙烯酸钠对 MOC 的影响。研究结果表明,复合材料具有更高的抗压强度、防水性及抗风化能力。玉米淀粉促进了 5 相晶体的生长和排列,从而提高了 MOC 的抗压强度,聚丙烯酸钠对镁离子的络合及 5 相晶体结构的转变可以显著提高 MOC 的耐水性能。

Sun 等[32]和 Zheng 等[33]研究团队分别研究了硅酸钠和聚羧酸减水剂对竹屑增强后的氯氧镁复合材料性能的影响效果。研究结果表明,加入硅酸钠使 5 相含量增大,并形成凝胶状 5 相,从而提高了机械强度;硅酸钠和竹屑增强了 MOC 之间形成的化学键,能够有效防止 5 相晶体水解,从而增强材料的耐水性能。掺入聚羧酸减水剂也能使 5 相的比例增大,同时能提高耐热性能。

陈华鑫等[34]通过自由基聚合法合成了一种适用于氯氧镁水泥的缓凝型聚羧酸减水剂。通过性能研究表明,在 85℃按物质的量 n(丙烯酸):n(烯丙基聚氧乙烯醚):n(甲基烯丙基聚氧乙烯醚):n(甲基丙烯磺酸钠)= 24:3:1:4 合成减水剂,且减水剂掺量为 0.6%时,氯氧镁水泥浆体的流动度达到最佳,同时氯氧镁水泥的抗压强度也会增大。

还有研究者通过掺入有机材料,成功实现了超疏水性 MOC 的制备。Huang 等[35]将十六烷基三甲基硅烷(hexadecyltrimethoxysilane, HDTMS)和聚环氧乙烷-聚环氧丙烷-聚环氧乙烷三嵌段共聚物(polyethylene oxide-polypropylene oxide-polyethylene oxide triblock copolymer, P123)添加到 MOC 中,利用 P123 的两亲性减弱 HDTMS 对 MOC 水合反应的影响,制备了整体疏水性 MOC 材料,从而提高了 MOC 的抗压强度和耐水性能。

Li 等[36]制备了一种超疏水性 MOC 基复合材料(MOC based composite, MOCBC),样品在承受机械和化学损伤后仍能保持超疏水状态,同时还具有抗冻能力。研究发现,MOCBC 的超疏水能力归因于双层分形结构,以及端羟基聚二甲基硅氧烷(hydroxy-terminated polydimethylsiloxane)与 MOC 表面羟基的结合,这种特性有助于实现自清洁功能。同时发现,废弃 MOCBC 研磨的粉末表现出超疏水性,具有可回收性。

综上所述，众多学者对氯氧镁水泥性能进行了研究，一致认为组成材料 MgO 的技术指标、$MgCl_2$ 溶液的浓度、MgO 与卤水的掺量比例、外掺材料的种类等对氯氧镁水泥凝结体后期的强度发展、耐水性能、体积变形等具有重大影响，并通过改善原材料的技术指标、优化组成设计、掺加外加材料等方法改良氯氧镁水泥凝结体的后期性能。众多研究局限于氯氧镁水泥本身性能开展，没有明确指出其组成材料于道路工程应用中的技术要求，没有针对性地提出其强度发展、耐水能力等特性与各工程不同部位耐水要求之间的联系，并且没有考虑地理气候等条件对氯氧镁水泥混凝土适用性的影响。鉴于此，本书结合之前学者的研究成果，基于道路混凝土的性能要求及青海地区特殊的气候条件，确切指出氯氧镁水泥原材料性能要求、配合比优化设计要求，控制其变形及开裂，推广氯氧镁水泥在道路工程中的应用。

1.3 氯氧镁水泥混凝土的工程应用问题

前期围绕氯氧镁水泥已有大量研究成果，但氯氧镁水泥材料性能局限，评价方法和体系不完善，强度形成机理缺失，工艺规范不完善，严重限制了氯氧镁水泥混凝土在道路工程中的推广应用，具体体现在如下三个方面。

(1) 氯氧镁水泥材料性能局限。①尽管有关氯氧镁水泥材料力学性能和耐水性能的研究很多，但在道路工程应用中涉及施工特性、与地理气候环境的适用性等，缺乏明确的道路工程应用技术要求或标准规范；②以往研究主要讨论氯氧镁水泥材料组成，如 MgO 与 $MgCl_2$ 的物质的量比、H_2O 与 $MgCl_2$ 的物质的量比和相应抗水组分对混凝土性能的影响，忽视了外加剂、砂率和粗骨料最大粒径等对氯氧镁水泥混凝土关键参数的交互作用；③氯氧镁水泥的 5·1·8 结构决定了其组成材料中用水量及浆体用量难以大幅度变动，难以从基本组成材料入手进行调整，达到高流动性的要求。同时，氯氧镁水泥混凝土具有凝结时间短、早期强度高等特点，限制了其在交通领域长距离运输中的应用，常用的减水剂、缓凝剂不能满足氯氧镁水泥混凝土的实际需要，严重制约了氯氧镁水泥混凝土的正常施工。

(2) 性能评价与混凝土设计方法缺乏。①目前尚无成熟的试验方法用于评价氯氧镁水泥在青海低温、大温差、干旱等严酷自然环境条件下的适应性；②由于氯氧镁水泥水化反应的特殊性，缺乏可以动态、连续测试其水化反应各阶段化学过程和动力学行为的试验方法；③氯氧镁水泥混凝土路面刚度大、易脆裂，目前对氯氧镁水泥混凝土纤维增强增韧方面的系统研究匮乏；④现行的《普通混凝土配合比设计规程》(JGJ 55—2011)基于鲍罗米公式模型进行水泥混凝土设计，其计算基于普通水泥混凝土组成与性能一般规律，难以直接套用在新型氯氧镁水泥混凝土设计中。

(3) 施工控制工艺不完善。国内外学者对氯氧镁水泥混凝土的研究主要局限于材料性能本身，而对于道路水泥混凝土的强度、耐水性能等技术指标要求不明确。尤其是针对氯氧镁水泥混凝土早强、快硬、耐水性能不足等特性，在道路工程应用中如何在工艺方面加以改进，目前尚无现成的规范可以参考。

为解决青海省等西部地区公路工程混凝土在低温缺水条件下水泥水化速率较低的问题，凝结硬化和早期强度发展不利引起的收缩开裂、冻害等问题，以及青海省盐湖地区提取钾肥时产生大量氯化镁废料带来的环境问题，本书主要内容包括以下6个部分。

第2章：介绍氯氧镁水泥材料优化技术。基于氯氧镁水泥反应机理及相的转变理论，优选氯氧镁水泥的基本材料，确定氯氧镁水泥合理组成，并提出普通氯氧镁水泥力学性能与耐水性能指标要求；开发4个系列的复合氯氧镁水泥(粉煤灰氯氧镁水泥、白云石粉氯氧镁水泥、石灰石粉氯氧镁水泥和抗水氯氧镁水泥)，研究掺和料对氯氧镁水泥性能的影响，确定合理的掺加方法、掺量及指标要求；采用低温环境适应性试验方法，评价氯氧镁水泥的低温适应性能。

第3章：针对青海省气候特点，重点研究氯氧镁水泥替代普通硅酸盐水泥后，道路混凝土中胶凝材料用量、砂率、集料最大粒径、浆集比、$MgCl_2$浓度及外加剂等关键参数对混凝土工作性能和力学性能的影响，确定混凝土关键参数的合理取值范围。同时，针对氯氧镁水泥混凝土强度高、易开裂问题，采用纤维增强技术手段，对氯氧镁水泥混凝土进行增强增韧设计。

第4章：基于现有外加剂不能满足混凝土施工需要，采用分子结构设计技术，通过自由基聚合法，以烯丙基聚氧乙烯醚为主链，以甲基丙烯磺酸钠为嵌段，合成一种适用于氯氧镁水泥的缓凝型聚羧酸减水剂，探讨减水剂掺量对氯氧镁水泥浆体流动度与混凝土抗压强度的影响。

第5章：借鉴传统混凝土设计流程框架，基于工作性能、力学性能及耐水性能指标要求，提出氯氧镁水泥混凝土材料组成设计流程，并进行验证及路用性能评价。

第6章：碳化反应能够在氯氧镁水泥晶体表面能形成一层保护层，隔离水分的浸入，提升耐水能力。本章先分析环境因素对氯氧镁水泥碳化反应的影响，然后对碳化后氯氧镁水泥水分传输和溶蚀行为开展研究，以提升氯氧镁水泥混凝土耐水性能。

第7章：根据氯氧镁水泥混凝土耐水性能分析结论，对青海省潮湿系数的分布状况进行调研并划定气候分区，提出氯氧镁水泥混凝土在青海省各气候分区的耐水性能指标要求；基于氯氧镁水泥混凝土材料组成特点，结合普通混凝土制备工艺，提出氯氧镁水泥混凝土制备技术；结合现场实体示范工程实践，确定工艺流程时间控制与混凝土材料缓凝措施共用的技术措施，结合已有普通混凝土施工流程优化，最终形成氯氧镁水泥混凝土路面与涵洞施工技术，采用性价比评价方法对氯氧镁水泥混凝土在公路路面及涵洞工程中的应用进行经济与环境效益评价。

参 考 文 献

[1] 王福浩. 氯氧镁水泥强度影响因素研究[J]. 北方交通, 2022, (4): 9-11.

[2] 叶德红, 张树鹏. 氯氧镁水泥的研究现状及其应用发展[J]. 中国高新区, 2017, (17): 36-38.

[3] BEAUDOIN J J, RAMACHANDRAN V S. Strength development in magnesium oxychloride and other cements[J]. Cement and Concrete Research, 1975, 5(6): 617-630.

[4] DENG D. The mechanism for soluble phosphates to improve the water resistance of magnesium oxychloride cement[J]. Cement and Concrete Research, 2003, 33(9): 1311-1317.

[5] WANG L M. Study on the water resistance and mechanism of improving for magnesium oxychloride cement with phosphate and polymer[J]. Journal of Functional Materials, 2015, 46(13): 13066-13069.

[6] XU B, MA H, HU C, et al. Influence of cenospheres on properties of magnesium oxychloride cement-based composites[J]. Materials and Structures, 2016, 49(4): 1-8.

[7] AVANISH S, RAKESH K, PANKAJ G. Factors influencing strength of magnesium oxychloride cement[J]. Construction and Building Materials, 2021, 303: 124571.

[8] LI K, WANG Y S, ZHANG X, et al. Raw material ratio optimisation of magnesium oxychloride cement using response surface method[J]. Construction and Building Materials, 2021, 272: 121648.

[9] YE Q Q, WANG W, ZHANG W, et al. Tuning the phase structure and mechanical performance of magnesium oxychloride cements by curing temperature and $H_2O/MgCl_2$ ratio[J]. Construction and Building Materials, 2018, 179: 413-419.

[10] HAN W W, CHEN H S, LI X Y. Thermodynamic modeling of the influence of temperature on the hydrate phase assemblage in MOC[J]. Construction and Building Materials, 2022, 335: 127531.

[11] HE P P, POON C S, IAN G R, et al. The mechanism of supplementary cementitious materials enhancing the water resistance of magnesium oxychloride cement (MOC): A comparison between pulverized fuel ash and incinerated sewage sludge ash[J]. Cement and Concrete Composites, 2020, 109: 103562.

[12] HE P P, POON C S, DANIEL C W T. Comparison of glass powder and pulverized fuel ash for improving the water resistance of magnesium oxychloride cement[J]. Cement and Concrete Composites, 2018, 86: 98-109.

[13] GUO Y Y, ZHANG Y X, SOE K. Effect of sodium monofluorophosphate and phosphates on mechanical properties and water resistance of magnesium oxychloride cement[J]. Cement and Concrete Composites, 2022, 129: 104472.

[14] WU J Y, GUAN B W, CHEN H X, et al. Effects of polycarboxylate superplasticiser on the early hydration properties of magnesium oxychloride cement[J]. Construction and Building Materials, 2020, 259: 119862.

[15] LUO X R, FAN W Q, LI C Q, et al. Effect of hydroxyacetic acid on the water resistance of magnesium oxychloride cement[J]. Construction and Building Materials, 2020, 246: 118428.

[16] CHEN X Y, ZHANG T T, BI W L, et al. Effect of tartaric acid and phosphoric acid on the water resistance of magnesium oxychloride cement (MOC)[J]. Construction and Building Materials, 2019, 213: 528-536.

[17] YE Q Q, HAN Y F, LIU T, et al. Magnesium oxychloride cement reinforced via *D*-gluconic acid sodium salt for slow-curing, with enhanced compressive strength and water resistance[J]. Construction and Building Materials, 2021, 280: 122487.

[18] EL-FEKY M S, MOHSEN A, EL-TAIR A M, et al. Microstructural investigation for micro-nano-silica engineered magnesium oxychloride cement[J]. Construction and Building Materials, 2022, 342(B): 127976.

[19] GUO Y Y, ZHANG Y X, SOE K. Development of magnesium oxychloride cement with enhanced water resistance by

adding silica fume and hybrid fly ash-silica fume[J]. Journal of Cleaner Production, 2021, 313: 127682.

[20] LAUERMANNOVÁ A, LOJKA M, JANKOVSKÝ O, et al. High-performance magnesium oxychloride composites with silica sand and diatomite[J]. Journal of Materials Research and Technology, 2021, 11: 957-969.

[21] HAN Y F, YE Q Q, XU Y T, et al. Marine sponge spicules-inspired magnesium oxychloride cement with both enhanced water resistance and compressive strength via incorporating acid-activated palygorskite[J]. Applied Clay Science, 2020, 196: 105748.

[22] LI X, ZHOU Y, ZHANG X X, et al. Experimental investigation of thermal and mechanical properties of magnesium oxychloride cement with form-stable phase change material[J]. Construction and Building Materials, 2018, 186: 670-677.

[23] MA C, CHEN G G, SHI J Y, et al. Improvement mechanism of water resistance and volume stability of magnesium oxychloride cement: A comparison study on the influences of various gypsum[J]. Science of the Total Environment, 2022, 829: 154546.

[24] MA C, CHEN G G, CAO L, et al. Effects and mechanisms of waste gypsum influencing the mechanical properties and durability of magnesium oxychloride cement[J]. Journal of Cleaner Production, 2022, 339: 130679.

[25] GU K, CHEN B, BI W L, et al. Recycling of waste gypsum in preparation of magnesium oxychloride cement (MOC)[J]. Journal of Cleaner Production, 2021, 313: 127958.

[26] SHENG G A, ZHENG L, LI P, et al. The water resistance and mechanism of $FeSO_4$ enhancing bamboo scraps/magnesium oxychloride cement composite[J]. Construction and Building Materials, 2022, 317: 125942.

[27] XU W H, SONG Z J, GUO M Z, et al. Improvement in water resistance of magnesium oxychloride cement via incorporation of dredged sediment[J]. Journal of Cleaner Production, 2022, 356: 131830.

[28] HUANG Q, ZHENG W X, XIAO X Y, et al. Effects of fly ash, phosphoric acid, and nano-silica on the properties of magnesium oxychloride cement[J]. Ceramics International, 2021, 47(24): 34341-34351.

[29] GONG W, WANG N, ZHANG N. Effect of fly ash and metakaolin on the macroscopic and microscopic characterizations of magnesium oxychloride cement[J]. Construction and Building Materials, 2021, 267: 120957.

[30] WANG Y C, WEI L Z, YU J T, et al. Mechanical properties of high ductile magnesium oxychloride cement-based composites after water soaking[J]. Cement and Concrete Composites, 2019, 97: 248-258.

[31] YE Q Q, HAN Y F, ZHANG S F, et al. Bioinspired and biomineralized magnesium oxychloride cement with enhanced compressive strength and water resistance[J]. Journal of Hazardous Materials, 2020, 383: 121099.

[32] SUN B R, ZHENG L, LI P, et al. Enhance of strengthening phase and chemical bonding in bamboo scrap/magnesium oxychloride composites by sodium silicate[J]. Materials Letters, 2022, 308(B): 131275.

[33] ZHENG L, ZUO Y F, LI P, et al. Construction of homogeneous structure and chemical bonding in bamboo scrap/magnesium oxychloride composites by polycarboxylate superplasticizer[J]. Journal of Materials Research and Technology, 2021, 12: 2257-2266.

[34] 陈华鑫, 高思齐, 关博文, 等. 适用于氯氧镁水泥混凝土减水剂的制备与表征[J]. 应用化工, 2020, 49(8): 2024-2028, 2049.

[35] HUANG J X, GE S J, WANG H N, et al. Study on the improvement of water resistance and water absorption of magnesium oxychloride cement using long-chain organosilane-nonionic surfactants[J]. Construction and Building Materials, 2021, 306:124872.

[36] LI K, WANG Y S, WANG X, et al. Superhydrophobic magnesium oxychloride cement based composites with integral stability and recyclability[J]. Cement and Concrete Composites, 2021, 118: 103973.

第 2 章　氯氧镁水泥材料组成与设计优化

氯氧镁水泥是氯氧镁水泥混凝土的胶结材料，氯氧镁水泥凝结硬化使混凝土具有一定的强度和耐久性能，硬化混凝土性能主要取决于氯氧镁水泥自身性能及水化程度等。目前，对于氯氧镁水泥材料的研究仅仅局限于本身力学性能和耐水性能，没有明确指出其组成材料在道路工程应用中的技术要求，没有考虑氯氧镁水泥应用过程中存在问题的解决方法，更没有考虑氯氧镁水泥在特殊环境下的适用性。本章基于氯氧镁水泥反应机理及相的转变理论，优选氯氧镁水泥的原材料，确定氯氧镁水泥的合理组成，并提出普通氯氧镁水泥力学性能与耐水性能指标要求；针对目前氯氧镁水泥存在的强度过高、成本较高、水化速度过快、耐水性能不足及轻烧粉原材料运输距离较远等问题，开发了 4 个系列的复合型氯氧镁水泥(粉煤灰氯氧镁水泥、白云石粉氯氧镁水泥、石灰石粉氯氧镁水泥和抗水氯氧镁水泥)，研究掺合料对氯氧镁水泥性能的影响；考虑青海省实际气候情况，结合青海省气温变化分析，提出胶凝材料在低温环境中的适应性试验方法，评价氯氧镁水泥的低温适应性，同时分析氯氧镁水泥的水化过程和动力学行为特性。

2.1　原材料技术要求及氯氧镁水泥基本组成优化

氧化镁的活性极易受到氯化镁颗粒比表面积与表面缺陷程度的影响。当氧化镁颗粒具有更大的比表面积和缺陷程度，其就具有更强的活性[1]。氯氧镁水泥强度的发展与耐水性能直接受氧化镁活性、细度的影响。氯氧镁水泥组成材料为氧化镁、氯化镁和水，组成材料性能不变的情况下，影响其性能的是三者的配合比。因此，本节从原材料性能要求入手进行试验分析，在满足道路施工原材料性能要求的前提下，对氯氧镁水泥材料组成进行优化设计，保证其强度、耐久性、和易性等指标要求。

2.1.1　原材料技术要求

我国的镁资源储量约为 34 亿 t，占全球储量的 31%，居世界第一。氧化镁原材料是一类含镁的碳酸盐矿石，在我国储量极为丰富。工业上制备氧化镁的方式很多，大多是煅烧菱镁矿和白云石矿，它们都是含 $MgCO_3$ 的矿物。对于煅烧温度，菱镁矿为 750~850℃，白云石矿为 600~750℃。高温下煅烧会发生如式(2.1)所示的反应：

$$MgCO_3 \xrightarrow{煅烧} MgO + CO_2\uparrow \tag{2.1}$$

其他方式获取的氧化镁含量与活性均偏低，不宜直接配制。

$MgCO_3$ 经高温分解成 MgO 与 CO_2 的过程，也是矿石煅烧的过程。煅烧后成品的颜色、密度、晶粒大小及活性均受到煅烧温度与时间的影响。

不同煅烧温度下氧化镁的性能如表 2.1 所示。

表 2.1 不同煅烧温度下氧化镁的性能

温度	颜色	结晶状态(尺寸)	密度/(g/cm³)	火候
400~500℃(开始分解)	淡白、灰白	结晶颗粒小(14nm)	2.92	欠火
600~900℃(剧烈分解)	粉白、浅黄	小晶体(25nm)	3.33	正烧
>1000℃	深黄、土黄	较大结晶(57nm)	>3.45	过烧
>1600℃	深黄	粗晶(>62μm)	>3.70	死烧

配制氯氧镁水泥时要合理掌握氧化镁的活性，活性适当的氧化镁对水泥性能是有利的。氧化镁活性测定方法见图 2.1。

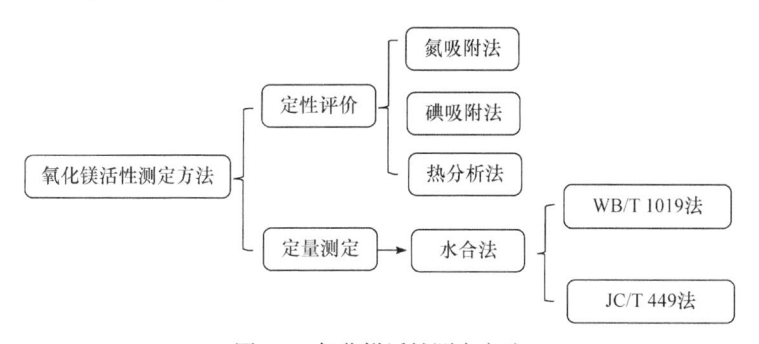

图 2.1 氧化镁活性测定方法

两种氧化镁活性测定方法分别来自《菱镁制品用轻烧氧化镁》(WB/T 1019—2002)和《镁质胶凝材料用原料》(JC/T 449—2021)[2,3]，依据活性氧化镁水化反应原理。根据反应方程式 $MgO + H_2O \longrightarrow Mg(OH)_2$ 可知，此反应过程固体质量增加，氧化镁含量可以根据反应中水的消耗量来计算。

采用的 MgO 原材料主要分为四种(A、B、C、D)，活性采用 JC/T 499 法测定，试验结果见表 2.2。

表 2.2 试验用 MgO 原材料活性

种类	A	B	C	D
活性/%	41.5	51.4	59.3	69.2

耐水性能的高低用耐水系数来衡量，如式(2.2)所示：

$$K = \frac{S(28)}{S_{基}} \tag{2.2}$$

式中，$S_{基}$——自然养护 28d 后基准样的强度；

$S(28)$——自然养护 28d 后，再浸泡 28d 的强度；

K——耐水系数，表示抵抗水分和其他物质的能力，其值越大表示材料的耐水性能越好，反之耐水性能越差。

不同 MgO 活性下氯氧镁水泥砂浆抗压强度和耐水系数的变化规律如图 2.2 所示，MgO 活性对氯氧镁水泥砂浆凝结时间的影响如图 2.3 所示。图 2.2 和图 2.3 表明，未浸水氯氧镁水泥砂浆的抗压强度随着活性的提高而增大；耐水系数呈先增大后减小的趋势，当 MgO 活性为 60%时，耐水系数达到最大值 0.8 左右；随着MgO 活性的增加，氯氧镁水泥砂浆的凝结时间呈下降趋势，当活性达到 70%时，凝结时间小于 100min，不能满足规范要求。针对青海省高寒干旱地区的道路工程优化设计，路基路面在早期具有一定的强度可以有效减少后期路面病害。因此，结合 MgO 活性对氯氧镁水泥砂浆抗压强度、耐水系数及凝结时间的影响，将 60%活性作为最佳配合比设计要求。

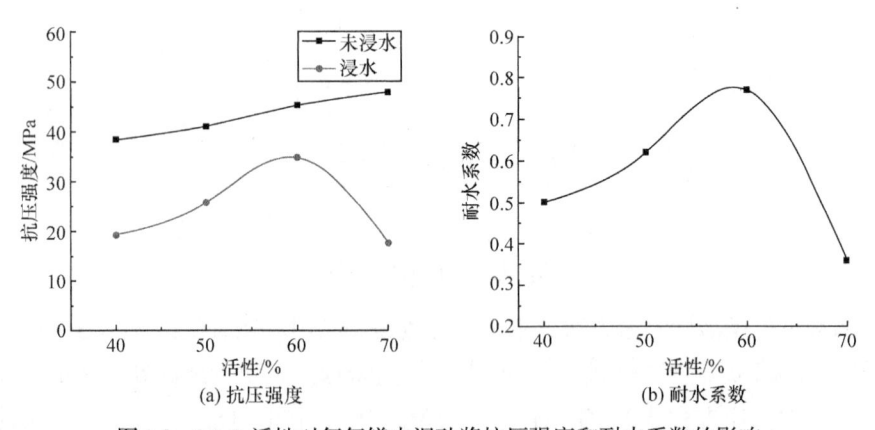

图 2.2 MgO 活性对氯氧镁水泥砂浆抗压强度和耐水系数的影响

利用激光粒度仪与比表面积测定仪分别测定不同煅烧温度下菱镁矿煅烧产物的粒径分布与比表面积，结果见图 2.4。

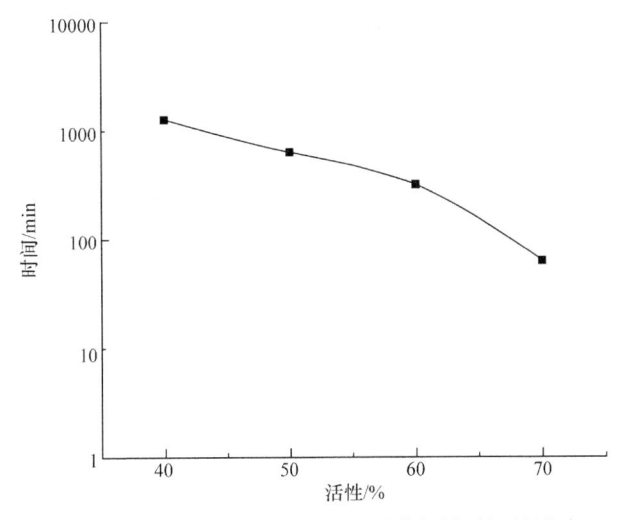

图 2.3 MgO 活性对氯氧镁水泥砂浆凝结时间的影响

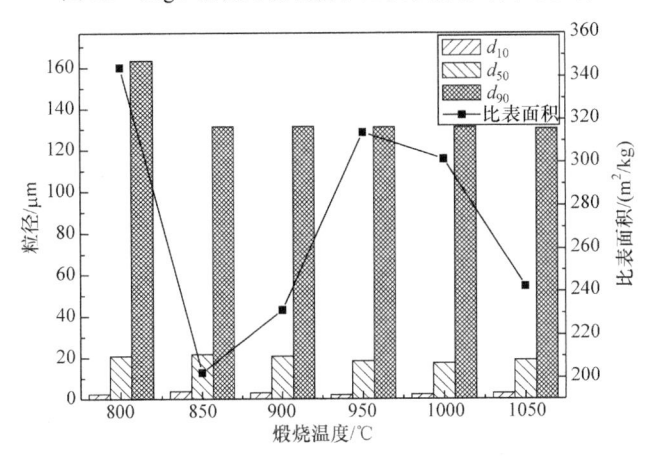

图 2.4 不同煅烧温度下菱镁矿煅烧产物粒径分布及比表面积
d_{10}、d_{50}、d_{90}分别表示小于该粒径的质量占总质量 10%、50%、90%的粒径

比表面积对氯氧镁水泥 7d 抗压强度的影响见图 2.5。MgO 比表面积越小,其水化速率越快,当氧化镁的比表面积为 240~320m²/kg 时,水泥早期的水化速率可以得到良好控制,同时氯氧镁水泥的 7d 抗压强度也较高。

优选后 C 类轻烧氧化镁的主要成分如图 2.6 所示。

2.1.2 氯氧镁水泥基本组成优化

1. 氯氧镁水泥组成公式推导

1) 推导方案

氯氧镁水泥发生的反应既有化学反应又有物理反应,是一个复杂多变的过程,

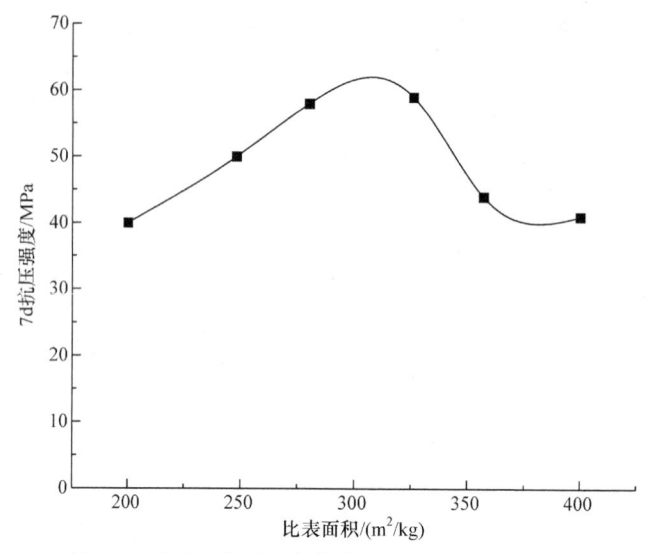

图 2.5　比表面积对氯氧镁水泥 7d 抗压强度的影响

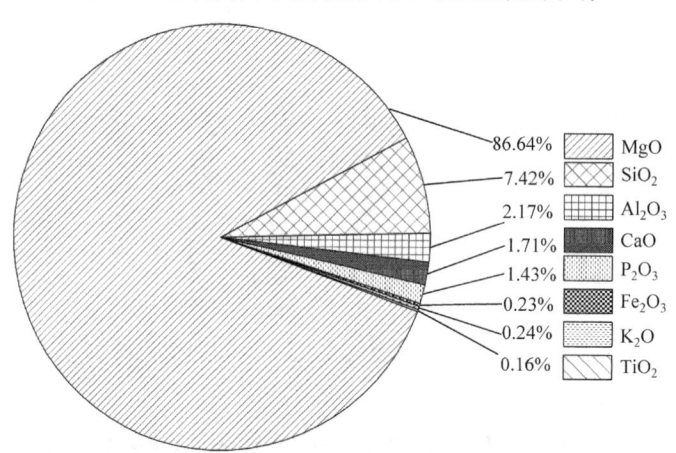

图 2.6　优选后 C 类轻烧氧化镁的主要成分

反应产物 5 相和 3 相会发生互相转化。如果在室外操作，空气中的二氧化碳等气体会影响相结构的稳定性。为了便于从理论上进行研究，对氯氧镁水泥的反应过程进行简化，即 n(氧化镁)∶n(氯化镁)=5∶1，认为组成氯氧镁水泥的 3 个组分刚好能充分反应，反应的终产物只有 5 相和 $Mg(OH)_2$。

2) 理论公式推导

受组成配合比、养护环境等因素影响，一般氯氧镁水泥的反应产物为 5 相或 3 相。5 相比 3 相具有更高的强度，因此在设计材料组成配合比时，更倾向于形成 5 相结构，即 $5Mg(OH)_2 \cdot MgCl_2 \cdot 8H_2O$ 结构。

设原材料 MgO 的用量为 m，活性为 a，反应如式(2.3)所示：

$$5MgO + MgCl_2 + 13H_2O \longrightarrow 5Mg(OH)_2 \cdot MgCl_2 \cdot 8H_2O \qquad (2.3)$$

由此可以推算得出 $MgCl_2$ 的用量为

$$m(MgCl_2) = \frac{95 \times m \times a}{200} = 0.475 \times m \times a$$

水的用量为

$$m(H_2O) = \frac{234 \times m \times a}{200} = 1.17 \times m \times a$$

进一步得出三者理论物质的量比和质量比为

$$n(MgO) : n(MgCl_2) : n(H_2O) = 5 : a : 13a \qquad (2.4)$$

$$m(MgO) : m(MgCl_2) : m(H_2O) = m : (0.475 \times m \times a) : (1.17 \times m \times a)$$

$$= 1 : 0.475a : 1.17a \qquad (2.5)$$

以上关系式表明，轻烧氧化镁粉(轻烧粉)和卤水之间的比例可以通过氧化镁的活性来确定，但实际上反应并未进行充分。这是因为氧化镁未能完全反应，需调整氧化镁与氯化镁的物质的量之比大于5。

氯氧镁水泥配合比基本参照余红发的配料三原则。余红发等[4]认为 MgO 和 $MgCl_2$ 物质的量比为 6~9，H_2O 和 $MgCl_2$ 物质的量比为 14~18，得到的氯氧镁水泥性能优异。本书试验结合这一研究基础，对基准配合比进行深入探索。

2. 氯氧镁水泥组成设计

氯氧镁水泥最终水化产物的形态受多种因素的综合影响，如果仅仅由氧化镁和氯化镁的物质的量之比确定，其性能会不稳定。因此，本小节结合配合比和配料原则，对氯氧镁水泥配合比进行优化设计。

1) 试验方案

通过试验确定氧化镁的含量及氧化镁的活性。氧化镁含量确定的方法是：取质量为 M 的氧化镁烘干，保温冷却得到干燥的氧化镁质量为 M_2，M_2/M 即为氧化镁的含量。其活性主要用水合法确定。

氯氧镁水泥关键参数 MgO 与 $MgCl_2$ 物质的量比、H_2O 与 $MgCl_2$ 物质的量比，主要以强度指标来确定。基于氯氧镁水泥的反应机理和相转变理论，经过查阅大量的资料，并结合已有的研究结果，MgO 和 $MgCl_2$ 物质的量比在 6~9，H_2O 和 $MgCl_2$ 物质的量比在 14~19，在此基础之上进行全面试验分析，分别验证氯氧镁水泥砂浆的抗压强度与抗折强度，以及浸水后氯氧镁水泥砂浆的抗压强度和抗折强度，综合力学性能最终确定氯氧镁水泥的基本配合比。

2) MgO 和 MgCl₂ 物质的量比

氯氧镁水泥中的 MgO 和 MgCl₂ 物质的量比在多年来的研究中并未得到统一。已往的学者认为两者的物质的量比在 4~6 较好，近年来一些学者有了更系统的研究。氯氧镁水泥性能最优时，二者的比值 Banthia 等[5]认为是 6，张传镁等[6]认为是 10~12。也有研究表明，氧化镁和氯化镁的物质的量比应在 12~17，以确保 5 相的产生和减少未反应的 MgCl₂ 含量[7]。不同 MgO 和 MgCl₂ 物质的量比的氯氧镁水泥 3d 抗压强度和抗折强度见图 2.7。

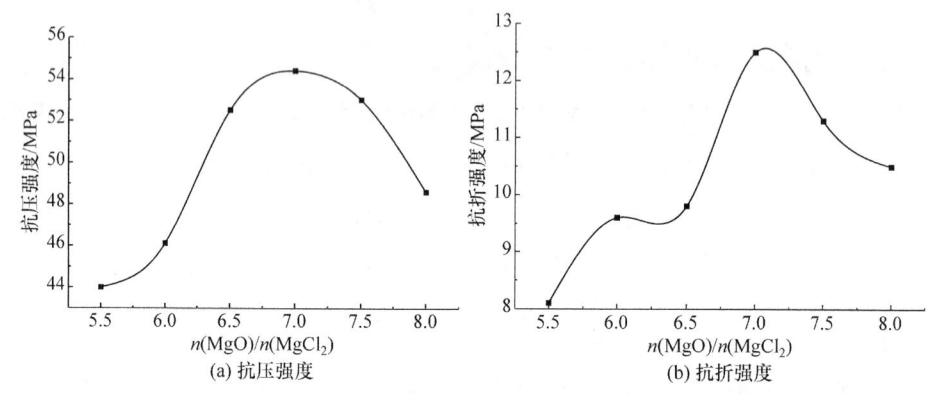

(a) 抗压强度   (b) 抗折强度

图 2.7　MgO 和 MgCl₂ 物质的量比对氯氧镁水泥 3d 抗压强度和抗折强度的影响

图 2.7 表明，氯氧镁水泥的力学性能随着 MgO 与 MgCl₂ 物质的量比的增大先升高后降低。当 $n(MgO)/n(MgCl_2) = 7.0$ 时，氯氧镁水泥的力学性能最佳。

不同物质的量比时，氯氧镁水泥浸水 7d 后的抗压强度和抗折强度如图 2.8 所示，不同 MgO 和 MgCl₂ 物质的量比对氯氧镁水泥耐水系数影响如图 2.9 所示。从图 2.8 可以看出，氯氧镁水泥浸水后的力学性能有不同程度的下降，MgO 和 MgCl₂ 物质的量比为 7.0 时力学性能最佳。结合图 2.9 中的耐水系数，MgO 和 MgCl₂ 物质的量比为 7.0 时耐水性能最佳。

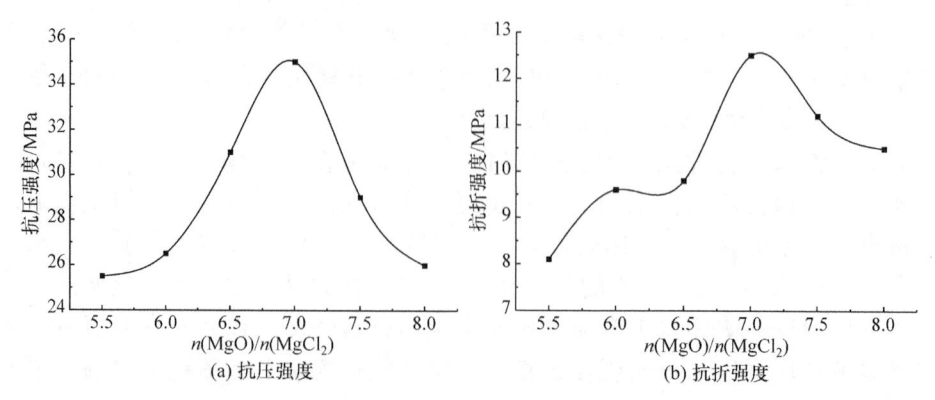

(a) 抗压强度   (b) 抗折强度

图 2.8　浸水 7d 后 MgO 和 MgCl₂ 物质的量比对氯氧镁水泥抗压强度和抗折强度的影响

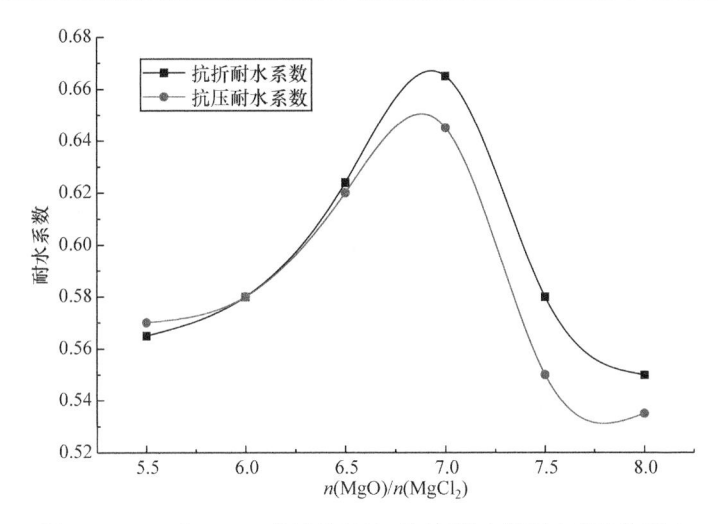

图 2.9 MgO 和 MgCl₂ 物质的量比对氯氧镁水泥耐水系数的影响

3) H₂O 和 MgCl₂ 物质的量比

水对氯氧镁水泥的配制与成型起着重要的作用。氯氧镁水泥中水量过大，反应完成后剩余的自由水留存在孔隙中，易导致氯氧镁水泥制品返卤泛霜。氯化镁浓度过低，水化反应不完全，水化产物为 3·1·8 结构，导致氯氧镁水泥耐水性能不足。反之，氯氧镁水泥中含水量过少，会使得氯化镁的浓度上升，集中的水化热容易造成水泥结构体破坏。本试验在 MgO 和 MgCl₂ 物质的量比为 7.0 的基础上，研究 H₂O 和 MgCl₂ 物质的量比对氯氧镁水泥 3d 抗压强度和抗折强度的影响(图 2.10)。

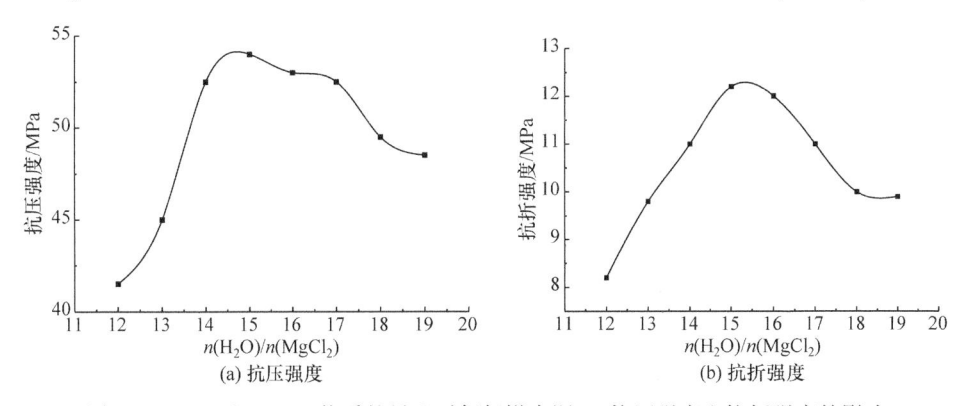

图 2.10 H₂O 和 MgCl₂ 物质的量比对氯氧镁水泥 3d 抗压强度和抗折强度的影响

由图 2.10 可以看出，随着 H₂O 和 MgCl₂ 物质的量比增大，氯氧镁水泥的 3d 抗压强度和抗折强度呈先增大后减小趋势。当物质的量比为 14～17 时，氯氧镁水泥的力学性能较好，当物质的量比为 15 时，力学性能最佳。

同龄期不同物质的量比的氯氧镁水泥试件浸水 7d 后，测试其抗压强度和抗折强度，结果如图 2.11 所示。

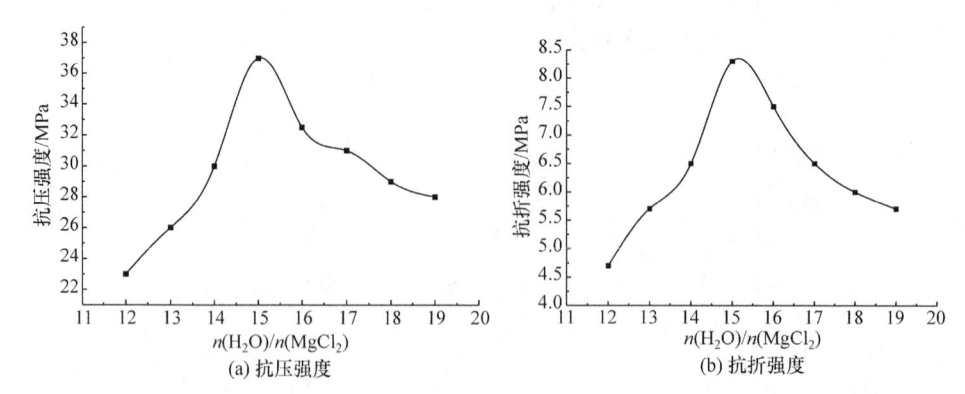

(a) 抗压强度

(b) 抗折强度

图 2.11　浸水 7d 后 H_2O 和 $MgCl_2$ 物质的量比对氯氧镁水泥抗压强度和抗折强度的影响

由图 2.11 可知，氯氧镁水泥浸水后抗压强度和抗折强度也呈现先增大后减小趋势，当 H_2O 和 $MgCl_2$ 物质的量比为 15 时，氯氧镁水泥具有优异力学性能。

从图 2.12 可以看出，当 H_2O 和 $MgCl_2$ 物质的量比为 15 时，氯氧镁水泥的耐水系数最大，耐水性能最为优越。

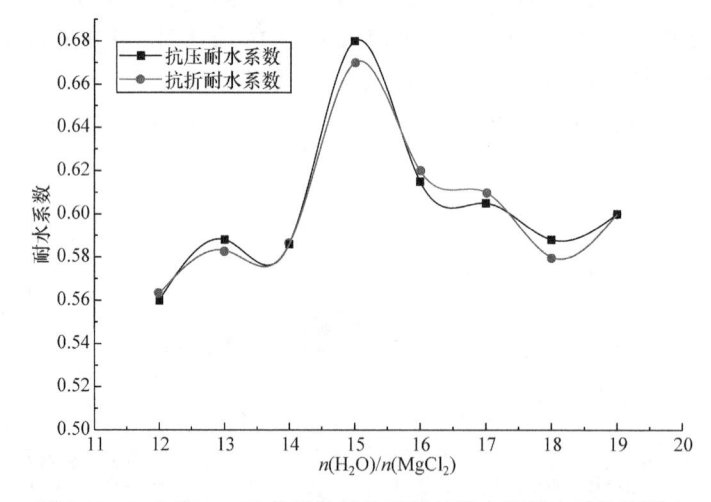

图 2.12　H_2O 和 $MgCl_2$ 物质的量比对氯氧镁水泥耐水系数的影响

通过试验与分析可知，氯氧镁水泥的材料组成为 $n(MgO):n(MgCl_2):n(H_2O) =$ 7∶1∶15 时，其强度及耐水性能最佳。分析原因，当 H_2O 和 $MgCl_2$ 物质的量比为 15 时，配制的氯氧镁水泥水化产物主要为 $5Mg(OH)_2\text{-}MgCl_2\text{-}8H_2O$ 结构，较 3 相结构具有更优异的力学性能及耐水性能。

《公路水泥混凝土路面施工技术细则》(JTG/T F30—2014)规定，特重交通等级路面水泥 28d 抗折强度 ≥ 7.5MPa，28d 抗压强度 ≥ 57.5MPa。氯氧镁水泥的配合比 $n(MgO):n(MgCl_2):n(H_2O) = 7:1:15$ 时，7d 抗折强度、抗压强度分别为 12.4MPa、54.3MPa。考虑强度后期增长，该配合比的氯氧镁水泥满足施工规范中特重交通等级水泥强度要求。

基于氯氧镁水泥原材料及配合比的多变性，有必要提出氯氧镁水泥性能指标。为验证改善前氯氧镁水泥 7d 抗压强度和耐水系数的稳定性，分别进行了 20 组平行试验，结果如图 2.13 和图 2.14 所示，可以发现，改善前氯氧镁水泥 7d 抗压强度及耐水系数均分别在 60MPa 和 0.55 以上。建议氯氧镁水泥的技术要求为 7d 抗压强度不小于 60MPa，耐水系数不小于 0.55。

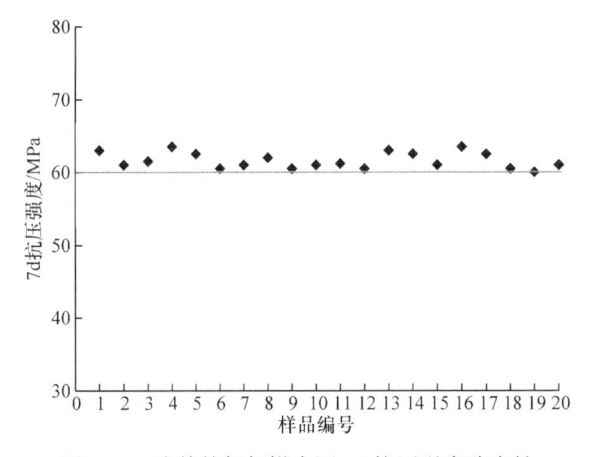

图 2.13 改善前氯氧镁水泥 7d 抗压强度稳定性

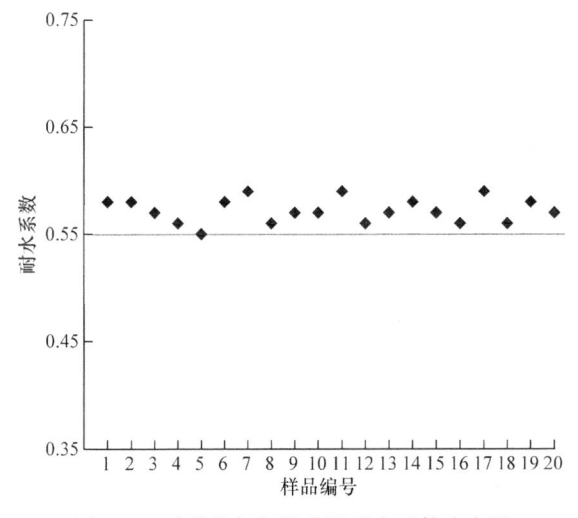

图 2.14 改善前氯氧镁水泥耐水系数稳定性

2.2 路用复合氯氧镁水泥开发

由轻烧菱镁粉、氯化镁溶液制备的氯氧镁水泥，在工程应用中存在较为明显的不足，主要表现在以下三个方面。

(1) 强度过剩，成本浪费。不同交通等级水泥混凝土路面的抗折强度、抗压强度应符合《公路水泥混凝土路面施工技术细则》(JTG/T F30—2014)中的规定要求，其中特重交通等级 28d 抗折强度 ≥ 7.5MPa，28d 抗压强度 ≥ 52.5MPa。一般氯氧镁水泥 7d 抗压强度达到 60MPa，28d 抗压强度则高达 92.5MPa。氯氧镁水泥与硅酸盐水泥强度对比见表 2.3。强度大幅度过剩，导致成本的大量浪费。

表 2.3 氯氧镁水泥与硅酸盐水泥强度对比

类型	抗压强度/MPa				28d 强度损失 (−5～10℃)
	1d	3d	7d	28d	
硅酸盐水泥	—	27	—	52.5	≥30%
氯氧镁水泥	28	—	60	92.5	≤5%

(2) 耐水性能不足。国内外学者通过大量的重复性试验发现，氯氧镁水泥在清水环境下浸泡 7d 后的强度为浸泡前的 55%左右，这说明了氯氧镁水泥在水环境下的强度损失较大。

(3) 轻烧菱镁粉来源比较单一，主要产地为辽宁、山东等地，运费高，运输成本甚至会超过材料本身的成本。

大量研究表明，在一般氯氧镁水泥组成材料的基础上，可以添加其他外加剂用以改良其工作性能，比如粉煤灰、抗水剂等。另外，在保证其性能指标满足要求的前提下，采用部分物质如白云石粉、石灰石粉等代替轻烧菱镁粉，目的是减少 MgO 的用量、降低材料成本、提高经济效益。综上，制备性能可控的复合氯氧镁水泥具有重要的现实意义。

2.2.1 粉煤灰氯氧镁水泥

粉煤灰是一种多孔、比表面积大，并且具有一定活性的固体废物，其中活性物质多为 SiO_2，在碱性环境下可以反应生成絮凝物质。研究表明，粉煤灰在混凝土中具有"形态效应""活性效应""微集料效应"，有效改善混凝土流动性和微结构，促进水泥水化反应。本小节选用粉煤灰制备复合氯氧镁水泥，以期改善氯氧镁水泥的耐水性能。

第 2 章 氯氧镁水泥材料组成与设计优化

1. 试件制备

按照 2.1 节的结论和配合比,制备氯氧镁水泥砂浆并测试其强度,利用矿物掺合料(包括粉煤灰、石灰石粉和白云石粉)及改性抗水剂研究其对氯氧镁水泥耐水性能的影响。为了更加贴近实际环境,进行浸水试验时,设置空白对照组的同时设置浸硫酸盐环境,耐水性能的高低以耐水系数来衡量。制备试件,观察浸水和浸硫酸盐前后氯氧镁水泥微观形貌的变化,分析强度变化的原因。

2. 粉煤灰对氯氧镁水泥耐水性能的影响

在浸水状态下和浸硫酸盐状态下,对掺粉煤灰的氯氧镁水泥进行强度研究。粉煤灰掺量对氯氧镁水泥 28d 抗折强度和抗压强度的影响如图 2.15 所示。

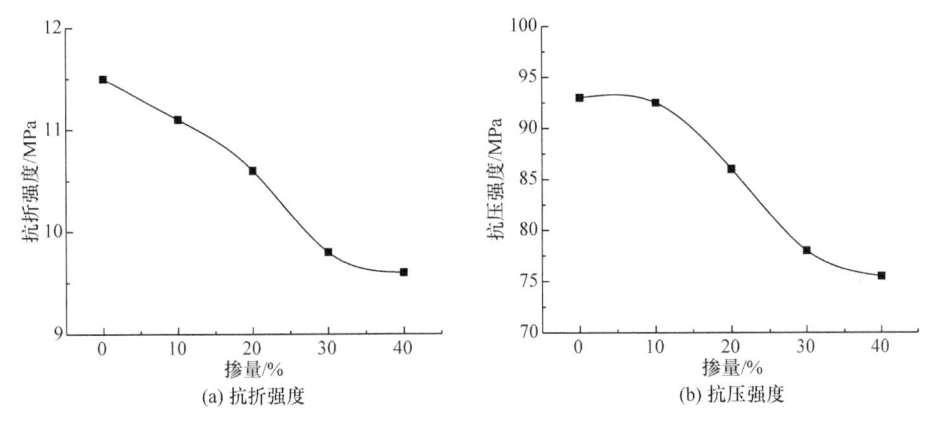

图 2.15 粉煤灰掺量对氯氧镁水泥 28d 抗折强度和抗压强度的影响

由图 2.15 可知,氯氧镁水泥的抗折强度和抗压强度随着粉煤灰掺量的增加会逐渐降低。当掺量为 40%时,其抗折强度和抗压强度仍然高于普通硅酸盐水泥,这反映了粉煤灰氯氧镁水泥强度较改善前氯氧镁水泥降低,但相比普通硅酸盐水泥强度较高。将粉煤灰掺入普通硅酸盐水泥中,也呈现出此变化规律,但两者的改性机理却不尽相同。粉煤灰中含有的活性成分二氧化硅和三氧化二铝,可与水泥的水化产物发生二次水化反应,生成更多的水化产物,减小水泥基的孔隙率。分别对掺有 20%粉煤灰的氯氧镁水泥试件与基准试件进行扫描电子显微镜(scanning electron microscope,SEM)微观形态分析,结果如图 2.16 所示。

由图 2.16 可知,基准试件的微观结构更多是凝胶 5 相与少量的针棒状结构。掺有 20%粉煤灰的氯氧镁水泥试件结构略疏松,水化生成了大量的 5·1·8 凝胶相和板状结构,两者交错相连,使氯氧镁水泥具有较高的强度。

普通硅酸盐水泥和掺 40%粉煤灰的氯氧镁水泥 28d 强度对比见图 2.17,结果表明掺入较多的粉煤灰降低了氯氧镁水泥强度。即使掺量达到 40%,其 28d 的抗

(a) 基准试件　　　　　　　　　(b) 掺20%粉煤灰氯氧镁水泥试件

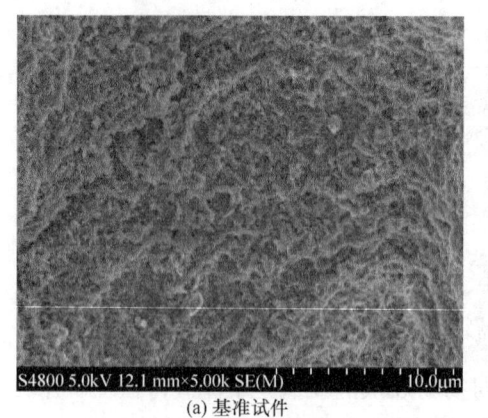

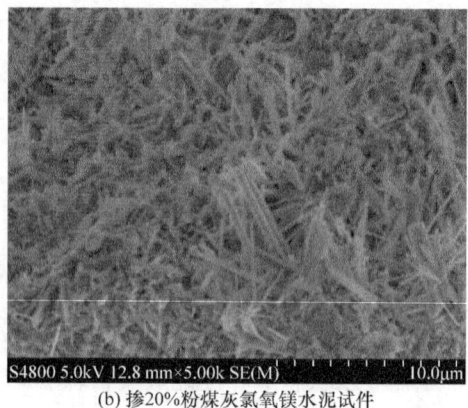

图 2.16　氯氧镁水泥试件的 SEM 照片

折强度、抗压强度仍然很高，分别为 9.7MPa 和 76.2MPa，其 28d 抗压强度比普通硅酸盐水泥强度高 1 倍左右。

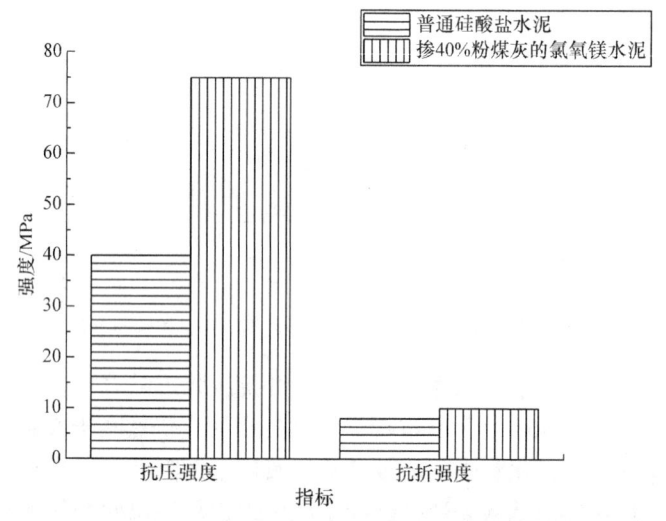

图 2.17　普通硅酸盐水泥和掺 40%粉煤灰的氯氧镁水泥 28d 强度对比

粉煤灰掺量对氯氧镁水泥浸水后强度的影响见图 2.18。图 2.15 和图 2.18 表明，浸水对氯氧镁水泥的力学性能影响较大。氯氧镁水泥浸水后发生了水解，导致力学性能下降[8]。当粉煤灰掺量为 10%、20%、30%、40%时，浸水后氯氧镁水泥的抗折强度分别下降了 46.1%、41.5%、51.0%、47.9%，抗压强度分别下降了 35.4%、25.5%、37.6%、36.8%。

不同粉煤灰掺量的氯氧镁水泥耐水系数如图 2.19 所示。可以看出，当粉煤灰掺量为 20%时，氯氧镁水泥耐水系数最大，其抗折耐水系数和抗压耐水系数较基准试件提高。这表明氯氧镁水泥中掺入粉煤灰可有效提高其耐水性能。

(a) 抗折强度

(b) 抗压强度

图 2.18 粉煤灰掺量对氯氧镁水泥浸水后强度的影响

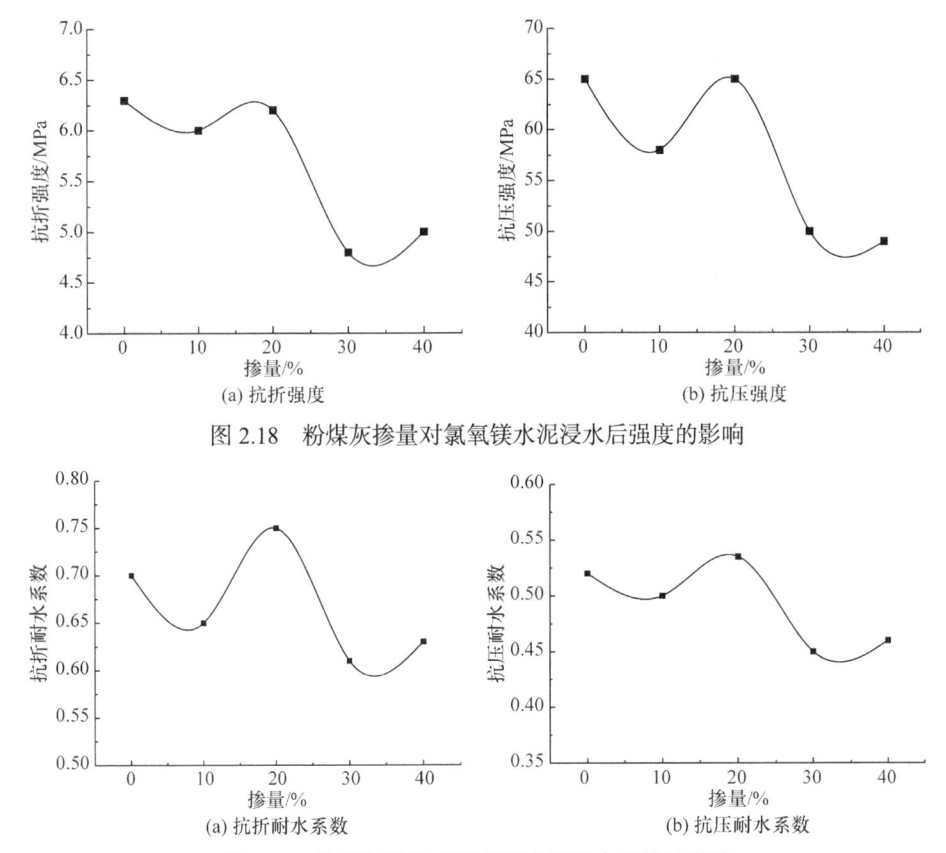

(a) 抗折耐水系数

(b) 抗压耐水系数

图 2.19 粉煤灰掺量对氯氧镁水泥耐水系数的影响

对浸水之后的基准试件与掺有 20%粉煤灰的试件进行微观结构观测，图 2.20 为两种试件浸水后的微观结构。可以看出，浸水之后的基准试件生成了大量的针杆状晶体，交联相错的网格结构逐渐减少，晶体之间的相互作用力变弱，结构疏

(a) 基准试件

(b) 掺20%粉煤灰氯氧镁水泥试件

图 2.20 浸水后基准试件和掺 20%粉煤灰氯氧镁水泥试件的 SEM 照片

松，孔隙率较高，使氯氧镁水泥强度降低。掺入20%粉煤灰的氯氧镁水泥中仍存在一定量的胶凝态组织，使孔隙率减小。

图2.21表明，掺加粉煤灰的氯氧镁水泥在浸泡硫酸盐溶液之后，其力学性能与气干养护下(图2.15)的氯氧镁水泥相比会有一定程度的下降。当粉煤灰掺量为10%、20%、30%、40%时，水泥试件的抗折强度分别下降了44.1%、40.1%、37.2%、38.5%，抗压强度分别下降了23.2%、15.1%、23.1%、21.9%；但力学性能与清水浸泡后的试件相比略有提高，当粉煤灰掺量为10%、20%、30%、40%时，其抗折强度比清水浸泡后的试件分别提高了8.8%、8.5%、37.8%、26.9%，抗压强度分别提高了22.4%、12.3%、25.0%、20.4%。可见，虽然大量掺加粉煤灰的氯氧镁水泥力学性能降低较快，但比普通硅酸盐水泥(ordinary portland cement，OPC)优越，如图2.22所示。可以看出，当氯氧镁水泥处于硫酸盐环境中时，其耐水性能能够得到良好的改善。这是由于氯氧镁水泥中的水化产物与硫酸盐会发生反应，生成一种可以将氯氧镁水泥水化产物包裹起来的难溶于水的化合物，防止水与水化产物接触，从而提高氯氧镁水泥的耐水性能[6]。

(a) 抗折强度

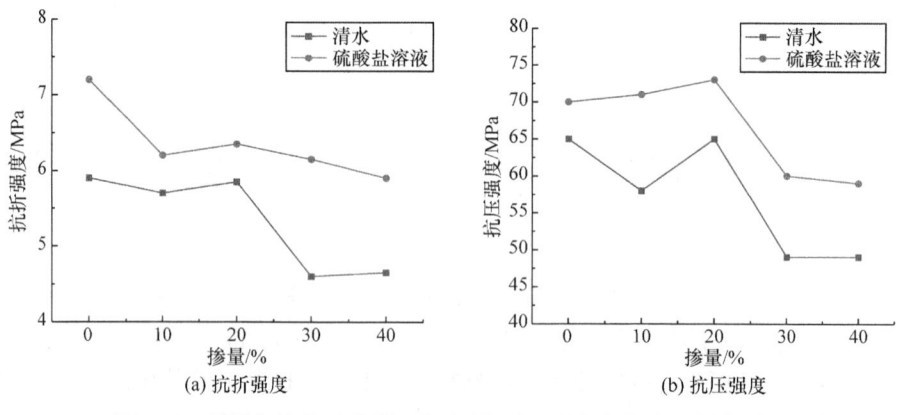

(b) 抗压强度

图2.21 粉煤灰掺量对清水和硫酸盐浸泡后的氯氧镁水泥强度影响

石明霞等研究了胶凝材料抗硫酸盐腐蚀性，结果表明，粉煤灰可以提高混凝土抗硫酸盐腐蚀性。粉煤灰的掺入使得水泥孔隙率减小，阻挡硫酸根离子的进入[9]。掺20%粉煤灰的氯氧镁水泥浸泡硫酸盐溶液后分析微观结构，SEM照片如图2.23所示。结合图2.16(b)与图2.23可知，浸水后氯氧镁水泥的孔隙被针杆状的5·1·8相填充，氯氧镁水泥的水化产物与5·1·8胶凝相交联相错形成网格结构，降低了氯氧镁水泥在硫酸盐环境下的强度。

对掺20%粉煤灰的氯氧镁水泥凝结时间进行试验，结果见图2.24。可以看出，掺20%粉煤灰的氯氧镁水泥与基准试件的初凝时间相差并不明显，相差约20min，终凝时间相差约50min。

(a) 抗折强度　　　　　　　　　　(b) 抗压强度

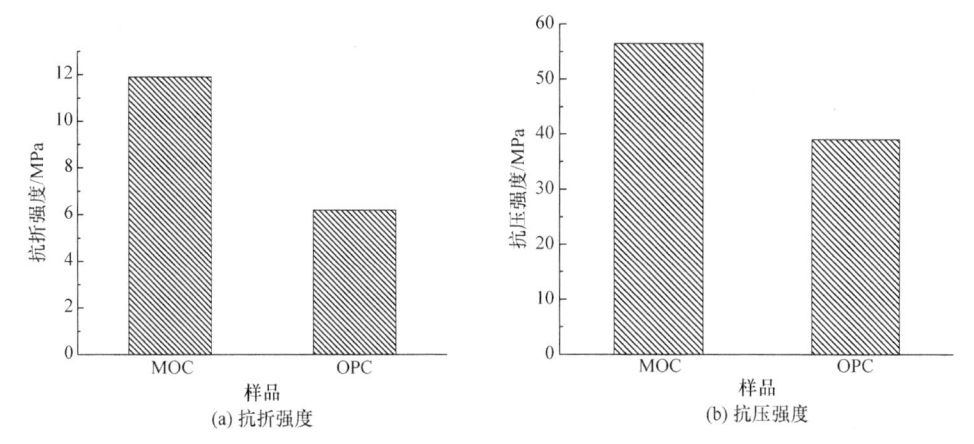

图 2.22　硫酸盐环境下掺 40%粉煤灰氯氧镁水泥与普通硅酸盐水泥强度

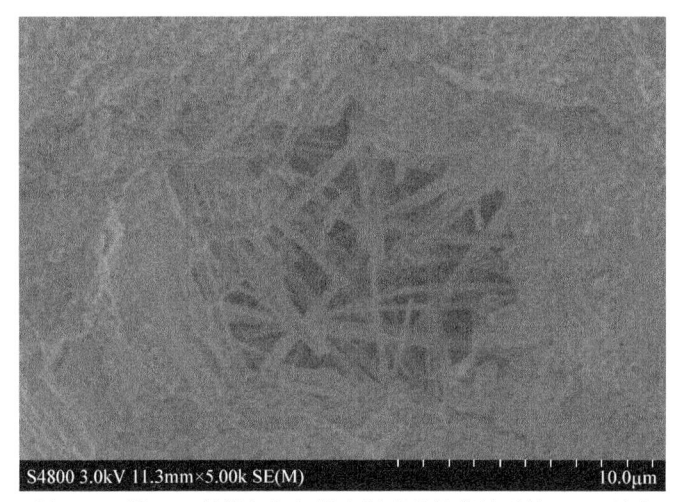

图 2.23　掺 20%粉煤灰氯氧镁水泥硫酸盐腐蚀后的 SEM 照片

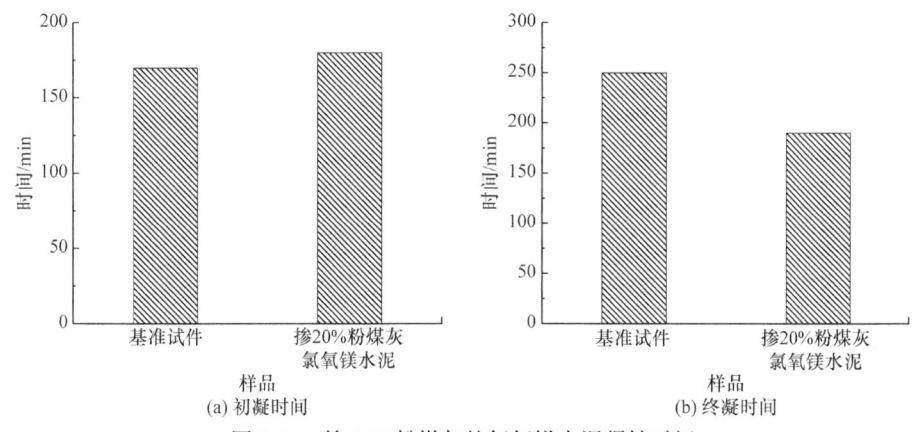

(a) 初凝时间　　　　　　　　　　(b) 终凝时间

图 2.24　掺 20%粉煤灰的氯氧镁水泥凝结时间

与改善前氯氧镁水泥性能指标一样,为验证掺20%粉煤灰的复合氯氧镁水泥7d抗压强度和耐水性能的稳定性,分别进行 20 组平行试验,试验结果如图 2.25 和图 2.26 所示。可以发现,掺 20%粉煤灰的氯氧镁水泥 7d 抗压强度及耐水系数均分别在 55MPa 和 0.65 以上。因此,可以得出粉煤灰氯氧镁水泥的技术要求为 7d 抗压强度不小于 55MPa,耐水系数不小于 0.65。

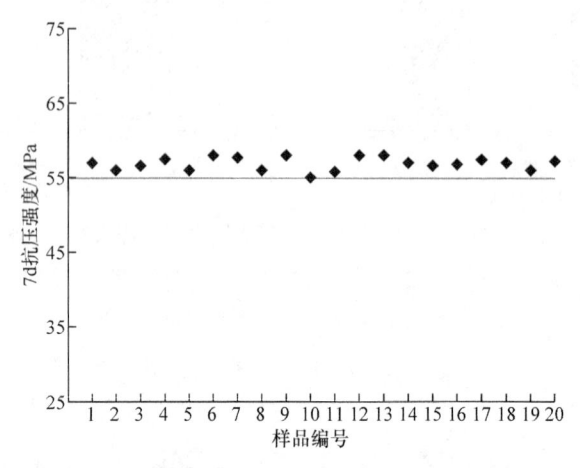

图 2.25 粉煤灰氯氧镁水泥 7d 抗压强度稳定性

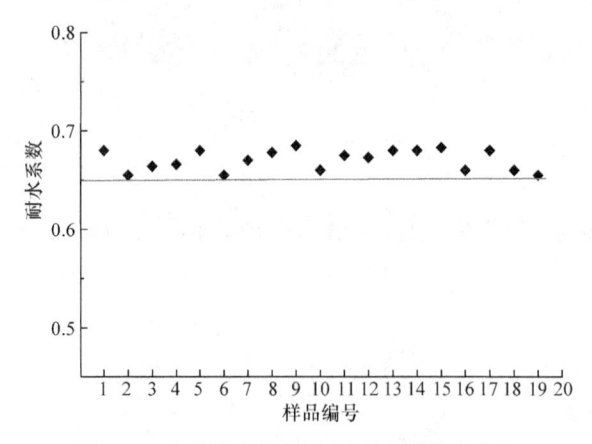

图 2.26 粉煤灰氯氧镁水泥耐水系数稳定性

综上所述,在氯氧镁水泥中掺入 20%的粉煤灰可以有效延缓氯氧镁水泥浸水后力学性能下降,一般其 7d 抗压强度不小于 55MPa,耐水系数不小于 0.65。

2.2.2 白云石粉氯氧镁水泥

氯氧镁水泥组成材料之一的氧化镁主要来自辽宁、山东等地的轻烧菱镁石,在青海等西部地区大量应用则运费高昂。白云石广泛地分布在我国各地，主要是一种 $CaCO_3$ 与 $MgCO_3$ 共生的矿物。对于 MgO 的含量，煅烧后的白云石粉≥20%，轻烧菱镁石粉是煅烧白云石粉的 3 倍以上。因此，超量取代对氯氧镁水泥各性能指标影响较小[10]。采用白云石粉超量取代部分轻烧菱镁石粉有利于减少投资，提高氯氧镁水泥的性价比。本小节制备氯氧镁水泥采用超量取代的方法，用白云石粉超量取代菱镁石粉。试验方案：取代系数(白云石粉与轻烧菱镁石粉的质量比)为 1.0、1.5、2.0；掺量分别为 20%、40%和 60%。

1. 白云石粉对氯氧镁水泥强度的影响

图 2.27 为不同白云石粉掺量氯氧镁水泥的 1d 抗折强度和抗压强度。其中，1∶1、1∶1.5 和 1∶2 分别指的是白云石粉 1∶1 等量取代轻烧菱镁石粉、1∶1.5 和 1∶2 超量取代轻烧菱镁石粉。

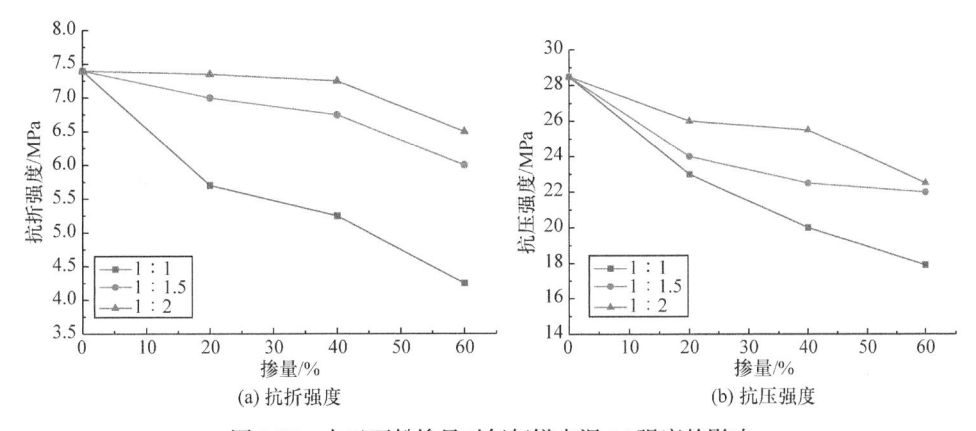

图 2.27 白云石粉掺量对氯氧镁水泥 1d 强度的影响

由图 2.27 可知，氯氧镁水泥 1d 的抗折强度和抗压强度会随着白云石粉的掺量增加而逐渐降低，与基准试件相比，白云石粉取代轻烧菱镁石粉，氯氧镁水泥强度损失随着取代量的增大而增大，这与白云石粉掺入普通硅酸盐水泥中的结果有所不同。首先，白云石粉掺入普通硅酸盐水泥中具有一定的填充作用。其次，$CaCO_3$ 存在于白云石粉中可以促进硅酸盐水泥的水化进程，并生成不溶性的铝酸盐，从而提高了其早期强度。将白云石粉掺到氯氧镁水泥中，没有进一步的水化反应与水化生成物，对早期强度的贡献不大。余学飞等研究了苛性白云石改性氯氧镁水泥的水化机理，结果表明，白云石粉中的 $CaCO_3$ 活性较低，对水泥的早期水化影响不大，可提高后期强度的发展[10]。

当白云石粉按 1∶1.5 超量取代时，氯氧镁水泥的强度下降。其原因是白云石粉 1∶1.5 超量取代菱镁石粉时，氯氧镁水泥体系中会出现大量的结晶接触点，使得体系更容易产生团聚作用。当1∶2超量取代时，氯氧镁水泥体系中的组成成分将变得不再合理，氯氧镁水泥体系会被过多的白云石粉填充，过量的白云石粉反而阻碍了较高活性的轻烧菱镁石粉和氯化镁溶液的接触反应，使体系水化反应受到阻碍，从而导致氯氧镁水泥强度降低[12]。

不同取代方式及掺量的白云石粉氯氧镁水泥 28d 抗折强度和抗压强度如图 2.28 所示。由图 2.28 可以看出，三种不同取代比例的氯氧镁水泥 28d 抗折强度随白云石粉掺量的增加而减小。当白云石粉按 1∶1.5 超量取代菱镁石粉时，取代掺量增大，氯氧镁水泥 28d 的抗压强度先增大后减小。白云石粉中的 $CaCO_3$ 颗粒填充在氯氧镁水泥的孔隙，降低了孔的连通率，晶体结构紧密从而使强度升高。白云石粉的掺入阻碍了菱镁石粉与氯化镁的接触反应，使得氯氧镁水泥强度降低。

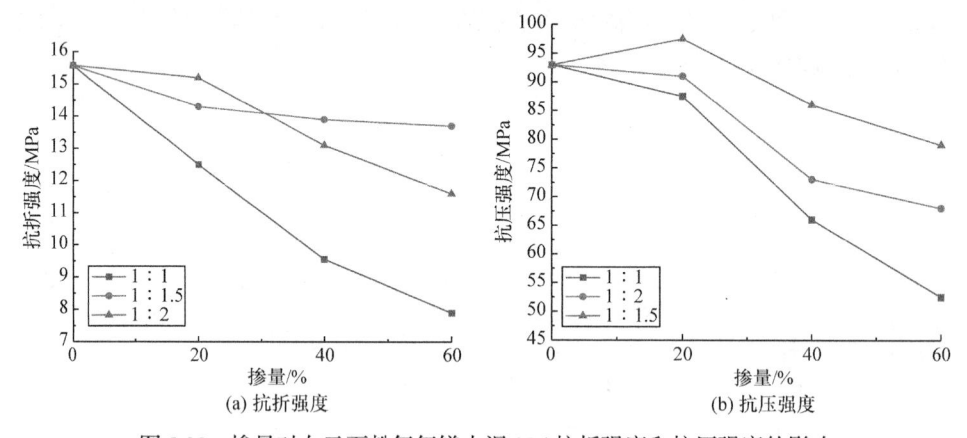

图 2.28 掺量对白云石粉氯氧镁水泥 28d 抗折强度和抗压强度的影响

虽然白云石粉的掺入降低了氯氧镁水泥的强度，但从掺入白云石粉后氯氧镁水泥与普通硅酸盐水泥的抗折强度和抗压强度对比(图 2.29)可以看出，掺 60%白

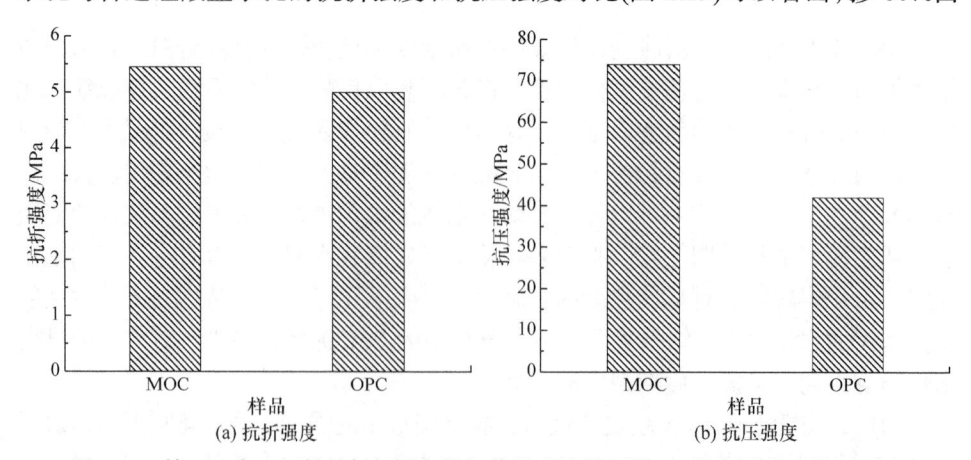

图 2.29 掺 60%白云石粉的氯氧镁水泥与普通硅酸盐水泥 28d 抗折强度和抗压强度

云石粉的氯氧镁水泥抗折强度与普通硅酸盐水泥相近，抗压强度却是普通硅酸盐水泥的 2 倍左右。

2. 白云石粉对氯氧镁水泥耐水性能的影响

掺量对白云石粉氯氧镁水泥浸水 28d 抗折强度和抗压强度的影响见图 2.30。结果表明，掺加白云石粉的氯氧镁水泥浸水 28d 后，其抗折强度与抗压强度随掺量的增大而下降。结合图 2.30(a)和(b)可以看出，当白云石粉按 1∶1.5 超量取代菱镁石粉时，氯氧镁水泥的强度与其他掺量白云石粉的氯氧镁水泥强度相比，浸水强度损失是最小的。强度损失是浸水后晶体结构受损导致的[4]。

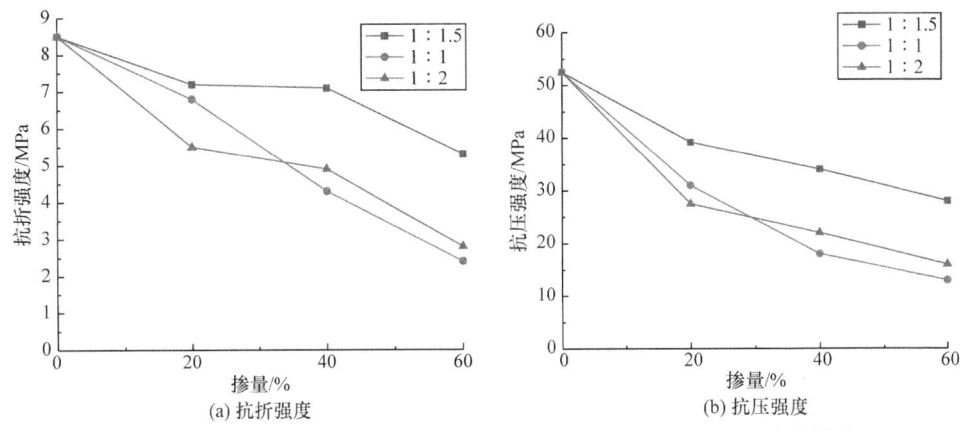

图 2.30 掺量对白云石粉氯氧镁水泥浸水 28d 抗折强度和抗压强度的影响

掺入不同量白云石粉的氯氧镁水泥耐水系数如图 2.31 所示，可以看出其耐水系数均小于基准试件(掺量为 0)的耐水系数，说明白云石粉掺入过多，氯氧镁水泥耐水性能变差。白云石粉 1∶1.5 超量取代菱镁石粉的氯氧镁水泥耐水系数明显高于其他取代比例的氯氧镁水泥耐水系数。

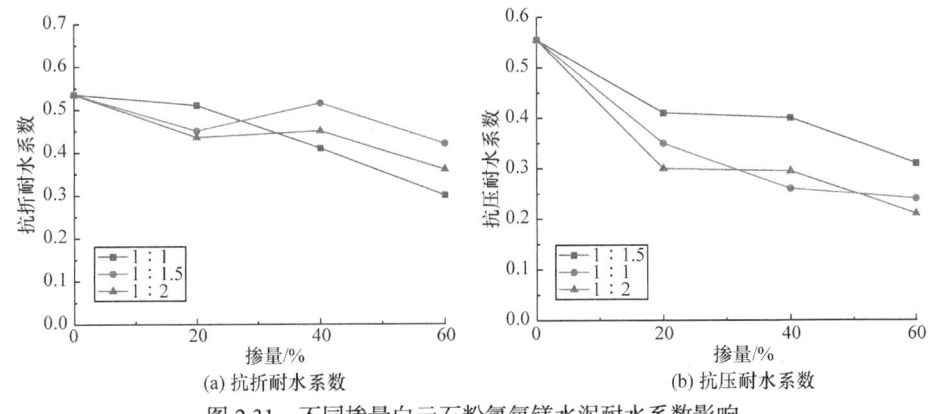

图 2.31 不同掺量白云石粉氯氧镁水泥耐水系数影响

不同掺量白云石粉氯氧镁水泥浸水后的 SEM 照片如图 2.32 所示。图 2.32 结果表明，与基准试件相比，1∶1.5 超量取代时的氯氧镁水泥结构孔隙较多，其强度主要来源于针杆状交错相织的结构，因此强度较高。由图 2.32(a)可以看出，基准试件的微观结构由针杆状结构与胶凝体组成。随着氯氧镁水泥中白云石粉含量增多，针杆状结构越来越少，叶片状组织较多，孔隙率上升。氯氧镁水泥中的胶凝态对其强度影响显著[12-14]。

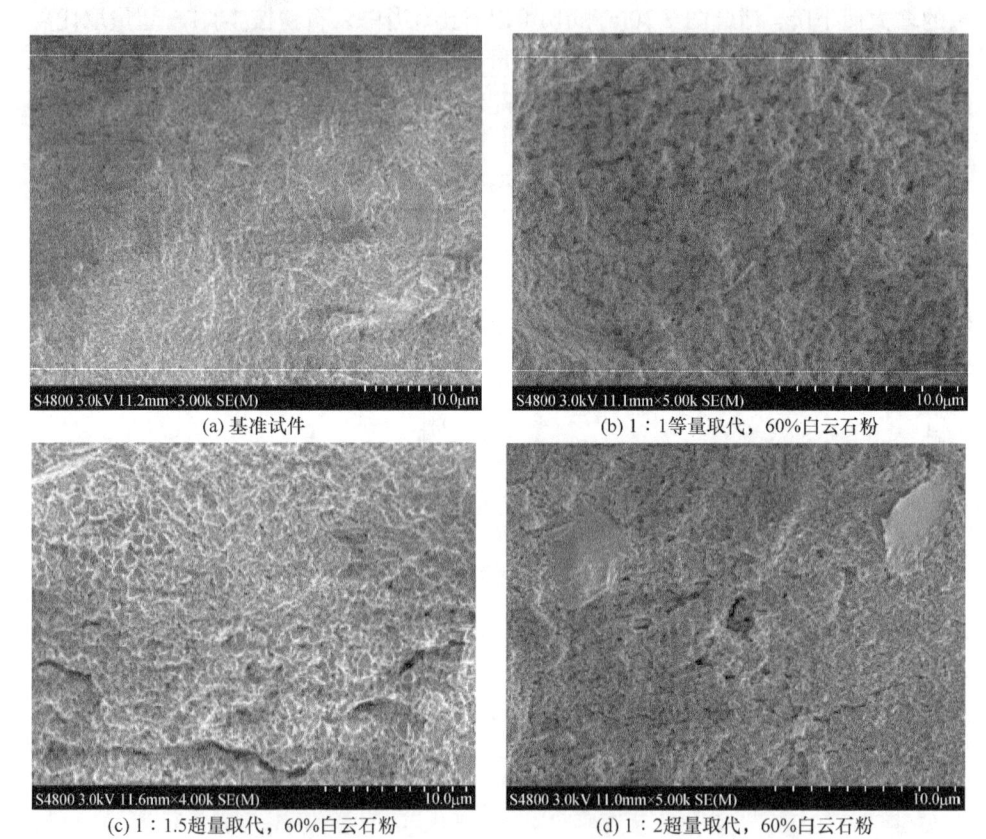

(a) 基准试件

(b) 1∶1 等量取代，60%白云石粉

(c) 1∶1.5 超量取代，60%白云石粉

(d) 1∶2 超量取代，60%白云石粉

图 2.32 各掺量白云石粉氯氧镁水泥浸水后的 SEM 照片

3. 耐硫酸盐腐蚀性

白云石粉掺量对氯氧镁水泥浸硫酸盐溶液 28d 的抗折强度和抗压强度影响如图 2.33 所示。可以看出，白云石粉氯氧镁水泥与基准试件(掺量为 0)浸泡硫酸盐后的力学性能均会下降，当白云石粉取代菱镁石粉的取代系数为 1∶1.5 时，浸泡硫酸盐溶液后强度降低幅度最小。当白云石粉掺量为 20%、40%、60%时，与基准试件相比，其抗折强度分别下降了 1.13%、14.12%、23.54%，抗压强度分别下降了 14.46%、24.78%、28.13%。

(a) 抗折强度

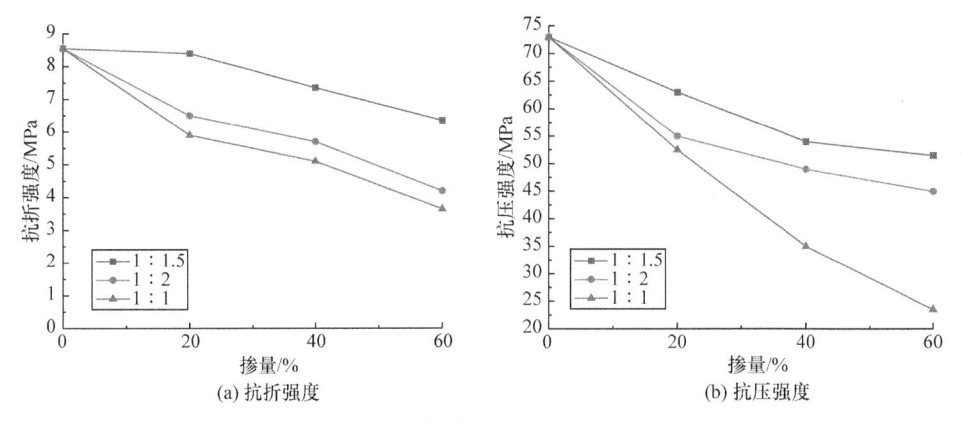

(b) 抗压强度

图 2.33　白云石粉掺量对氯氧镁水泥浸硫酸盐溶液 28d 强度的影响

浸硫酸盐溶液 28d 的耐水系数如图 2.34 所示。由图 2.31~2.34 可以得出，浸水、浸硫酸盐溶液后的白云石粉氯氧镁水泥强度、耐水系数均比基准试件要低。浸水试件与浸硫酸盐试件相比较，浸硫酸盐试件的强度与耐水系数高于浸水试件的强度和耐水系数。从图 2.33(b)和图 2.34(b)可以看出，当白云石粉取代菱镁石粉的超量取代比例为 1∶1.5 和 1∶2 时，虽然浸硫酸盐溶液 28d 后强度差距很大，但其耐水系数却大致相同。这说明 1∶1.5 超量取代优于 1∶2，优于 1∶1 等量取代，同时也反映了硫酸盐能够一定程度地延缓胶凝体系水解。

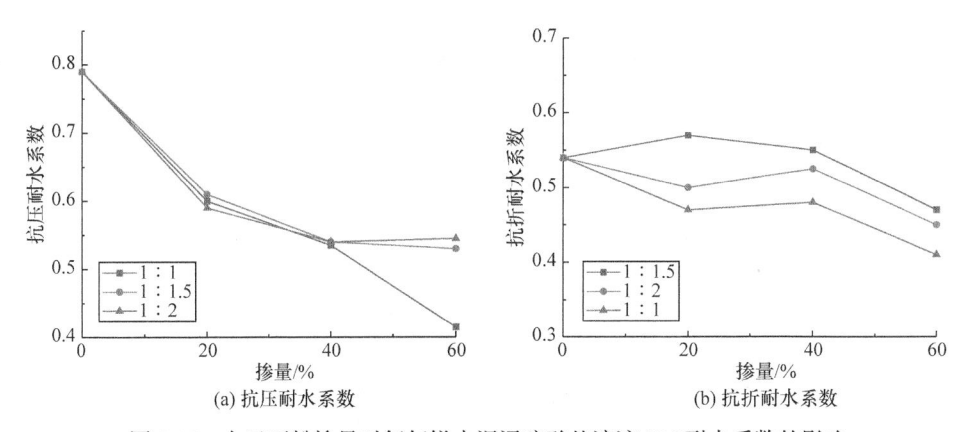

(a) 抗压耐水系数

(b) 抗折耐水系数

图 2.34　白云石粉掺量对氯氧镁水泥浸硫酸盐溶液 28d 耐水系数的影响

普通硅酸盐水泥和白云石粉氯氧镁水泥浸硫酸盐溶液后的抗折强度和抗压强度如图 2.35 所示。可以看出，氯氧镁水泥试件在浸硫酸盐溶液中的强度损失较小。这是因为硫酸盐溶液可与氯氧镁水泥的水化产物发生化学反应，生成了覆盖于氯氧镁水泥水化产物表面难溶于水的镁盐结晶化合物，从而阻碍了氯氧镁水泥水化产物进一步发生水解。

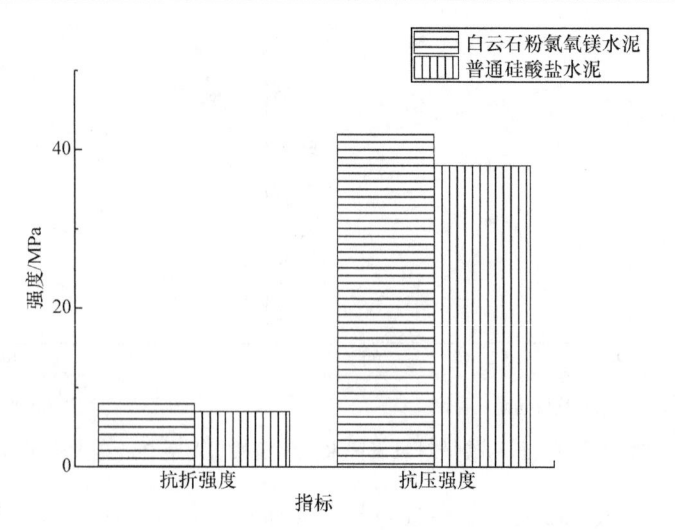

图 2.35　浸硫酸盐溶液后白云石粉氯氧镁水泥和普通硅酸盐水泥的 28d 强度

掺有白云石粉的氯氧镁水泥浸硫酸盐溶液后的 SEM 照片见图 2.36。浸水后氯氧镁水泥晶体中有大量的胶凝体,浸硫酸盐后的微观结构除大量的胶凝结构外,还伴有少量针杆状的 5 相结构,导致强度降低。

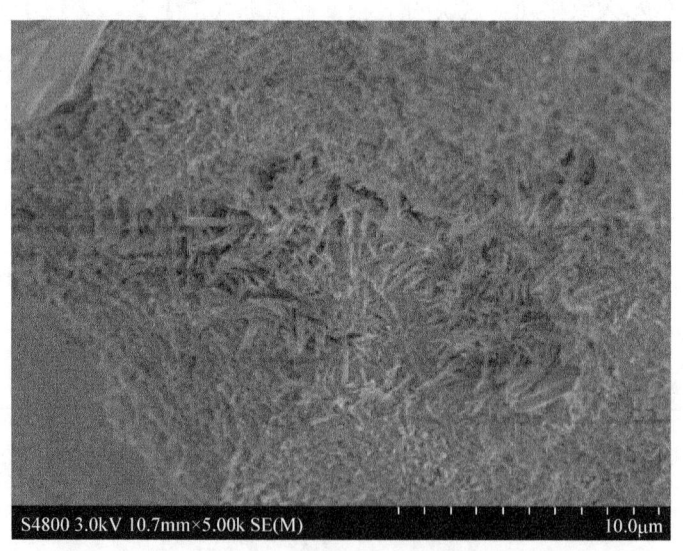

图 2.36　白云石粉氯氧镁水泥浸硫酸盐溶液后的 SEM 照片

为验证白云石粉氯氧镁水泥的 7d 抗压强度和耐水系数稳定性,对 20 组试件进行平行试验,结果如图 2.37 和图 2.38 所示。可以看出,白云石粉氯氧镁水泥 7d 抗压强度及耐水系数均分别在 50MPa 和 0.35 以上。建议白云石粉氯氧镁水泥的技术要求为 7d 抗压强度不小于 50MPa,耐水系数不小于 0.35。

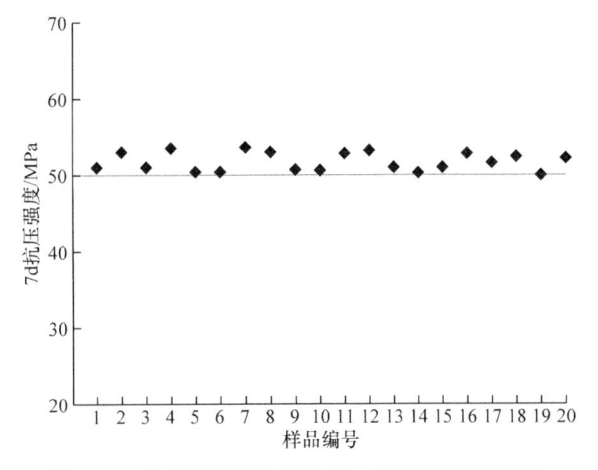

图 2.37 白云石粉氯氧镁水泥 7d 抗压强度稳定性

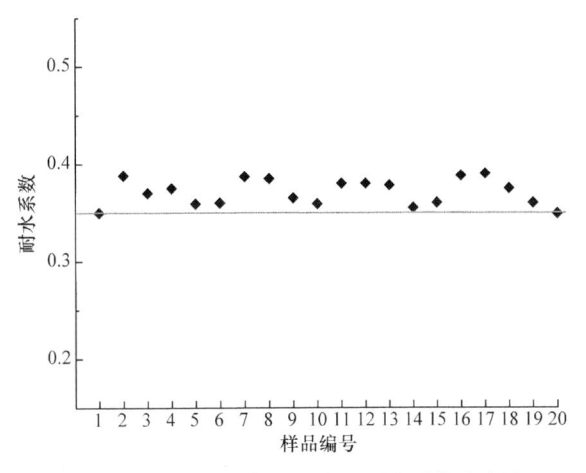

图 2.38 白云石粉氯氧镁水泥耐水系数稳定性

2.2.3 石灰石粉氯氧镁水泥

根据资料统计，目前未经处理的机制砂石粉含量一般为 30%~45%。近年来，国内外基础设施建设大规模推进，我国每年产生的石粉量高达 10 亿 t[15]，如此大规模石粉的堆积，势必对周边生态环境造成极大危害。根据氯氧镁水泥的高强特性，本小节将分析研究大掺量石灰石粉代替氯氧镁水泥中的轻烧粉，对于降低氯氧镁水泥成本、提高石灰石粉利用率、发展绿色道路建筑材料具有重要意义。

不同掺量石灰石粉氯氧镁水泥的 28d 抗折强度和抗压强度如图 2.39 所示。结果表明，石灰石粉掺入后会使氯氧镁水泥的力学性能下降。与未掺石灰石粉的基准试件相比，随着石灰石粉掺量的增加，氯氧镁水泥的力学性能逐渐降低，抗折强度分别下降了 6.3%、12.5%、20.3%和 30.4%，抗压强度分别下降了 0.8%、7.3%、

20.4%和35.5%。当石灰石粉掺入普通硅酸盐水泥中，会发生水化反应，提高水泥的密实度，早期强度增大。石灰石粉填充到氯氧镁水泥中，不发生化学反应，导致混凝土强度下降。因此，二者的强度变化规律稍有不同。

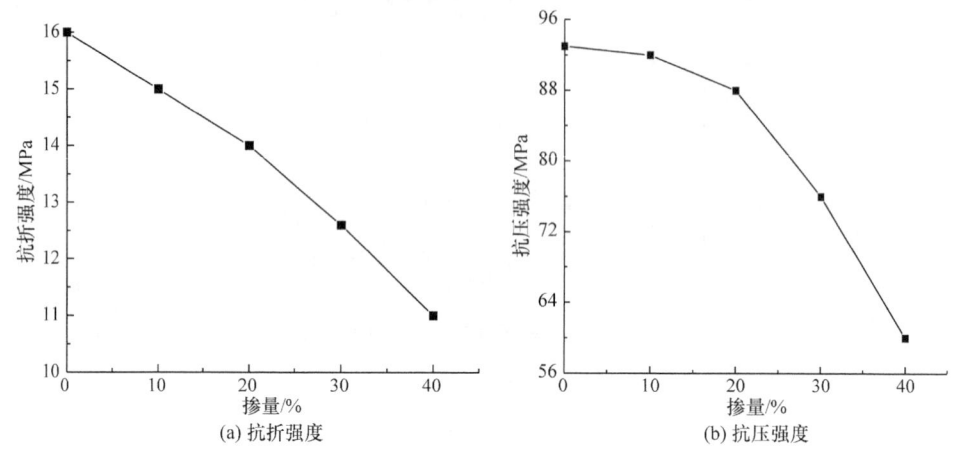

图2.39 不同掺量石灰石粉氯氧镁水泥的28d抗折强度和抗压强度

基准氯氧镁水泥与掺20%石灰石粉的氯氧镁水泥SEM照片如图2.40所示。未掺加石灰石粉的氯氧镁水泥水化后，生成了大量的5·1·8相凝胶，并有少量的针杆状晶体生成。凝胶体与结晶体相互作用连接成网状结构，从而增加了基体的密实度，提高了强度。掺20%石灰石粉的氯氧镁水泥生成了大量细长的针杆状水化产物，没有形成空间网格结构，使氯氧镁水泥内部结构密实度降低，导致强度降低。

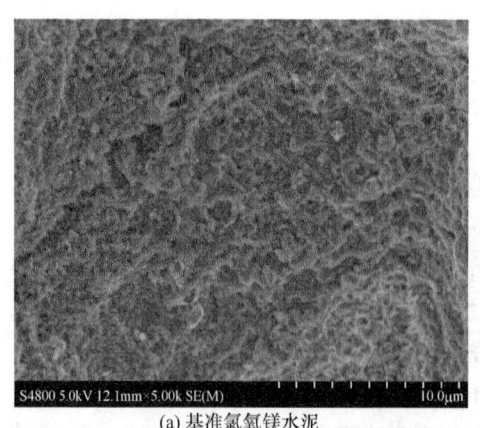

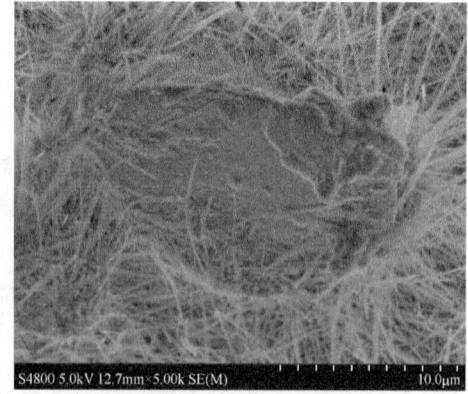

图2.40 基准氯氧镁水泥与掺20%石灰石粉的氯氧镁水泥SEM照片

掺石灰石粉后氯氧镁水泥强度降低，普通硅酸盐水泥与掺40%石灰石粉氯氧镁水泥强度对比见图 2.41。从图中可以看出，当掺量为 40%时，其力学性能仍为普通硅酸盐水泥力学性能的 1.5 倍左右。

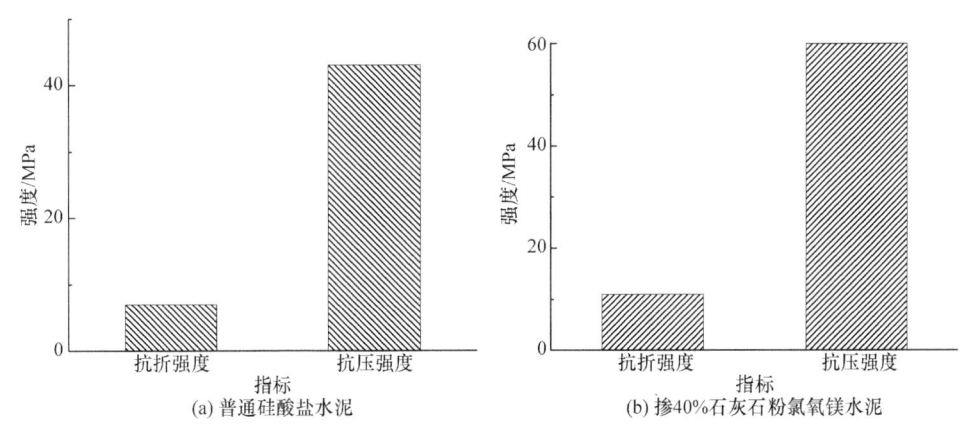

图 2.41 普通硅酸盐水泥与掺 40%石灰石粉氯氧镁水泥强度对比

1. 耐水性能

石灰石粉掺量对氯氧镁水泥气干养护 28d 再浸水 28d 后强度的影响如图 2.42 所示。结果表明，石灰石粉的掺入导致氯氧镁水泥浸水后力学性能下降，掺量为 10%、20%、30%和 40%时，抗折强度分别下降了 30.3%、57.1%、64.2%和 65.7%，抗压强度分别下降了 30.8%、53.8%、69.2%和 66.2%。

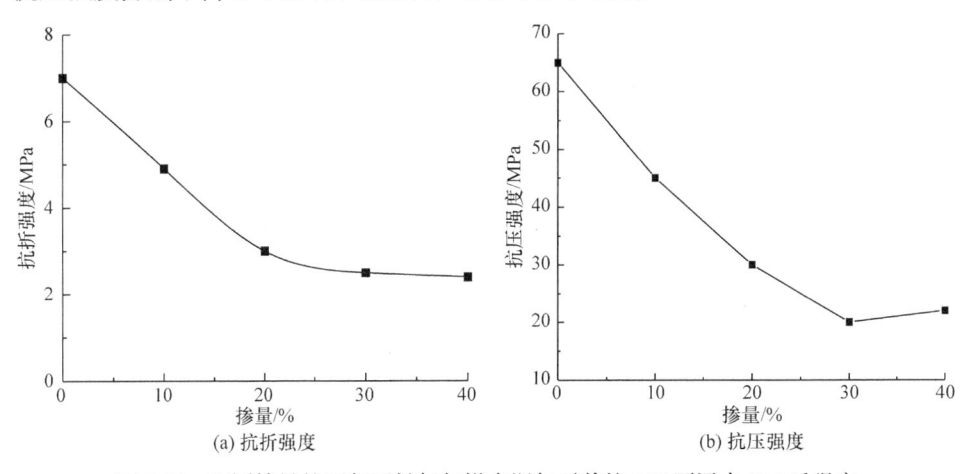

图 2.42 不同掺量的石灰石粉氯氧镁水泥气干养护 28d 再浸水 28d 后强度

不同掺量石灰石粉氯氧镁水泥浸水后的耐水系数如图 2.43 所示。由试验结果可知，氯氧镁水泥的耐水系数与石灰石粉掺量基本成反比，石灰石粉的掺入对氯氧镁水泥的耐水性能是不利的。这是因为石灰石粉的掺入不能促进水泥的水化反应，不能将晶体胶结起来，没有增加水泥内部的密实度，导致凝胶相和晶体很容易发生水解，使氯氧镁水泥的耐水性能降低。

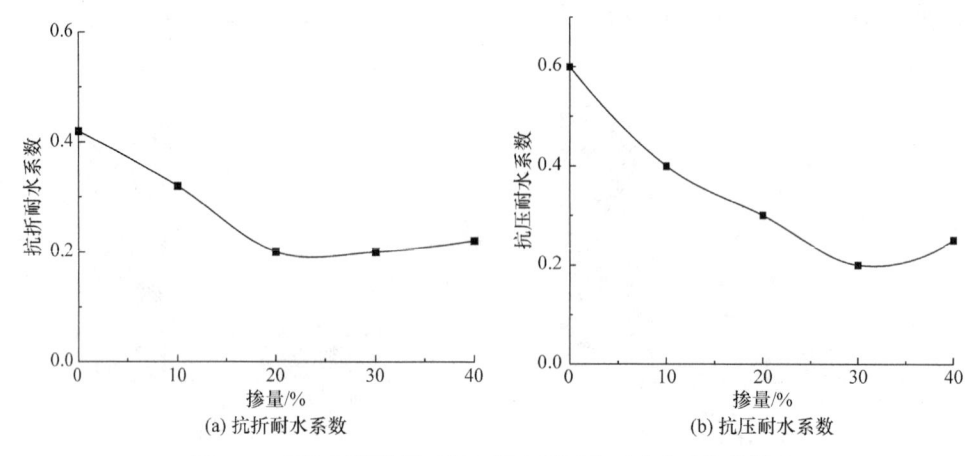

图 2.43　石灰石粉掺量对氯氧镁水泥浸水后耐水系数的影响

分别对掺加石灰石粉与基准氯氧镁水泥试件进行微观结构检测，SEM 照片见图 2.44，可知氯氧镁水泥在浸水后表面形态会发生变化，其表面的胶凝态减少[6]，氯氧镁水泥内部孔隙率上升，导致氯氧镁水泥强度下降。掺 20%石灰石粉的氯氧镁水泥内部则形成更多、更大的孔隙，强度损失增大，耐水性能变差。

图 2.44　基准氯氧镁水泥和掺 20%石灰石粉氯氧镁水泥浸水后的 SEM 照片

2. 耐硫酸盐腐蚀性

不同掺量的石灰石粉氯氧镁水泥浸水和浸硫酸盐溶液后的抗折强度和抗压强度如图 2.45 所示。可以看出，掺加石灰石粉的氯氧镁水泥力学性能经过硫酸盐溶液浸泡之后逐渐下降。与基准试件相比，石灰石粉掺量为 10%、20%、30%和 40%时，氯氧镁水泥的抗折强度分别下降了 15%、22%、27%和 31%，抗压强度分别下降了 35%、49%、56%和 65%。与清水浸泡的试件相比，经过硫酸盐溶液浸泡之后掺加石灰石粉的氯氧镁水泥力学性能有所提高。当石灰石粉掺量为 10%、20%、30%和 40%时，抗折强度分别提高了 52%、128%、135%和 116%，抗压强度分别提高了 31%、78%、260%和 133%。

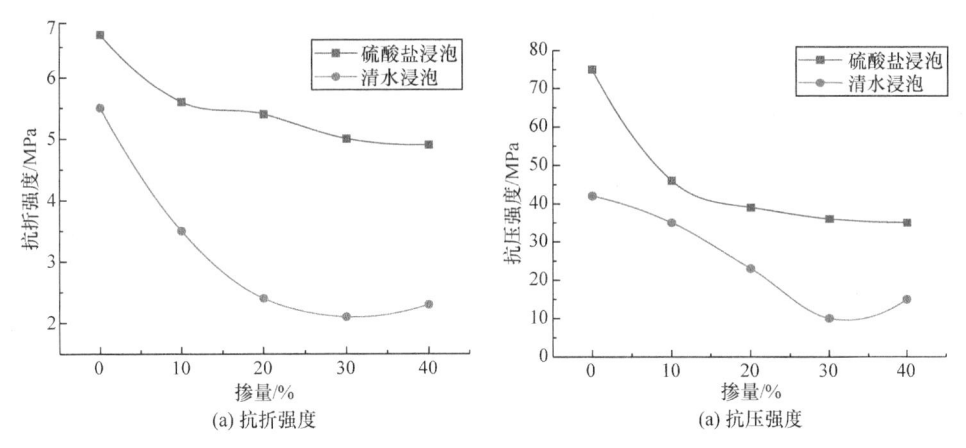

图 2.45　不同掺量的石灰石粉氯氧镁水泥浸水和浸硫酸盐溶液后的抗折强度和抗压强度

上述试验结果表明，石灰石粉的掺入可以有效提高氯氧镁水泥的耐硫酸盐腐蚀性。硫酸盐与未发生反应的 MgO 生成了耐水性能较好的三元胶凝材料，降低了砂浆的孔隙率，提高了氯氧镁水泥的强度。掺 20%石灰石粉氯氧镁水泥浸硫酸盐溶液后的 SEM 照片如图 2.46 所示。可以看出，硫酸盐溶液可以很好地降低氯

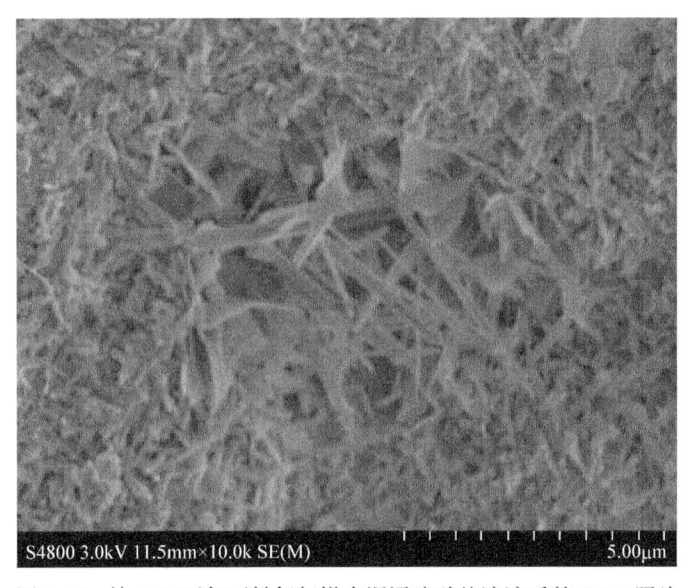

图 2.46　掺 20%石灰石粉氯氧镁水泥浸硫酸盐溶液后的 SEM 照片

氧镁水泥的孔隙率,生成了大量的片状晶体结构,使氯氧镁水泥的密实度得到提高。因此,硫酸盐溶液浸泡后氯氧镁水泥试件的强度比浸水后的强度要高。

对掺40%石灰石粉的氯氧镁水泥凝结时间进行试验,结果如图2.47所示。从图可以看出,掺40%石灰石粉的氯氧镁水泥与基准试件的初凝时间相差高达95min以上,终凝时间可延长约175min。

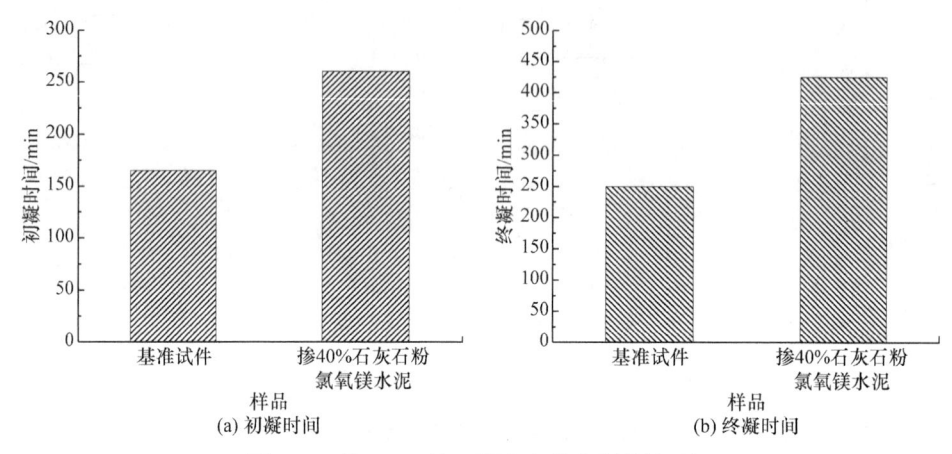

图2.47 掺40%石灰石粉氯氧镁水泥凝结时间

与改善前氯氧镁水泥的指标一样,为验证石灰石粉氯氧镁水泥 7d 抗压强度和耐水系数的稳定性,制作20组试件进行平行试验,结果如图2.48和图2.49所示。可以得出,石灰石粉氯氧镁水泥 7d 抗压强度和耐水系数均分别在40MPa和0.2以上。因此,建议石灰石粉氯氧镁水泥的技术指标为 7d 抗压强度不小于40MPa,耐水系数不小于0.2。

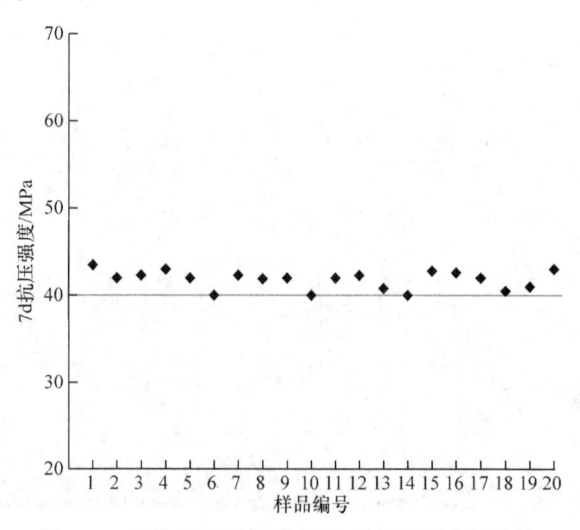

图2.48 石灰石粉氯氧镁水泥 7d 抗压强度稳定性

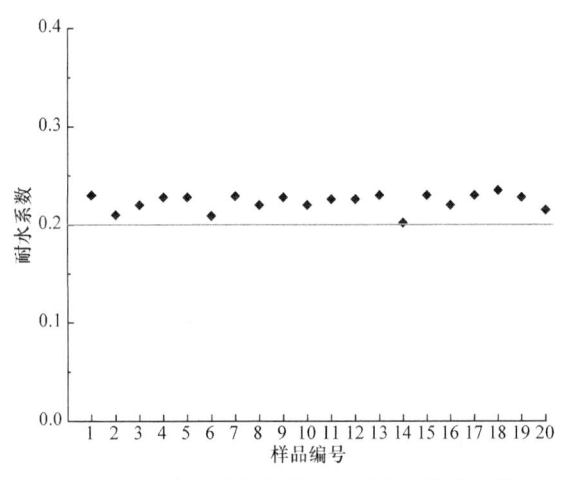

图 2.49 石灰石粉氯氧镁水泥耐水系数稳定性

综合以上试验结果可以得出，与普通硅酸盐水泥的性能相比，石灰石粉的掺入使氯氧镁水泥的性能得到了一定的改善。掺入石灰石粉的氯氧镁水泥耐水性能会有所下降，当石灰石粉的掺量为 10%、20%、30%、40%，与基准试件相比，氯氧镁水泥的抗折耐水系数分别降低了 28.3%、52.4%、51.2%、48.8%，抗压耐水系数分别降低了 32.1%、48.3%、66.6%、56.2%。由于石灰石粉氯氧镁水泥 7d 抗压强度不小于 40MPa，耐水系数不小于 0.2，大掺量石灰石粉氯氧镁水泥不适用于多雨潮湿的环境中。

2.2.4 抗水氯氧镁水泥

抗水改性剂主要有盐、酸、聚合物等，其作用机理是通过改善氯氧镁水泥的内部结构及微观形态来提高耐水性能。本小节探讨抗水改性剂对氯氧镁水泥耐水性能的影响。基准和掺加改性剂的氯氧镁水泥 28d 抗折强度和抗压强度如图 2.50 所示。

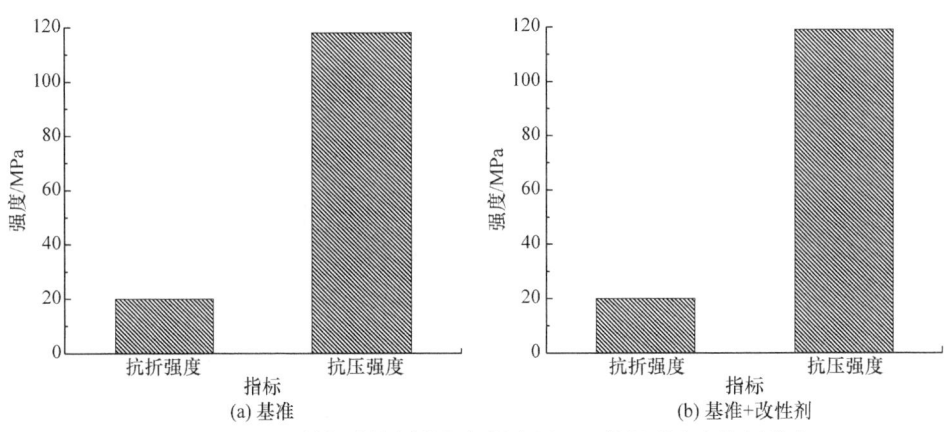

图 2.50 基准和掺加改性剂的氯氧镁水泥 28d 抗折强度和抗压强度

图 2.50 结果表明，改性剂的掺入使氯氧镁水泥 28d 的力学性能得到改善，抗折强度和抗压强度较基准分别提高了 0.82%和 2.82%，其耐水系数如图 2.51 所示。由图 2.51 可知，掺加改性剂的氯氧镁水泥浸水 28d 后的抗压耐水系数和抗折耐水系数均大于 0.80，浸硫酸盐溶液后的抗压耐水系数为 0.92。

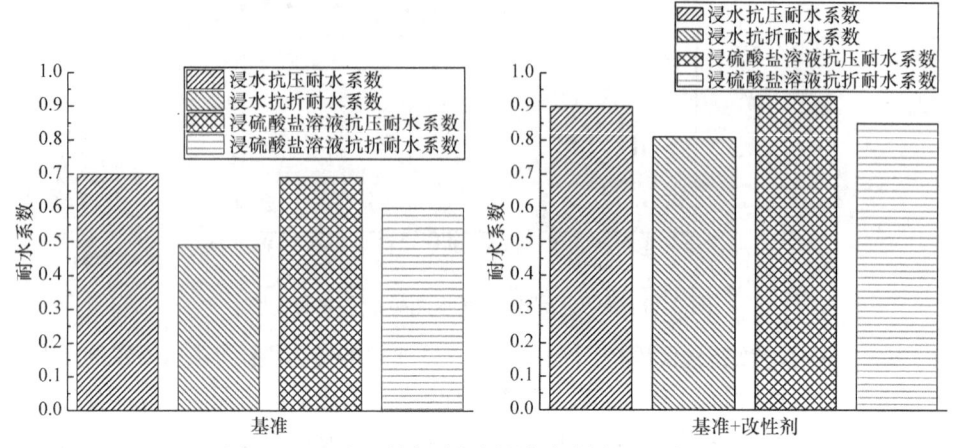

图 2.51 基准和掺加改性剂的氯氧镁水泥耐水系数

对改性后的氯氧镁水泥在浸水和浸硫酸盐溶液环境下进行 SEM 分析，探究改性剂对氯氧镁水泥的改性机理，SEM 照片如图 2.52 所示。

由图 2.52 可以看出，氯氧镁水泥基准样大部分由针杆状组织和胶凝态组成，胶凝态 5 相结构因水解而数量减小。掺加改性剂的氯氧镁水泥浸水后微观晶体中针杆状结构减少，叶片状结构增多；浸硫酸盐溶液后，胶凝态、板块状结构增多。

制作 20 组试件进行平行试验，验证抗水氯氧镁水泥抗压强度稳定性和耐水系数稳定性，结果如图 2.53 和图 2.54 所示。从图中可以得出，抗水氯氧镁水泥的 7d 抗压强度及耐水系数均分别在 60MPa 和 0.85 以上。因此，建议抗水氯氧镁水泥的技术要求为 7d 抗压强度不小于 60MPa，耐水系数不小于 0.85。

(a) 基准浸水28d

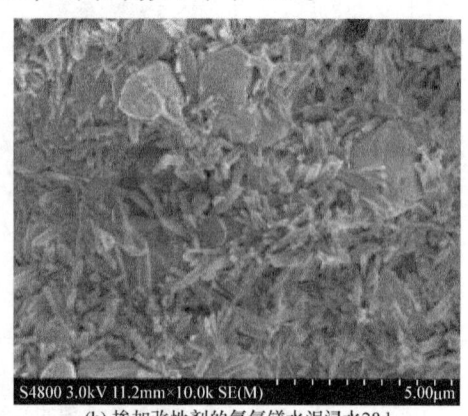

(b) 掺加改性剂的氯氧镁水泥浸水28d

(c) 掺加改性剂的氯氧镁水泥浸硫酸盐溶液28d

图 2.52 掺加改性剂的氯氧镁水泥 SEM 照片

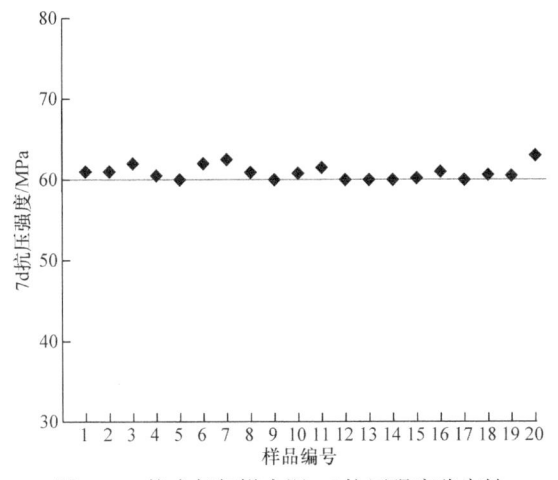

图 2.53 抗水氯氧镁水泥 7d 抗压强度稳定性

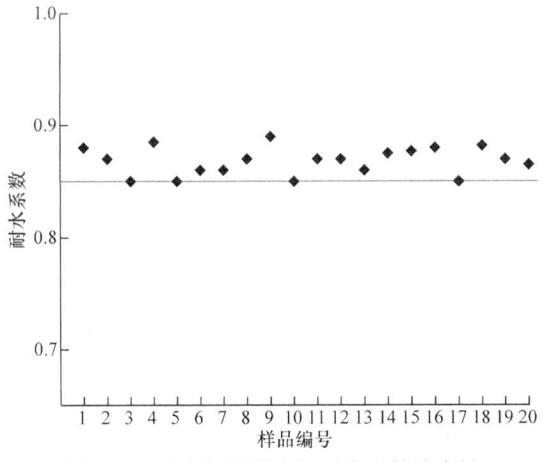

图 2.54 抗水氯氧镁水泥耐水系数稳定性

2.3 青海省低温环境适应性

青海省大部分地区位于高寒高海拔区域，全年无霜期短、气温低、昼夜温差大，公路工程中水泥混凝土结构物的施工受施工期低温环境的负面影响较为严重，大部分地区施工期只有5~7个月。环境温度较低时，不利于混凝土的施工，建议停工或者采取相应的保温措施。氯氧镁水泥具有普通硅酸盐水泥无法具备的一些特性：低温环境下强度增长稳定，受当地气候环境条件影响较小。因此，开展氯氧镁水泥在青海省低温环境下的适应性研究具有重要的现实意义。

2.3.1 青海省气候特征

青海省的气候以高海拔寒冷干旱为主，其特点是气温低、昼夜温差大、降雨少而集中、日照时间长、太阳辐射强，是典型的高原大陆性气候。全省年平均气温在-4~8℃，1月份平均气温为-8~18℃，且持续时间较长。青海省年平均气温分布存在4个相对高值区和3个相对低值区。气温最高的地区年平均气温均在7℃以上，例如，东部农业区年平均气温在3℃以上，柴达木盆地的年平均气温可超过5℃；气温最低的地区位于昆仑山以南、玉树藏族自治州西部的高海拔地区，年平均气温均低于-5℃；全省气温次低区年平均气温在4℃左右；祁连山区也是青海省气温相对较低的地区，年平均气温低于3℃[17]。

为了进一步研究气温对青海省各地区水泥混凝土施工期的影响，统计了青海省西宁、格尔木、海东、海南、海北、海西、黄南、玉树八个主要监测点的气温，地区编号为1~8，2014年各地区年气温变化情况如图2.55所示。

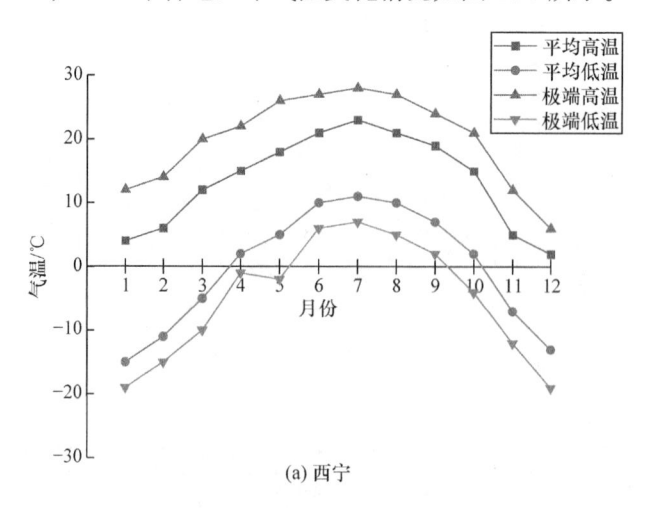

(a) 西宁

(b) 格尔木

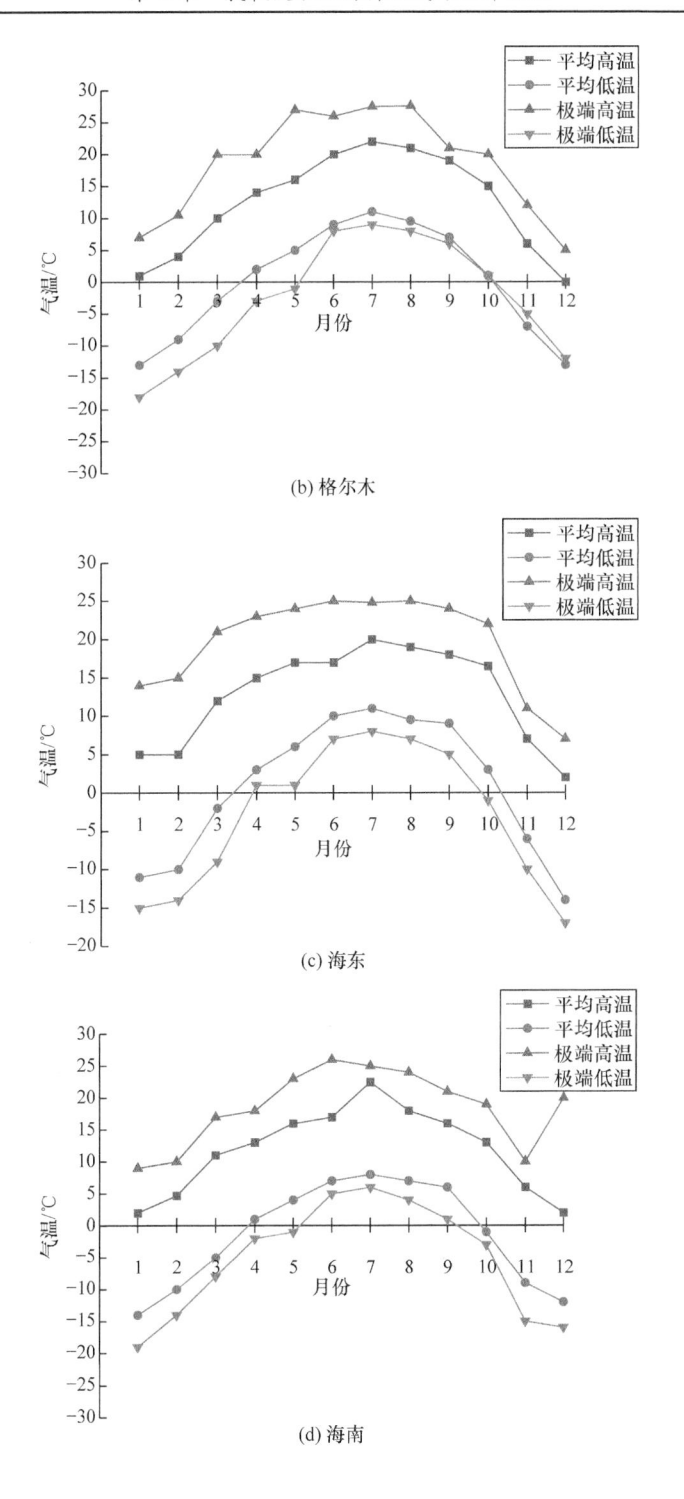

(c) 海东

(d) 海南

(e) 海北

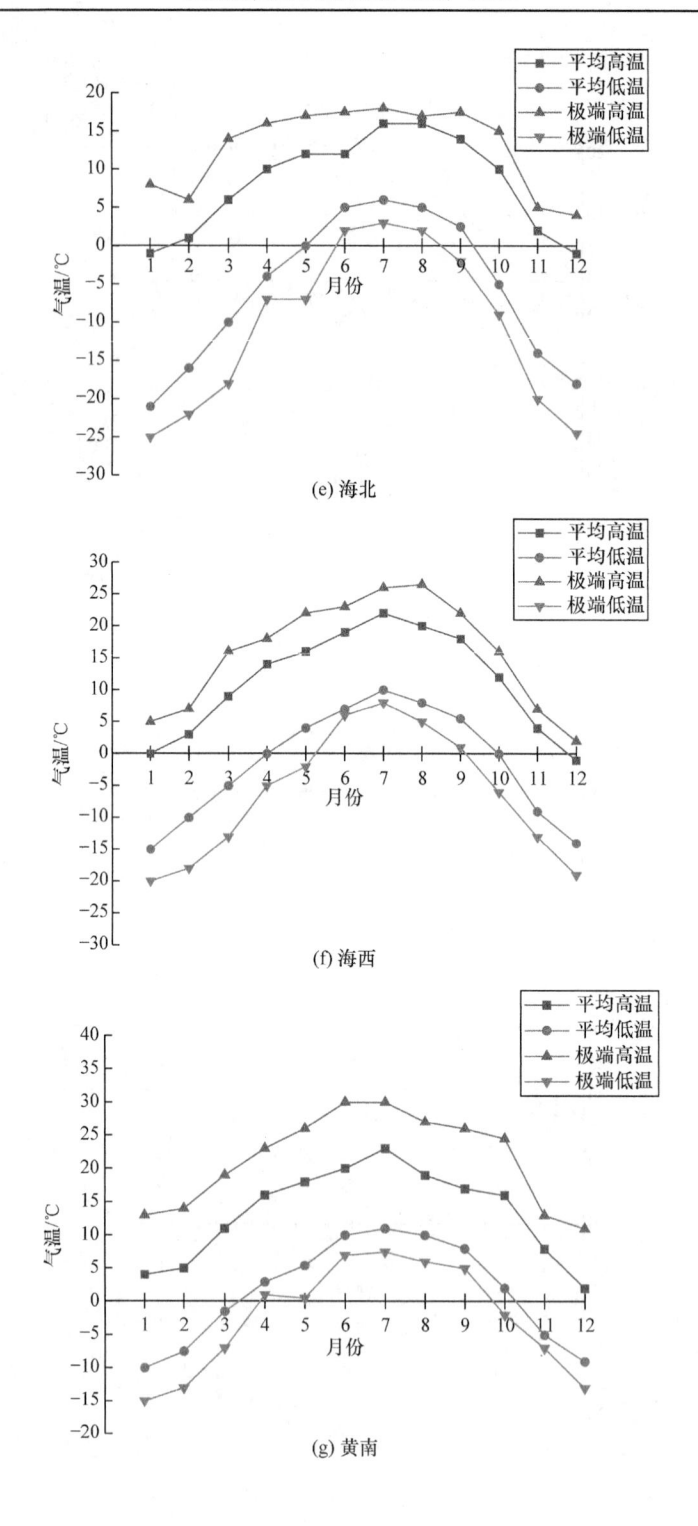

(f) 海西

(g) 黄南

(h) 玉树

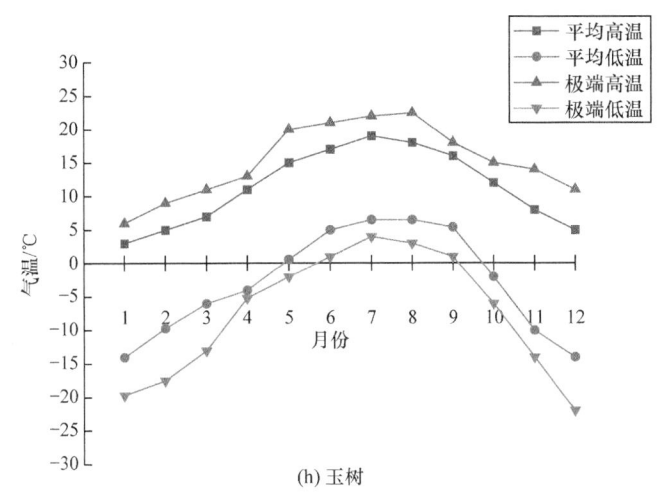

图 2.55　2014 年青海省主要地区年气温变化图

已有研究表明，水泥在低温环境下水化速率会大大降低，很容易导致水泥混凝土凝结时间延长、强度发展缓慢，产生温度收缩开裂等现象，严重影响了混凝土的工作性能[18]。《公路水泥混凝土路面施工技术细则》(JTG/T F30—2014)规定，水泥混凝土在现场摊铺过程中，连续 5 昼夜的平均气温低于 5℃，夜间最低气温低于−3℃时，必须停工。根据现行规范要求，结合图 2.55 中青海省主要地区年气温变化，可以得出青海全省各地区公路工程水泥混凝土路面的有效施工期。由于青海省地处高海拔寒冷地区，有效施工期短，西宁、格尔木、海东、海南、海西、黄南等大部分地区施工期为 7 个月，平均气温较低的海北和玉树地区施工期仅为 5 个月。青海省水泥混凝土路面施工受施工期间低温的负面影响较为严重。同时，负温或变温条件下水泥混凝土强度形成缓慢，甚至有一定的损失，使用过程中早期破坏现象严重。在高低温交替环境下，氯氧镁水泥制品易产生破坏，高低温的循环作用容易产生冻融破坏，使氯氧镁水泥的工作性能降低，力学性能下降。因此，高低温对氯氧镁水泥混凝土路面施工影响极为严重。

2.3.2　低温环境下氯氧镁水泥性能研究

当水泥处于负温环境时，其水化反应会受到一定的影响。负温环境有两种情况：一种是恒负温，另一种是自然变负温。自然变负温养护是指将养护成型的试件置于室外温度下进行自然养护[19]。考虑青海省气候实际情况，结合青海省气温变化，得出临近施工期月份平均日温差，见图 2.56。

西宁、格尔木、海东等地区 3 月份和 11 月份非施工期最高平均温度为 10℃左右，最低平均温度约为−5℃。海北与玉树 4 月份和 10 月份非施工期平均温度变化规律与西宁等地一致，最高平均温度为 10℃左右，最低平均温度为−5℃

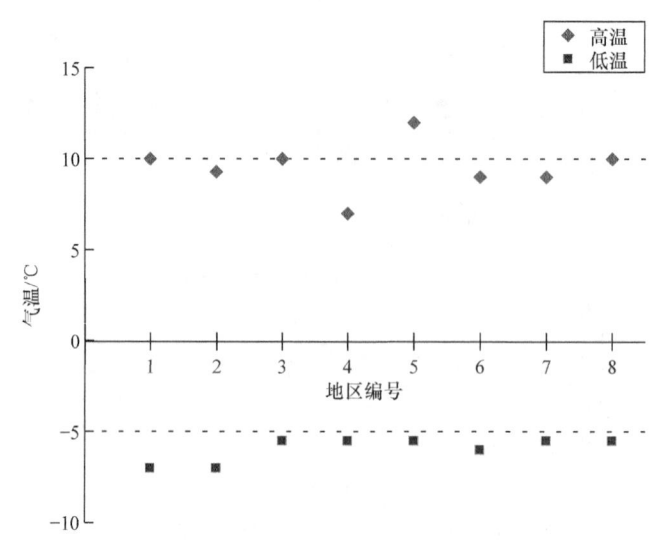

图 2.56 临近施工期月份平均日温差

左右。

在变负温条件下进行低温环境模拟试验,更符合青海省公路工程施工的实际情况,采用环境模拟设备,模拟变负温条件下氯氧镁水泥在青海省低温条件下的适应性。低温环境条件模拟箱见图 2.57。采用普通硅酸盐水泥与氯氧镁水泥进行对比试验,氯氧镁水泥的配合比(质量比)为轻烧粉∶氯化镁∶水∶砂= 1∶0.45∶0.35∶3.17,硅酸盐的配合比为水泥∶水∶砂=1∶0.46∶2.11。

图 2.57 低温环境条件模拟箱

试验过程中环境温度最高为 10℃,最低为−5℃,相对湿度为 50%,1d 一次循环。试件自拆模之日起放置于低温环境条件模拟箱(图 2.57)中,模拟变负温自然养护条件,测试试件 1d、3d、7d、28d 抗折强度和抗压强度,结果见图 2.58 和图 2.59。

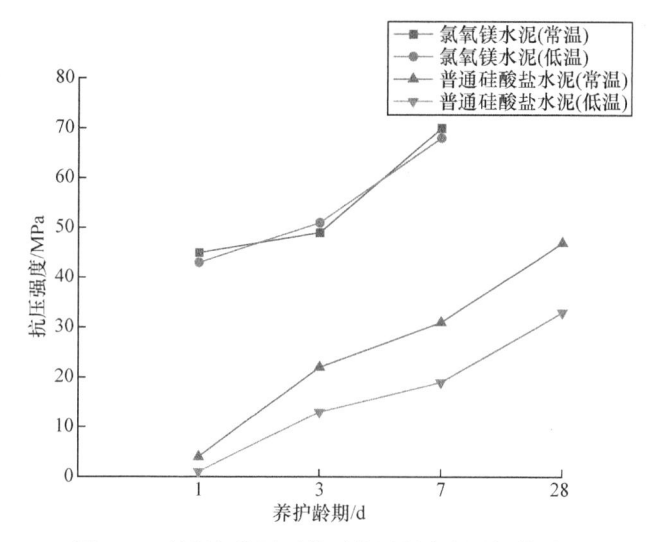

图 2.58 低温与常温环境下抗压强度发展规律对比

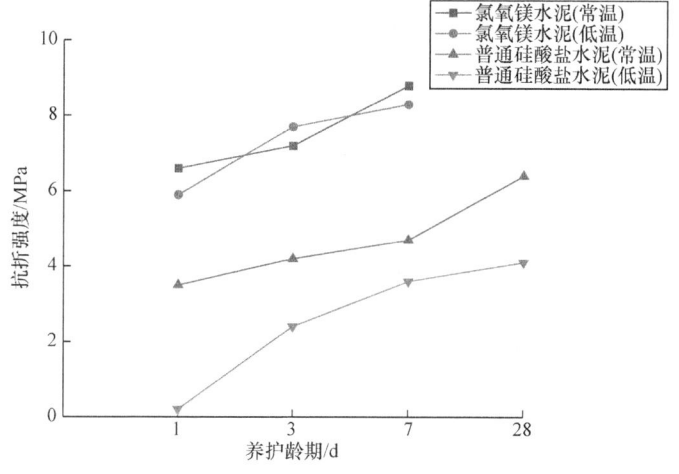

图 2.59 低温与常温环境下抗折强度发展规律对比

从图 2.58 和图 2.59 可以看出，氯氧镁水泥强度发展受低温干燥环境的影响几乎可以忽略不计，低温环境下 7d 抗压强度与常温养护相比仅降低了 3%，7d 抗折强度降低了 6%。而普通硅酸盐水泥受低温影响较大，强度大幅度降低，28d 抗压强度与常温养护相比降低了 30%，28d 抗折强度降低了 37%。这是因为水泥的水化速度受外界温度影响较大。水泥在常温时正常水化，温度越高水泥水化速度越快。由于氯氧镁水泥含有大量的氯化镁，氯化镁本身为防冻剂的组分，因此，氯氧镁水泥内部自由水的冰点被降低，使其能够继续进行水泥水化反应。同时，氯氧镁水泥水化反应放热大且集中，在低温环境下很好补充了水化所需的温度条件，也防止了低温环境导致氯氧镁水泥材料体积稳定性变差，避免温度效应产生的开裂问题。在低温环境下，基准氯氧镁水泥试件的抗折强度和抗压强度均远远高于普通硅酸盐水泥，并且氯氧镁水泥强度发展很快，7d 抗折强度满足《公路水泥混凝土路面施工技术细则》(JTG/T F30—2014)中重载路面混凝土抗折强度的规定值。普通硅酸盐水泥试件强度发展缓慢，在变负温条件下 28d 的抗压强度仅为 33.2MPa，难以满足规范要求。可见氯氧镁水泥比普通硅酸盐水泥更适合在青海等低温干旱地区应用。

2.4 氯氧镁水泥的早期水化行为

目前，无电极电阻率测试仪已经广泛应用于普通水泥水化过程的研究中，电阻率-时间曲线可以及时、动态、准确地表达传统水泥早期的水化特征。因此，采用无电极电阻率测试仪可以动态地研究氯氧镁水泥的早期水化过程，利用电阻率-时间曲线表征氯氧镁水泥早期水化行为，对完善氯氧镁水泥水化动力学，并对其混凝土的生产和应用具有重要的理论指导作用和现实意义。

2.4.1 氯氧镁水泥的早期水化行为测试方法

1. 试验方案

采用 CCR-Ⅱ型无电极电阻率测试仪测试氯氧镁水泥早期水化电阻率-时间变化关系，该测试仪及专用环形模具如图 2.60 所示。通过无电极电阻率测试仪电阻率曲线上的特征点，与氯氧镁水泥的早期性能建立相关模型，同时辅以微观手段，利用扫描电镜、X 射线衍射(X-ray diffraction，XRD)分析技术和宏观手段，测试其 1d 强度和凝结时间等。

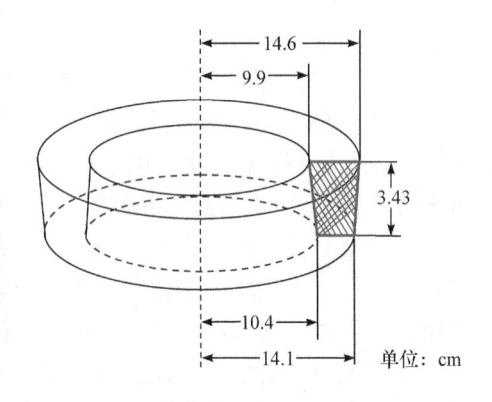

图 2.60 CCR-Ⅱ型无电极电阻率测试仪及专用环形模具

2. 氯氧镁水泥水化电阻率发展曲线特征

电阻率-时间曲线用于表征传统水泥水化的优势显著[20]。氯氧镁水泥水化 24h 的电阻率-时间曲线如图 2.61 所示，电阻率变化率-时间曲线如图 2.62 所示。由图 2.61 和图 2.62 可以看出，氯氧镁水泥的水化阶段可分为以下四个阶段：Ⅰ是溶解期(D点前)；Ⅱ是诱导期(D点~I点)；Ⅲ是加速期(I点~F点)；Ⅳ是减速期(F点后)。溶解期和诱导期与普通硅酸盐水泥不同。氯氧镁水泥电阻率越大，卤水中的离子浓度越小。因此，可以用电阻率表征体系溶液浓度，表征水化机理及动力学性能。

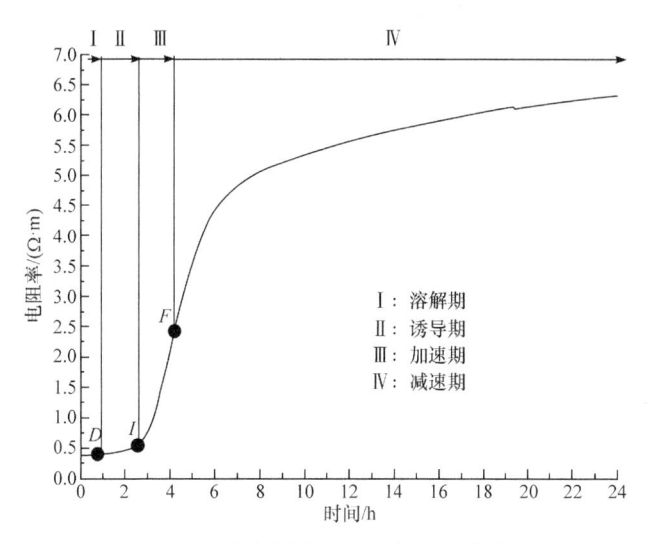

图 2.61 氯氧镁水泥电阻率-时间曲线

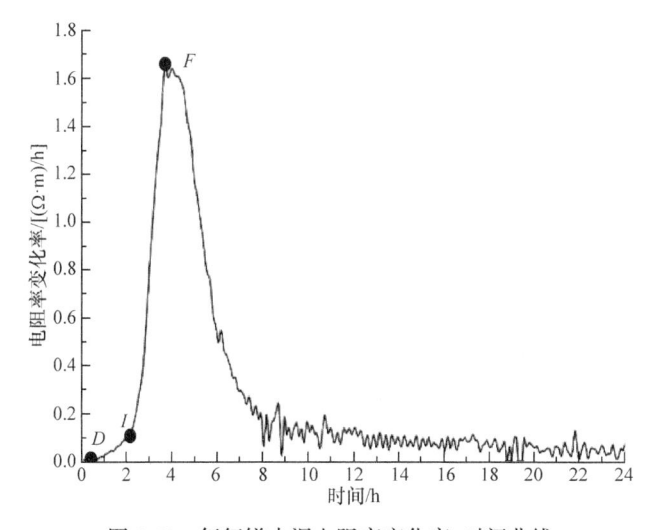

图 2.62 氯氧镁水泥电阻率变化率-时间曲线

溶解期：氧化镁溶解，体系电阻率最小。溶解期电阻率随时间降低，这是因为氧化镁溶解后生成的氢氧化镁部分溶解，使得溶液浓度增大，电阻率减小。

诱导期：电阻率变化趋于平稳，氧化镁溶解产生的离子与水化结晶产物消耗的离子达到了动态平衡状态。

加速期：水化产物、胶凝态组织增多，并且消耗了体系中游离的自由水，孔隙率不断降低，强度上升。此时结构致密导致溶液中离子迁移缓慢，增加了体系的电阻率。

减速期：随着反应的持续进行，电阻率变化趋于稳定。这是因为随着反应的进行，体系内胶凝组织增多，使体系孔隙率减小，离子扩散起主导作用。

氯氧镁水泥 XRD 谱如图 2.63 所示。分析可知，水化 24h 的氯氧镁水泥主要由 5 相胶凝态组成，电阻率变化稳定。

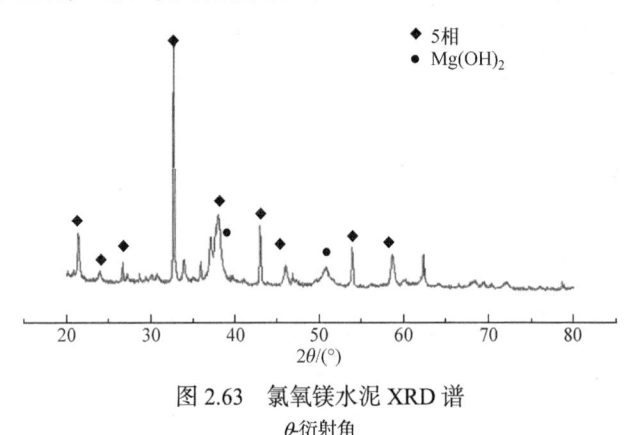

图 2.63　氯氧镁水泥 XRD 谱
θ 衍射角

3. 氯氧镁水泥水化电阻率模型

水化反应包含复杂的物理化学反应，建立模型时任何一个微小的误差都会导致结果出现严重偏离。目前，水化反应的研究方法是水化热法，反映了体系的水化热效应。

无电极电阻率测试仪不需要与试件接触，且不会产生电极极化、电容效应，使得早期水化特征记录更加精准、快捷。本小节采用无电极电阻率法建立氯氧镁水泥水化模型，水化反应过程按电阻和电阻率微分曲线，划分为四个阶段：溶解期、诱导期、加速期和减速期(图 2.64)。

此模型可以对水化热模型进行补充，采用此模型与传统模型相结合，对氯氧镁水泥水化反应的表述更加精确。

4. 氯氧镁水泥水化电阻率与微结构关系

氯氧镁水泥复杂的水化过程使其产物具有多样的微观结构。早期的水化反应

阶段	溶解期	诱导期	加速期	减速期
化学过程	初始水化，离子进入溶液	继续溶解及早期强度相的形成	开始迅速而大规模水化，微结构发展	结构更加细化，孔隙率更低
总动力学行为	化学控制	成核控制和扩散控制	化学控制	化学控制和扩散控制
电阻率变化趋势	下降	几乎不变	加速上升	缓慢上升

图 2.64 氯氧镁水泥水化电阻率模型

产物强度很低，容易受到破坏，因此，在检测时应将外界因素对水化反应的影响降到最低。本试验采用无电极电阻率测试仪测试氯氧镁水泥水化过程的导电性能参数，表征氯氧镁水泥物理化学性能，具有动态、连续、无损的优点。

利用阿奇(Archie)方程表示基体电阻率与液相电阻率的关系，如式 2.6 所示：

$$\rho(t) = \alpha \frac{\rho_0(t)}{\psi^m} \tag{2.6}$$

式中，$\rho(t)$——氯氧镁水泥水化 t 时刻的电阻率；

$\rho_0(t)$——氯氧镁水泥 t 时刻液相的电阻率；

ψ——孔隙率；

α、m——拟合系数。

由式(2.6)可以看出，电阻率模型可以较好地表述氯氧镁水泥的水化行为。

2.4.2 氯氧镁水泥水化行为与凝结时间

1. 电阻率特征点与凝结时间的关系

通过无电极电阻率变化率-时间曲线上的特征点，探究其与凝结时间的关系，并且与常规测定凝结时间试验进行比较，分析误差和可行性。结合图 2.61 和图 2.62 可以看出，曲线有 D、I、F 三个拐点，D 点电阻率变化率最小，I 点诱导期结束，F 点电阻率变化率最大。

D 点是溶解期和诱导期的分界点，是离子浓度达到最大值的点。

I 点是水化反应诱导期和加速期的分界点，此时水化产物增多，浆体流动性减小，水泥开始凝结。氯氧镁水泥的初凝时间是指随水化的加速进行浆体失去塑性的时间，在电阻率曲线上表现为曲线平缓结束时所对应的点。

F 点是加速期和减速期的分界点，I 点～F 点，曲线的电阻率在不断增大，水化反应的产物加速增多，在 F 点达到峰值。F 点以后为减速期，水化产物增加的速度在慢慢减小，直至趋近于零。综合加速期和减速期，在 F 点时，电阻率变化率是最大的，且氯氧镁水泥强度达到一定值。随着水化产物结构体密实度的逐步增大，强度逐渐升高。氯氧镁水泥的终凝时间，即为电阻率一阶微分曲线上最大值对应的时间。

2. 电阻率法测定凝结时间

采用电阻率法测定凝结时间不仅克服了维卡仪法的人为误差，而且所采集的数据重复性远高于维卡仪法。将采用电阻率法测得的氯氧镁水泥 I 点时间、F 点时间，与采用维卡仪法测得的初凝时间和终凝时间进行拟合，结果分别如图 2.65 和图 2.66 所示。

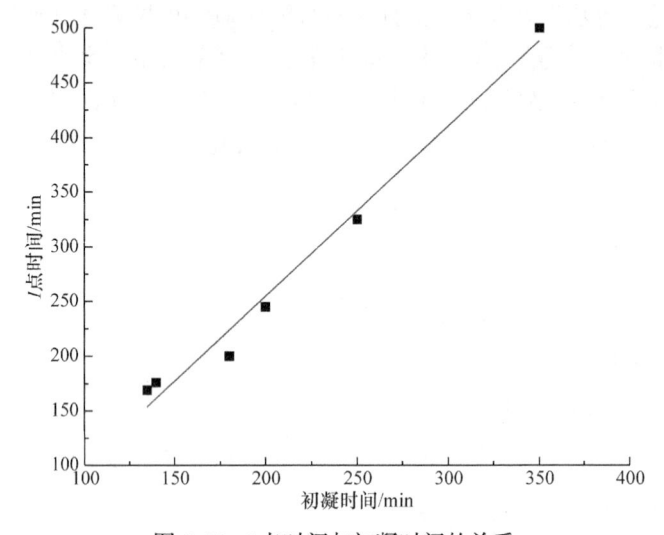

图 2.65　I 点时间与初凝时间的关系

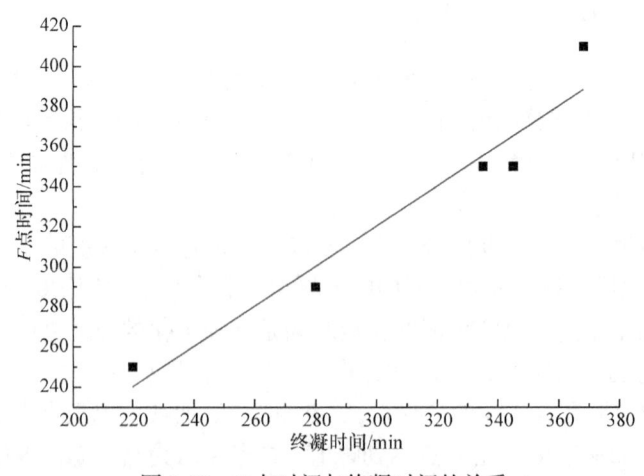

图 2.66　F 点时间与终凝时间的关系

由图 2.65 和 2.66 可知，两个曲线的相关系数 R^2 都大于 0.9，电阻率特征点 I 点、F 点对应的时间与初凝时间、终凝时间呈线性相关。

初凝时间：$t_I = a \times t_i + b$，其中 t_I 为特征点 I 点所对应的时间，t_i 为初凝时间，a、b 为常数。

终凝时间：$t_F = c \times t_f + d$，其中 t_F 为特征点 F 点所对应的时间，t_f 为终凝时间，c、d 为常数。

采用维卡仪法和电阻率法测定试件的凝结时间，并比较两方法之间的误差。维卡仪法和电阻率法测得的凝结时间如图 2.67 所示，测试的误差小于 10%。

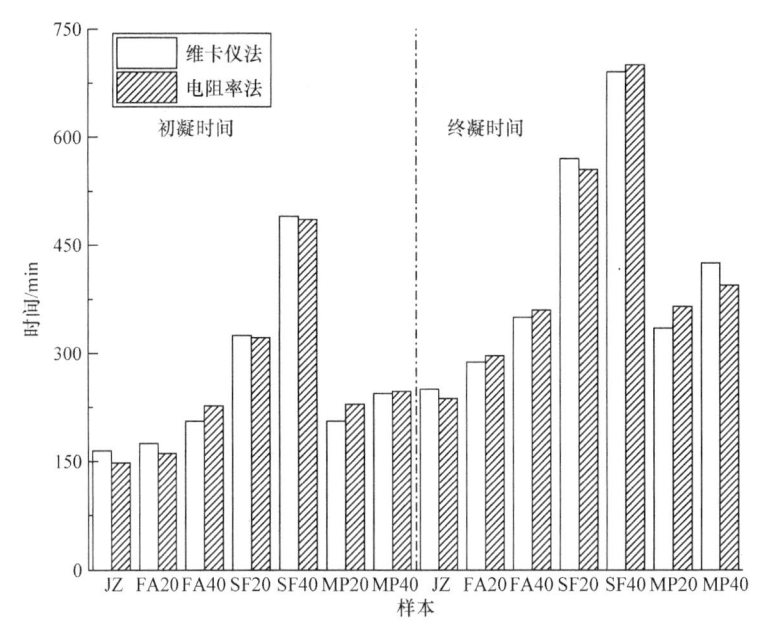

图 2.67 维卡仪法和电阻率法测得氯氧镁水泥凝结时间
JZ 为基准试件；FA、SF 和 MP 分别表示掺入粉煤灰、石灰石粉的试件和复掺试件；数字表示掺量(%)

根据凝结时间测试结果可知，基准及掺合料氯氧镁水泥初凝时间、终凝时间满足《公路水泥混凝土路面施工技术细则》(JTG/T F30—2014)对普通硅酸盐水泥初凝时间不早于 1.5h、终凝时间不迟于 10h 的要求(除 SF40 试件)。

掺入粉煤灰对氯氧镁水泥诱导期和加速期的影响较大，掺入 20%与 40%时，电阻率曲线的诱导期与加速期分别增加了 11.7%和 31.0%，初凝时间分别延长了 14.3%和 60.7%，终凝时间分别延长了 26.1%和 56.5%。粉煤灰作用于氯氧镁水泥早期水化，使其水化速率降低，水化放热减少。

掺入石灰石粉对氯氧镁水泥水化过程有不同程度的影响，水化速度减小，诱导期和加速期增加，溶解期变化不大。当掺入 20%石灰石粉时，诱导期和加速期分别增加了 37%和 55%；当石灰石粉的掺量为 40%时，其诱导期与加速期分别较掺量为 20%

时增加了6%和7%。掺入20%与40%的石灰石粉，其初凝时间分别延长了126%和239%，终凝时间分别延长了135%和200%，验证了水化阶段诱导期与加速期的延长。

掺入粉煤灰与石灰石粉氯氧镁水泥的凝结时间均符合规范要求，对早期力学性能影响不大。在大掺量矿物掺合料的氯氧镁水泥基体材料中加入粉煤灰与石灰石粉，可降低其成本、水化热，提高耐水性能。

参 考 文 献

[1] SOUDÉE E, PÉRA J. Influence of magnesia surface on the setting time of magnesia-phosphate cement[J]. Cement and Concrete Research, 2002, 32(32): 153-157.
[2] 中华人民共和国国家经济贸易委员会. 菱镁制品用轻烧氧化镁: WB/T 1019—2002[S]. 北京: 中国标准出版社, 2002.
[3] 中华人民共和国工业和信息化部. 镁质胶凝材料用原料: JC/T 449—2021[S]. 北京: 中国标准出版社, 2021.
[4] 余红发. 新型抗水氯氧镁水泥的研究[J]. 硅酸盐学报, 1992, (4): 374-381.
[5] BANTHIA N, GUPTA R. Influence of polypropylene fiber geometry on plastic shrinkage cracking in concrete[J]. Cement and Concrete Research, 2006, 36(7): 1263-1267.
[6] 张传镁, 邓德华. 氯氧镁水泥耐水性及其改善的研究[J]. 硅酸盐学报, 1995, (6): 673-679.
[7] 曾习文. 氯氧镁水泥的研究进展[J]. 广东建材, 2012, 28(4): 21-23.
[8] 杨涛, 关博文, 王永维, 等. 石灰石粉对氯氧镁水泥性能的影响[J]. 材料导报, 2015, 29(10): 128-132.
[9] 石明霞, 谢友均, 刘宝举. 水泥-粉煤灰复合胶凝材料抗硫酸盐结晶侵蚀性[J]. 建筑材料学报, 2003, 6(4): 350-355.
[10] 余学飞, 郭昌奎, 刘文清, 等. 苛性白云石制备氯氧镁水泥水化机理的研究[J]. 硅酸盐学报, 1998, (4): 526-531.
[11] 陆平, 陆树标. $CaCO_3$对C_3S水化的影响[J]. 硅酸盐学报, 1987, (4): 3-8.
[12] 郭育霞, 贡金鑫, 李晶. 石粉掺量对混凝土力学性能及耐久性的影响[J]. 建筑材料学报, 2009, 12(3): 266-271.
[13] 郭昌奎, 余学飞, 刘文清, 等. 氯氧镁水泥的稳定性[J]. 云南建材, 1997, (4): 19-21.
[14] 陈华鑫, 高思齐, 关博文, 等. 适用于氯氧镁水泥混凝土减水剂的制备与表征[J]. 应用化工, 2020, 49(8): 2024-2028, 2049.
[15] 胡海恒. 氯氧镁水泥抗水性的近期研究[J]. 硅酸盐通报, 1989, 8(1): 34-38.
[16] 张伟, 李福平, 吴庆嘉, 等. 石灰石粉在商品混凝土中应用[J]. 商品混凝土, 2014, (7): 1-3.
[17] 房建宏. 青海省道路气候区划研究[J]. 路基工程, 2012, (4): 12-14.
[18] 郑丹燕. 低温条件施工对水泥混凝土路面质量的影响[J]. 混凝土, 2007, (7): 89-92.
[19] 杨英姿, 高小建, 邓宏卫, 等. 自然变负温养护和恒负温养护对混凝土强度的影响[J]. 低温建筑技术, 2009, 31(4): 1-4.
[20] 关博文, 王永维, 刘状壮, 等. 用电阻率法研究氯氧镁水泥早期水化行为[J]. 西安建筑科技大学学报(自然科学版), 2015, 47(3): 453-457.

第 3 章 路用氯氧镁水泥混凝土材料组成关键参数研究

氯氧镁水泥混凝土的耐久性主要受氯氧镁水泥道路混凝土配合比的影响，构成道路混凝土材料的物理、化学性能及材料的配合比，均能影响混凝土的路用性能与耐久性能。目前，针对氯氧镁水泥混凝土的大部分研究主要集中在氯氧镁水泥材料的组成方面，如 MgO 与 $MgCl_2$、H_2O 与 $MgCl_2$ 物质的量之比和一些抗水组分等因素对混凝土性能的影响，而忽视了外加剂、砂率和粗骨料最大粒径等混凝土关键参数对其性能的影响。当车辆荷载重复作用于水泥混凝土路面时，会导致混凝土面板发生开裂而脆断，大大缩短了道路混凝土的使用寿命。因此，合理设计氯氧镁水泥的配合比参数，制备符合公路工程水泥混凝土路面要求和工作性能的高品质氯氧镁水泥混凝土路面是十分必要的。本章主要以胶凝材料用量、砂率、集料最大粒径、浆集比、外加剂等作为氯氧镁水泥道路混凝土配合比设计参数，系统研究一系列参数对混凝土工作性能和力学性能的影响，同时采用聚合物、纤维增强等技术手段[1-3]，对氯氧镁水泥道路混凝土进行增强增韧设计，并对其性能进行深入研究。

3.1 路用氯氧镁水泥混凝土性能影响因素分析

氯氧镁水泥是一种特殊品种的水泥，它是由轻烧菱镁石粉和氯化镁溶液按一定比例混合而成的一种新型镁质气硬性胶凝材料。氯氧镁水泥混凝土关键参数包括胶凝材料用量、砂率、集料最大粒径、浆集比等。

3.1.1 胶凝材料用量

氯氧镁水泥中的胶凝材料主要是指氧化镁粉，MgO 原材料由含 $MgCO_3$ 的菱镁矿、白云石、蛇纹石一类含镁的碳酸盐矿石煅烧而成，我国储量丰富，主要分布在山东、辽宁等地，青海、甘肃等地也有零星分布。工业上制备氧化镁有很多方式，大多由煅烧菱镁矿和白云石获得。菱镁矿和白云石都是含 $MgCO_3$ 的矿物石。试验过程中，每立方米混凝土中轻烧粉用量依次选取为 190kg、210kg、230kg、250kg、270kg 和 290kg，分别制成氯氧镁水泥混凝土试件 1~6，测其强度和耐水系数，从而确定氯氧镁水泥混凝土配合比中胶凝材料的最佳用量。试验配合比如表 3.1 所示。

表 3.1 轻烧粉用量对氯氧镁水泥混凝土性能影响的试验配合比　　（单位：kg/m³）

编号	轻烧粉	砂	粗集料 粒径 5~10mm	粗集料 粒径 10~31.5mm	氯化镁	水	减水剂 (1%)
试件 1	190	807.1	658.5	658.5	86	75	1.9
试件 2	210	792.7	646.7	646.7	96	83	2.1
试件 3	230	778.4	635.0	635.0	105	91	2.3
试件 4	250	764.6	623.7	623.7	114	99	2.5
试件 5	270	750.1	611.9	611.9	124	107	2.7
试件 6	290	735.6	601.3	601.3	131	115	2.9

按表 3.1 配合比，成型小梁标准试件尺寸为 100mm×100mm×400mm，立方体抗压试件尺寸为 150mm×150mm×150mm，每组试件测定其 7d 龄期的抗压强度和抗弯拉强度，每个龄期成型 3 组平行试件，1 组用于强度试验，2 组用于耐水性试验。轻烧粉用量对混凝土强度及耐水系数的影响如表 3.2 所示。

表 3.2 轻烧粉用量对混凝土强度及耐水系数的影响

编号	抗压强度/MPa	抗弯拉强度/MPa	耐水系数
试件 1	30.0	4.0	0.83
试件 2	35.0	5.1	0.86
试件 3	47.2	6.3	0.84
试件 4	50.0	7.0	0.78
试件 5	56.4	7.6	0.77
试件 6	58.6	8.2	0.76

图 3.1 和图 3.2 分别为氯氧镁水泥混凝土中轻烧粉用量对 7d 抗弯拉强度、抗压强度的影响。由试验可知氯氧镁水泥混凝土早期强度较高，随着轻烧粉用量的增大，7d 抗压强度和抗弯拉强度随之增大。当轻烧粉用量大于 210kg/m³ 时，氯氧镁水泥混凝土 7d 抗弯拉强度满足规范中特重交通等级水泥混凝土>5.0MPa 的要求。这些数据表明，氯氧镁水泥的早强性能及高强度性能在道路混凝土中具有很大的应用优势。在其他配合比设计参数一定时，随着轻烧粉用量的增加，其抗压强度与抗弯拉强度均增大，对于规定设计强度的混凝土而言，轻烧粉用量存在合理取值。因此，在混凝土配合比设计时，建议将轻烧粉用量作为一个主要控制指标。各交通等级路面氯氧镁水泥混凝土抗弯拉强度标准值及推荐氧化镁用量见表 3.3，混凝土强度等级及对应的推荐轻烧粉用量见表 3.4。

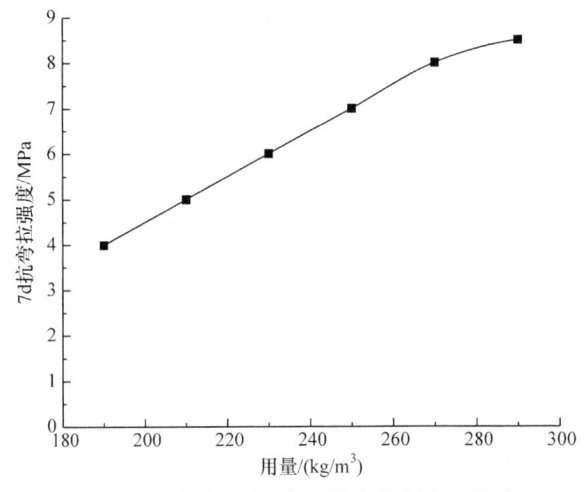

第 3 章 路用氯氧镁水泥混凝土材料组成关键参数研究

图 3.1 轻烧粉用量对 7d 抗弯拉强度的影响

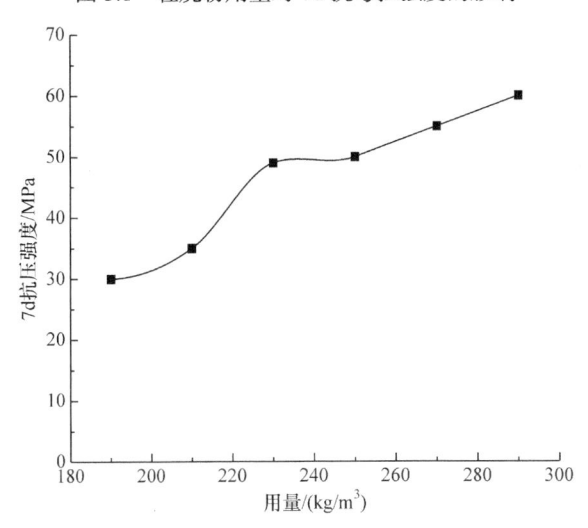

图 3.2 轻烧粉用量对 7d 抗压强度的影响

表 3.3 各交通等级路面氯氧镁水泥混凝土抗弯拉强度标准值及推荐氧化镁用量

交通等级	特重	重	中等	轻
抗弯拉强度标准值/MPa	5.0	5.0	4.5	4.0
推荐氧化镁用量/(kg/m³)	210～230	210～230	200～220	190～210

表 3.4 混凝土强度等级及对应推荐轻烧粉用量

强度等级	C30	C35	C40	C45	C50
推荐轻烧粉用量/(kg/m³)	190～210	200～220	210～230	220～250	250～270

3.1.2 砂率

集料在水泥混凝土中的体积占 70%以上。按粒径大小不同,分为细集料和粗集料,粒径<4.75mm 为细集料,粒径≥4.75mm 为粗集料。粗细集料的级配对氯氧镁水泥材料强度至关重要,一般来说,粗集料在混凝土中作为骨架,对混凝土强度起决定性作用,在道路工程中应用时应采用合成级配,粗集料最大粒径碎石≤31.5mm、卵石≤19mm,细集料选用中砂。

采用 5~10mm 和 10~30mm 两种粗集料,用筛分通过率作级配曲线,使其接近中值曲线,求得两种级配粗集料的比例为 1:1 时,合成级配与级配中值重合性好。选取细度模数为 2.68 的河砂作为细集料。

砂率不仅对新拌混凝土的和易性有着显著影响,对氯氧镁水泥混凝土的路用性能也有着重要的作用。砂率和砂的细度模数之间通常具有一定的关联性,砂的细度模数为 2.2~2.5、2.5~2.8、2.8~3.1、3.1~3.4、3.4~3.7,分别对应碎石的砂率为 30%~34%、32%~36%、34%~38%、36%~40%、38%~42%,分别对应卵石的砂率为 28%~32%、30%~34%、32%~36%、34%~38%、36%~40%。

通过试验确定氯氧镁水泥的砂率合理范围为 32%~36%,氯氧镁水泥混凝土用砂量可根据试验所需坍落度来确定。试验先通过调整砂率值,测试了不同砂率下氯氧镁水泥混凝土的坍落度,试验结果如图 3.3 所示。

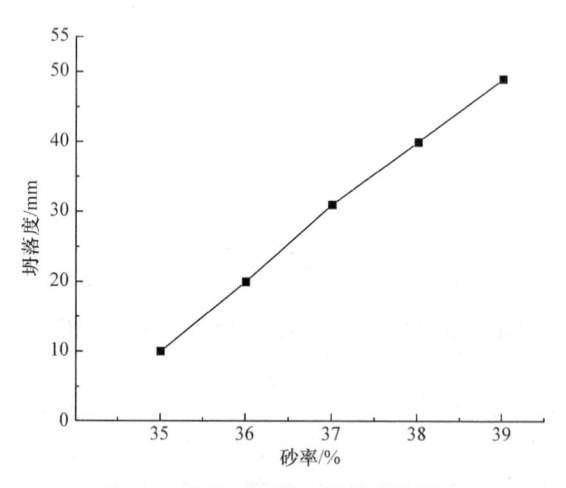

图 3.3 砂率对混凝土坍落度的影响

由图 3.3 可以看出,氯氧镁水泥混凝土的坍落度随着砂率的提高而明显提高,在所选择的几个砂率中,39%砂率的氯氧镁水泥混凝土坍落度最高。砂越多其表面积越大,需要包裹砂的浆体用量越大,一般砂率不宜太高,以保证混凝土的强度及和易性。因此，砂率的选择要根据后期的强度进行验证。

　　砂率选择时需保证混凝土黏聚性、流动性优良，水泥浆用量最少。因此，通过继续调整砂率，研究砂率对氯氧镁水泥混凝土力学性能和耐水系数的影响，试验结果分别如图 3.4 和图 3.5 所示。

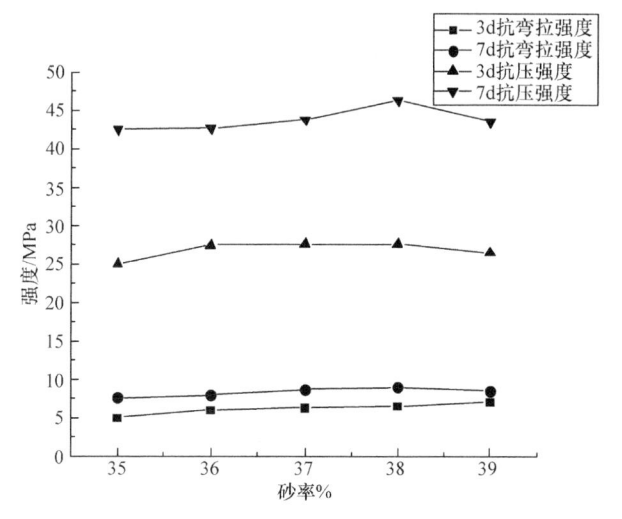

图 3.4　砂率与混凝土强度的关系

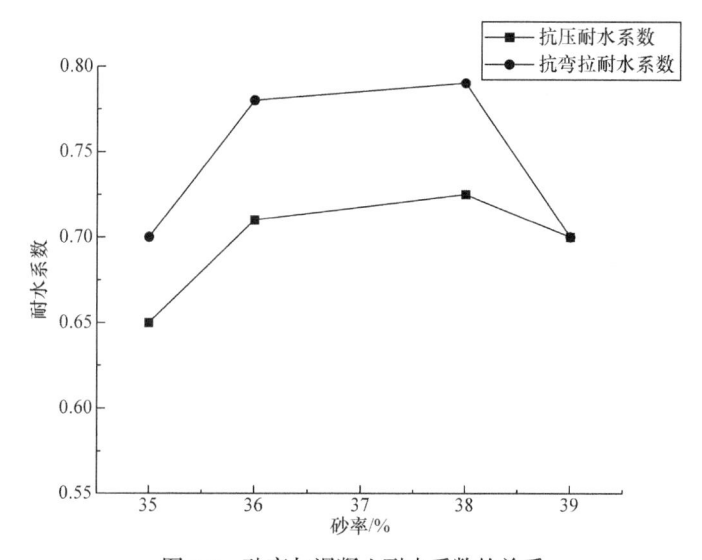

图 3.5　砂率与混凝土耐水系数的关系

　　图 3.4 中砂率与混凝土抗弯拉强度与抗压强度的关系表明，氯氧镁水泥混凝土的强度随砂率的增大整体呈增大趋势。抗压强度增大趋势明显，而抗弯拉强度的变化不明显，且这一增长并不呈直线增长趋势。当砂率为 38%时，强度达到最

大值。这主要是由于砂率小于38%时，混凝土的密实度会随着砂率的增大而提高，强度也随着密实度的提高而提高；当砂率大于38%时，混凝土的孔隙率随着砂率的增大而增大，对新拌混凝土的黏聚性及流动性造成了一定影响，从而影响混凝土的强度。

如图3.5所示，耐水系数随砂率的增大先增大后减小，砂率38%时达到最大。这是由于砂率增大时集料级配更加密实，孔隙率减小，耐水性能增强；砂率增大到38%以后，随砂率的增大，砂粒与水泥石界面之间的强化度和机械咬合作用下降，导致耐水性能降低。因此，氯氧镁水泥混凝土的砂率为38%时最佳。

3.1.3 集料最大粒径

集料是构成混凝土的主要原材料之一，占混凝土体积的60%～75%。因此，集料的最大粒径对氯氧镁水泥混凝土的性能有很大的影响。当混凝土中胶凝材料用量、砂率及水泥浆用量一定时，混凝土强度存在最大粒径效应。通过改变集料的最大粒径，分析研究其力学性能和耐水性能。试验结果如图3.6和图3.7所示。

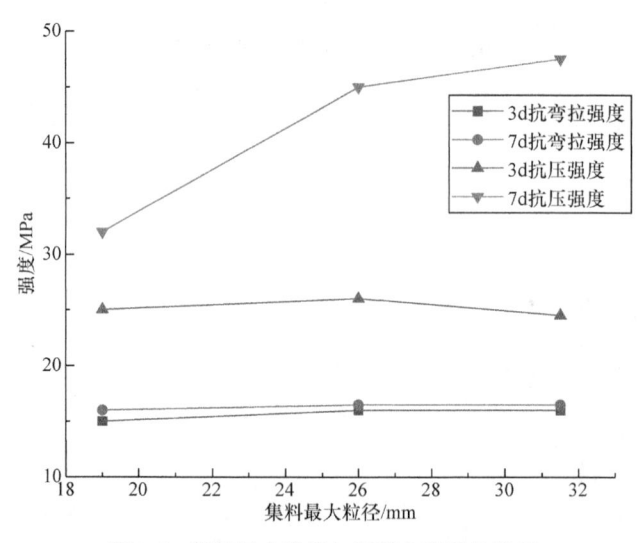

图3.6 集料最大粒径与混凝土强度的关系

图3.6表明，其他配合比参数一定时，氯氧镁水泥混凝土的强度随着集料最大粒径的增大而增大，但后期强度增大幅度变小，有下降趋势。当集料最大粒径为26.5～31.5mm时，混凝土的抗压强度、抗弯拉强度达到最大值。

相同配合比条件下，粒径过小会导致集料比表面积增大，混凝土的孔隙率随着集料比表面积的增大而增大，混凝土强度降低。随着集料最大粒径增大，集料

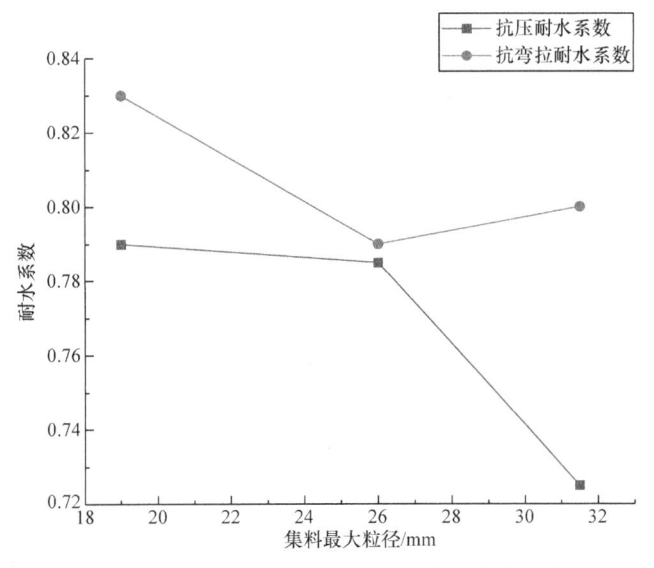

图3.7 集料最大粒径与混凝土耐水系数的关系

的级配更加合理、密集,从而使强度增大。集料粒径过大,集料与水泥间的接触表面积减小,导致二者间机械咬合度下降,从而引起混凝土强度下降。

图 3.7 表明,集料最大粒径对氯氧镁水泥混凝土耐水性能的影响规律较为明显。在一定范围内,随着集料最大粒径的增大,氯氧镁水泥混凝土的耐水性能有所降低,表现为耐水系数有下降的趋势。随集料最大粒径增大,混凝土孔隙率增大,在试件浸入水中后,水进入试件内部,从而导致氯氧镁水泥混凝土试件的耐水性能下降。

3.1.4 浆集比

浆集比是指混凝土中水泥浆和集料的体积之比,浆集比越大,混凝土的流动性越大。因此,通过调整浆集比可以很好地调节混凝土拌和物的工作性能。试验选择四种不同的浆集比,对不同浆集比下氯氧镁水泥混凝土的坍落度进行测试,试验结果如图 3.8 所示。由图可知,浆集比增大能够有效增大混凝土的坍落度,混凝土坍落度随着浆集比的增大而增大。由于混凝土的强度与浆集比呈负相关性,浆集比的选择必须要保证混凝土的后期强度。

为了进一步分析研究浆集比对混凝土力学性能和耐水性能的影响,设计了三种不同浆集比 25∶75、27∶73、30∶70,对氯氧镁水泥混凝土的性能进行试验研究,结果如表 3.5 所示。

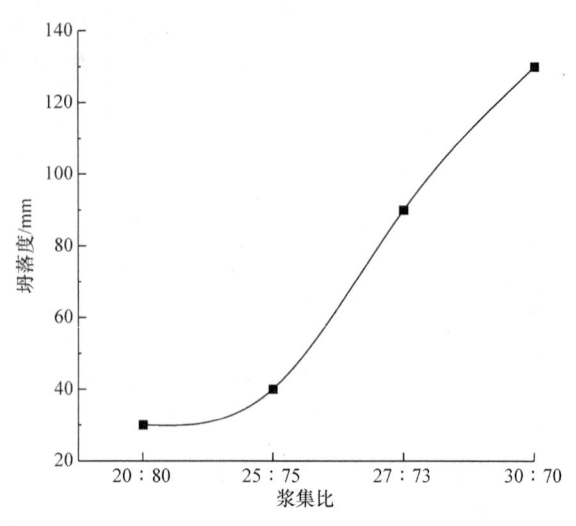

图 3.8　浆集比与坍落度的关系

表 3.5　浆集比对氯氧镁水泥混凝土强度及耐水系数的影响

浆集比	抗压强度/MPa 3d	抗压强度/MPa 7d	抗弯拉强度/MPa 3d	抗弯拉强度/MPa 7d	抗压耐水系数	抗弯拉耐水系数
25∶75	27.1	47.8	5.6	8.3	0.80	0.73
27∶73	26.2	45.9	4.8	7.9	0.76	0.64
30∶70	25.4	43.2	4.3	7.3	0.72	0.60

表 3.5 中试验结果表明，在一定范围内，随着浆集比的增大，氯氧镁水泥混凝土的抗压强度和抗弯拉强度均呈现缓慢降低的趋势，耐水系数也有所下降。当浆集比为 25∶75 时，氯氧镁水泥混凝土强度最高，且工作性能良好，能满足道路混凝土的要求。浆集比增大后，工作性能得到改善，但混凝土弹性模量下降，收缩增加，强度有所下降。因此，建议浆集比不大于 25∶75。

3.1.5　$MgCl_2$ 浓度

氯氧镁水泥混凝土在配制前 1h 应将氯化镁溶解到水中，充分搅拌使其完全溶解。氯化镁水溶液的浓度常用波美度表示。在氯氧镁水泥的调制过程中，由于需要保证物质的量比不变，波美度的调制只需调节用水量即可。$MgCl_2$ 浓度与混凝土坍落度的关系如图 3.9 所示。

$MgCl_2$ 质量浓度为 25%的氯氧镁水泥混凝土坍落度试验结果并不能满足规范要求，因此，当 $MgCl_2$ 的质量浓度提高到 26%时，为了使试验结果更加明显，直接掺加了 2%的聚羧酸。从试验结果可以看出，当 $MgCl_2$ 质量浓度增加至 26%时，

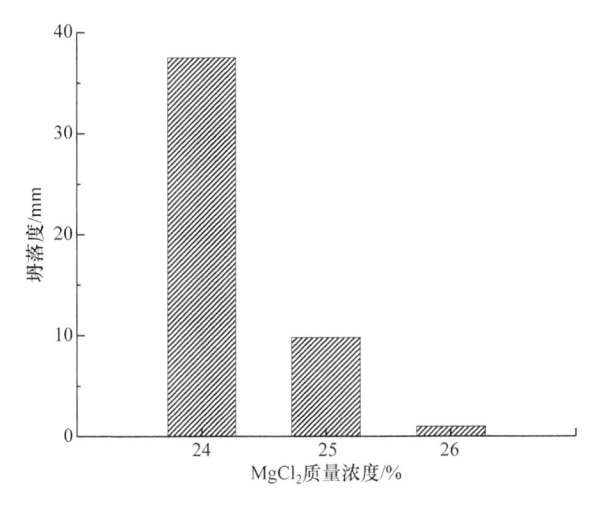

图 3.9 MgCl₂ 质量浓度与坍落度的关系

即使聚羧酸的浓度提高到了 2%，坍落度也不足 5mm。由此说明，增加聚羧酸的浓度对改善混凝土的坍落度没有贡献，MgCl₂ 的浓度不适宜再提高。

3.1.6 外加剂

氯氧镁水泥作为一种早强型的新型气硬性胶凝材料，凝结硬化速度很快，为了解决其给施工带来的诸多不便，外加剂成为制作优质氯氧镁水泥混凝土路面必要组分。试验选取常见的萘系减水剂、引气剂、扩散剂 NNF、分散剂 NNO、聚羧酸减水剂等，均在 1.0% 掺量下分析研究其对氯氧镁水泥砂浆流动度的影响。新拌砂浆流动度试验采用《水泥胶砂流动度测定方法》(GB/T 2419—2005) 中测定水泥砂浆流动度的跳桌法试验[4]，即以水泥砂浆在跳桌上经过 25 下跳动后的流动度作为评价参数，通过测试砂浆流动度来调整外加剂及其他配合比设计参数，以满足流动性要求，为混凝土配合比设计提供依据。

按照《公路工程水泥及水泥混凝土试验规程》(JTG 3420—2020)[5]，对新拌混凝土通常采用坍落度试验来评价混凝土的静态工作性能。为了减少工作量，提高工作效率，先进行外加剂对氯氧镁水泥砂浆流动度的影响试验，再结合砂浆流动度试验结果，进行混凝土坍落度试验，最终得到能够保证氯氧镁水泥混凝土具有良好工作性能的各种材料用量。

1. 单掺外加剂对氯氧镁水泥砂浆流动度的影响

试验选用掺量为 1.0% 的不同种类外加剂，比较掺加外加剂前后氯氧镁水泥砂浆的流动度变化情况，其砂浆流动度测试结果如图 3.10 所示。

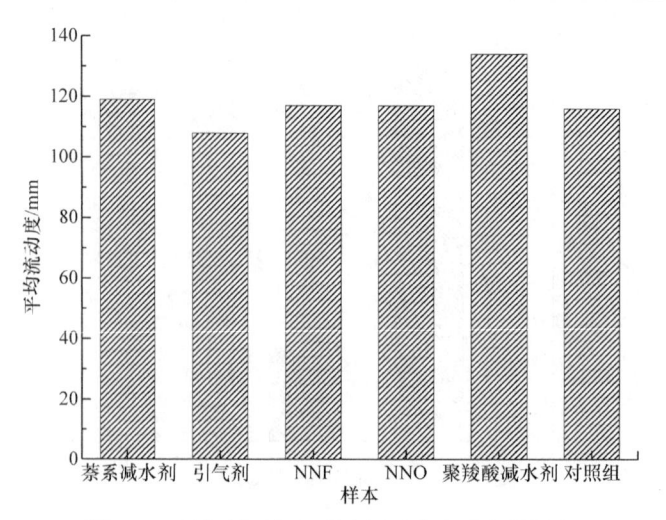

图 3.10 外加剂对氯氧镁水泥砂浆流动度的影响

从图 3.10 可以看出，掺加减水剂后氯氧镁水泥砂浆的流动度均有所提高，但只有掺加聚羧酸减水剂对氯氧镁水泥砂浆流动度有明显提高作用，且掺量为 1.0% 时，改善效果非常明显，较不掺外加剂时流动度提高了 17.5%。掺入引气剂对氯氧镁水泥砂浆流动度没有任何贡献，反而使流动度降低了 5.3%。

不掺任何外加剂和单掺聚羧酸减水剂的跳桌法试验结果如图 3.11 所示。由图 3.11 可以看出，不掺外加剂的氯氧镁水泥砂浆的流动度很小，跳桌法试验试模提起后振动 25 下，砂浆直径变化很小。掺加 1.0%聚羧酸减水剂后，氯氧镁水泥砂浆的流动度有较好的改善，表现为跳桌法试验试模提起后振动 25 下，砂浆直径明显增大。可见，聚羧酸减水剂对于氯氧镁水泥砂浆流动度有很好的改善作用。

(a) 不掺外加剂　　　　　(b) 单掺1.0%聚羧酸减水剂

图 3.11 跳桌法试验结果

在坍落度相同的条件下计算减水剂的减水率，计算公式如式(3.1)所示：

第3章 路用氯氧镁水泥混凝土材料组成关键参数研究

$$减水率 = \frac{不掺减水剂时单位用水量 - 掺减水剂时单位用水量}{不掺减水剂时单位用水量} \times 100\% \quad (3.1)$$

前文 1.0%掺量聚羧酸减水剂的试验结果表明，其减水率为 5.5%。

在此基础上，通过掺加不同掺量聚羧酸减水剂进行水泥砂浆流动度试验，探究不同掺量聚羧酸减水剂对氯氧镁水泥砂浆流动度的影响，试验结果如图 3.12 所示。

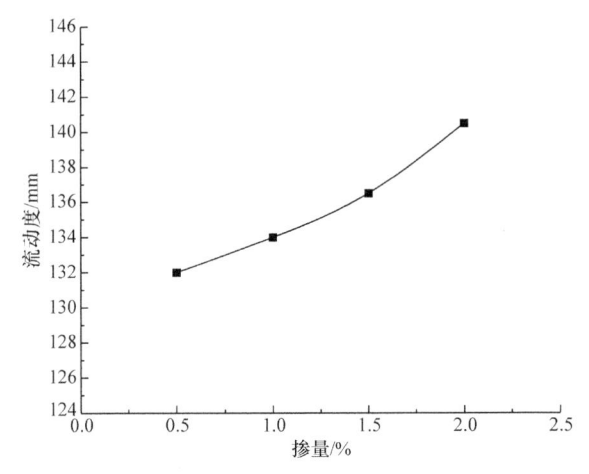

图 3.12 不同掺量聚羧酸减水剂对氯氧镁水泥砂浆流动度的影响

由图 3.12 可知，随着聚羧酸减水剂掺量的不断增加，氯氧镁水泥砂浆的流动度增大。在实际工程中减水剂的掺量并不是越大越好，掺入少量减水剂会提高水泥砂浆坍落度，对强度也没有影响，但掺入过量时会造成泌水，甚至离析，而且也影响凝结和硬化，导致强度降低。因此，减水剂的掺入量还需结合对强度的影响来综合考虑。

2. 复掺外加剂对氯氧镁水泥砂浆流动度的影响

根据单掺外加剂对氯氧镁水泥砂浆流动度的影响试验结果，得出 1.0%掺量的聚羧酸减水剂对砂浆流动度有显著改善作用。为验证复掺后改善效果是否会更好，将聚羧酸减水剂与其他外加剂进行复掺，探究其对氯氧镁水泥砂浆流动度的影响，复掺试验结果如表 3.6 所示。

表 3.6 不同外加剂复掺后氯氧镁水泥砂浆流动度

聚羧酸减水剂掺量/%	复掺种类(掺量)	砂浆流动度/mm		
		最大直径	最小直径	平均值
1.0	引气剂(0.5%)	130	126	128
1.0	引气剂(1.0%)	129	126	127
1.0	萘系减水剂(2.0%)	136	134	135

聚羧酸减水剂掺量/%	复掺种类(掺量)	砂浆流动度/mm		
		最大直径	最小直径	平均值
1.0	萘系减水剂(4.0%)	138	135	137
1.0	—	136	132	134

由表 3.6 试验数据发现，1.0%聚羧酸减水剂与萘系减水剂复掺对氯氧镁水泥砂浆流动度的改善作用甚微；和引气剂复掺后，流动度不增反降。因此，后期试验中只采用了单掺聚羧酸减水剂的方法。

为了更好研究以上几组不同试验结果之间的关系，按照规范要求，制作了 150mm × 150mm × 150mm 的混凝土立方体试件，测定其 3d 抗压强度，试验结果如表 3.7 所示。

表 3.7 氯氧镁水泥混凝土试件的 3d 抗压强度

砂率/%	$MgCl_2$ 浓度/%	减水剂掺量/%	3d 抗压强度/MPa		
			试件 1	试件 2	平均值
35	25	1.0	24.9	23.1	24.0
35	25	1.5	27.6	31.1	29.4
35	25	2.0	36.4	39.6	38.0

从表 3.7 中试验结果可以看出，在保证其他条件不变的前提下，聚羧酸系高性能减水剂的掺入有效提高了氯氧镁水泥混凝土的 3d 抗压强度，且 3d 抗压强度随着掺量的增大而提高。

对 38%砂率下氯氧镁水泥混凝土试件的 3d 抗压强度进行试验，结果如表 3.8 所示。表 3.8 中试验数据同样可以验证，掺加聚羧酸减水剂能有效提高混凝土的 3d 抗压强度，并且随着聚羧酸减水剂掺量的增加，混凝土 3d 抗压强度也有所提高。由于 3d 抗压强度在一定程度上可以代表 7d 抗压强度，所以推断掺加聚羧酸系高性能减水剂后，能在改善氯氧镁水泥混凝土和易性的同时，有效提高氯氧镁水泥混凝土的强度。

表 3.8 38%砂率下氯氧镁水泥混凝土试件的 3d 抗压强度

砂率/%	$MgCl_2$ 浓度/%	减水剂掺量/%	3d 抗压强度/MPa		
			试件 1	试件 2	平均值
38	24	—	22.3	20.4	21.4
38	24	1.0	28.4	25.8	27.1
38	24	2.0	39.1	36.9	38.0

3.2 路用氯氧镁水泥混凝土增强增韧设计

相比普通水泥混凝土,道路混凝土在使用过程中要受到外界多重因素的考验,比如冲击、振动、摩擦、超载及循环载荷引起的疲劳应力等[6]。当弯曲荷载作用于道路水泥混凝土路面时,易产生裂纹,导致混凝土开裂,大大缩短了水泥混凝土路面的使用寿命[1,7]。水泥混凝土路面具有刚度高、脆性大的缺点,已有研究表明,纤维混凝土具有优异的抗折强度和抗收缩性能。目前,纤维增强普通混凝土的研究比较多,但纤维对氯氧镁水泥混凝土增韧作用的研究极为匮乏。鉴于此,本节综合考虑氯氧镁水泥道路混凝土工作性能、力学性能和弯曲性能,采用聚合物、纤维增强增韧等技术手段[2,3,8,9],对氯氧镁水泥道路混凝土进行增强增韧设计,并对其性能进行深入研究。

3.2.1 增韧材料对氯氧镁水泥基复合材料弯曲性能影响研究

参照《水泥胶砂强度检验方法(ISO法)》(GB/T 17671—2021)[10],按本书第 2 章设计的 MgO 和 $MgCl_2$ 物质的量比和水灰比,用氯化镁制备卤水,减水剂按量加入,将称量好的卤水、轻烧氧化镁粉、砂和其他外加剂依次加入搅拌机中进行搅拌,制作 40mm × 40mm × 160mm 的试件,标养后测试其 7d 的强度,并分别用电杆荷载挠度测试仪、压力测试仪进行挠度、抗折强度、抗压强度测试。

抗折强度按式(3.2)计算:

$$R_\mathrm{f} = \frac{FL}{bh^2} \tag{3.2}$$

式中,R_f——抗折强度,MPa;
F——破坏荷载,N;
L——支撑跨距,mm;
b——试件截面宽度,mm;
h——试件截面高度,mm。

抗压强度按式(3.3)计算:

$$R_\mathrm{c} = \frac{F}{A} \tag{3.3}$$

式中,R_c——抗压强度,MPa;
A——试件受压面积,40mm × 40mm。

美国标准 *Standard Test Method for Flexural Toughness and First-Crack Strength* of Fiber-Reinforced Concrete(ASTM C1018)可用来评价纤维混凝土的弯曲韧性，采用理想弹塑性材料的韧性指标作为对比，通过计算韧性指数(I_5、I_{10}、I_{20})，即初裂挠度δ与特征点挠度(3δ、5.5δ、10.5δ)的比值进行评价。规定在荷载-挠度曲线的上升段首次出现非线性的转折点为初裂点，即混凝土试件最先开裂的起始点。混凝土荷载-挠度曲线的初裂点及特征点如图3.13所示。

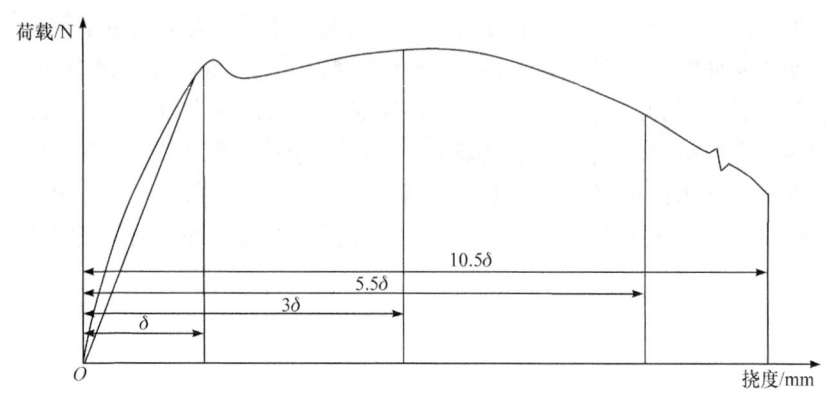

图3.13　初裂点及特征点

韧性指数计算方法见式(3.4)～式(3.6)：

$$I_5 = \frac{A_{3\delta}}{A_\delta} \tag{3.4}$$

$$I_{10} = \frac{A_{5.5\delta}}{A_\delta} \tag{3.5}$$

$$I_{20} = \frac{A_{10.5\delta}}{A_\delta} \tag{3.6}$$

式中，A_i——图3.13中相应区间荷载-挠度曲线下积分面积。

试验材料被破坏后所残留抵抗外力的能力，可用残余强度系数$R_{m,n}$来表征，其中$R_{5,10} = 20(I_{10}-I_5)$，$R_{10,20} = 20(I_{20}-I_{10})$。$R_{5,10}$与$R_{10,20}$越大，材料塑性越高，反之越低。

经综合考虑，以实验室条件和试件性能条件为考核指标，验证调整得到MgO和$MgCl_2$最佳物质的量比为7，氯氧镁水泥砂浆基准配合比(质量比)轻烧粉：氯化镁：水：砂=1：0.45：0.27：2.7。

外加剂的选择需以经济成本、环境效益等因素作为准则。对普通氯氧镁水泥进行改性，通过在基准配合比的基础上，掺加各种外加剂[11-14]，考察不同种类、不同掺量外加剂对氯氧镁水泥弯曲性能的影响[15]。其中，外掺为轻烧粉的质量分数，内掺为取代轻烧粉的质量百分比，体积掺量为试模体积的百分比。对照组是基准配合比和普通硅酸盐水泥 P·O 42.5(28d)。通过比较不同试件养护 7d 后的强度及弯曲性能，进行混凝土试件验证，以期得到高弯曲性能氯氧镁水泥混凝土的材料组成，为后期公路工程实际应用提供理论依据。

1. 白云石粉对氯氧镁水泥砂浆强度及韧性的影响

按氯氧镁水泥砂浆基准配合比，掺入 40%白云石粉后，制得白云石粉氯氧镁水泥砂浆，其抗折强度、抗压强度较基准值的变化情况如图 3.14 所示。

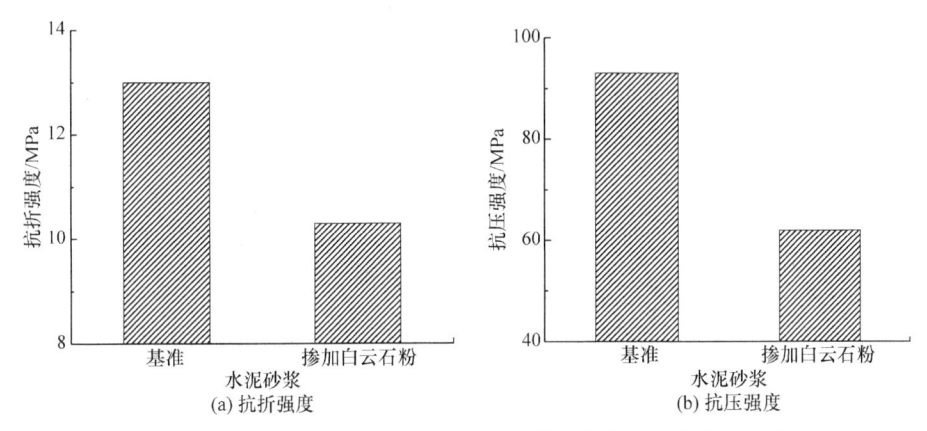

图 3.14 基准和白云石粉氯氧镁水泥砂浆的抗折强度与抗压强度

由图 3.14 可以看出，单掺白云石粉使氯氧镁水泥砂浆强度降低，且降低明显。试验中掺加 40%白云石粉后，氯氧镁水泥砂浆的抗折强度、抗压强度分别较基准降低了 20.9%和 30.1%。有研究表明，掺入白云石粉使早期强度降低尤其明显。掺入粒径粗大的白云石粉相当于掺入了惰性材料，在水泥硬化体中起到了填充作用，对强度并无多大贡献。过低活性白云石粉掺量的增大，阻碍了活性反应物的接触，降低了胶凝体系界面的黏结能力，导致水泥砂浆的强度降低。

对砂浆试块进行弯曲试验，得到掺入 40%白云石粉的氯氧镁水泥砂浆韧性变化情况，荷载-挠度曲线如图 3.15 所示。

由图 3.15 可知，掺加 40%的白云石粉后，白云石粉氯氧镁水泥的挠度总体随荷载的增加而提高，相比基准氯氧镁水泥出现脆性断裂，在挠度最大值处脆断。因图中无初裂点，故无法求得韧性指数。因此，认为掺加白云石粉不能改善氯氧镁水泥的韧性。

2. 抗水剂对氯氧镁水泥砂浆强度及韧性的影响

按照氯氧镁水泥砂浆基准配合比，掺入 5%、10%、15%的抗水剂，制备氯氧镁水泥砂浆试件，测试其强度变化情况，如图 3.16 所示。可以看出，抗水氯氧镁

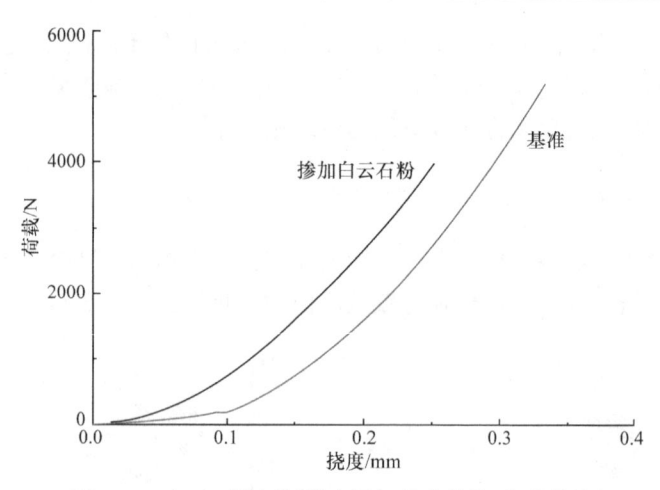

图 3.15　白云石粉氯氧镁水泥与基准荷载-挠度曲线

水泥砂浆抗压强度和抗折强度随抗水剂掺量增加，均呈现出先减小后增大的趋势。当抗水剂掺量为 5%时，抗压强度和抗折强度分别比基准水泥砂浆增加了 5.2%和 32.3%，其原因是水泥制品抗折强度受硬化体内部孔结构等缺陷影响较抗压强度明显，抗水剂主要成分是高活性无定形 SiO_2，粒径很小，当掺量适中时，填充在氯氧镁水泥反应产物孔隙中，对形成结构密实的水泥制品起到了很好的作用。此外，抗水剂的加入对水泥颗粒起到了分散作用，减少了水泥团聚，大大促进了水泥水化作用，从而大大提高了其强度。当掺量再增大时，由于 SiO_2 反应水化物没有氯氧镁水泥的强度高，所以对氯氧镁水泥砂浆的力学性能改善作用不明显。

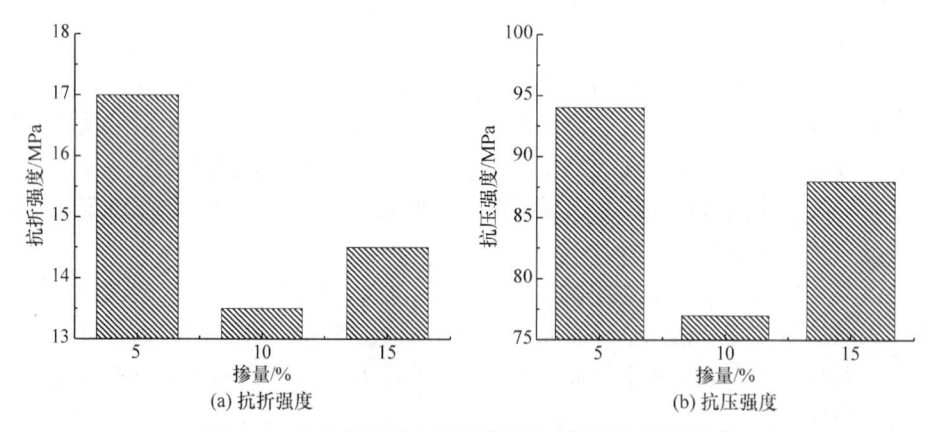

图 3.16　抗水氯氧镁水泥砂浆的抗折强度与抗压强度

对不同掺量抗水氯氧镁水泥砂浆试件进行弯曲试验，其荷载-挠度曲线如图 3.17 所示。掺加了抗水剂的氯氧镁水泥砂浆试件在挠度最大值处脆断，说明韧性很差。因此，认为抗水剂不能改善氯氧镁水泥砂浆的韧性。

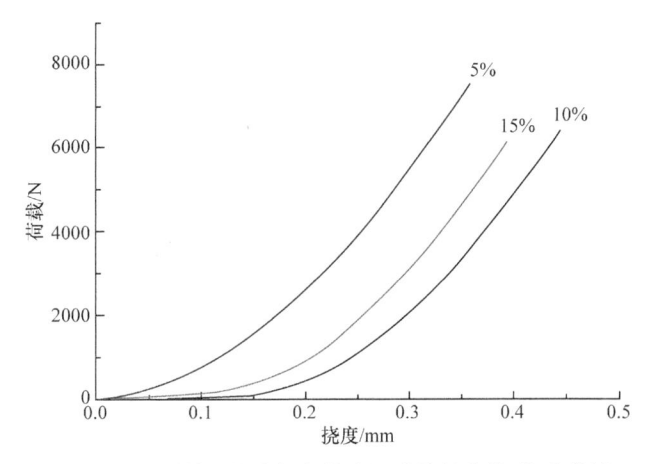

图 3.17 不同掺量抗水氯氧镁水泥砂浆的荷载-挠度曲线

3. 脲醛树脂对氯氧镁水泥砂浆强度及韧性的影响

按照前文研究的氯氧镁水泥砂浆基准配合比，分别掺入 2.5%、5.0%、7.5%、10.0%的脲醛树脂，制备脲醛树脂氯氧镁水泥砂浆试件，测试其抗折强度和抗压强度变化情况，结果如图 3.18 所示。可以看出，随着脲醛树脂掺量的增加，氯氧镁水泥砂浆的抗压强度呈递减趋势，而抗折强度先增加后减小再趋于平缓。对于抗压强度的变化趋势，主要是由于在氯氧镁水泥胶凝体系中，脲醛树脂分布于水泥熟料中，减小了体系中活性物质的碰撞概率，降低了水化反应的速率，不利于水泥抗压强度的形成；对于抗折强度的变化趋势，原因是氯氧镁水泥制品抗折强度受硬化体内部孔结构等缺陷影响较抗压强度要大，脲醛树脂具有引气增黏的作用，会在氯氧镁水泥砂浆内部引入大量气泡，增加其孔隙率。普通氯氧镁水泥硬化体中含有活性较大的氯离子，在潮湿环境条件中，氯离子容易吸湿，使结晶结构松

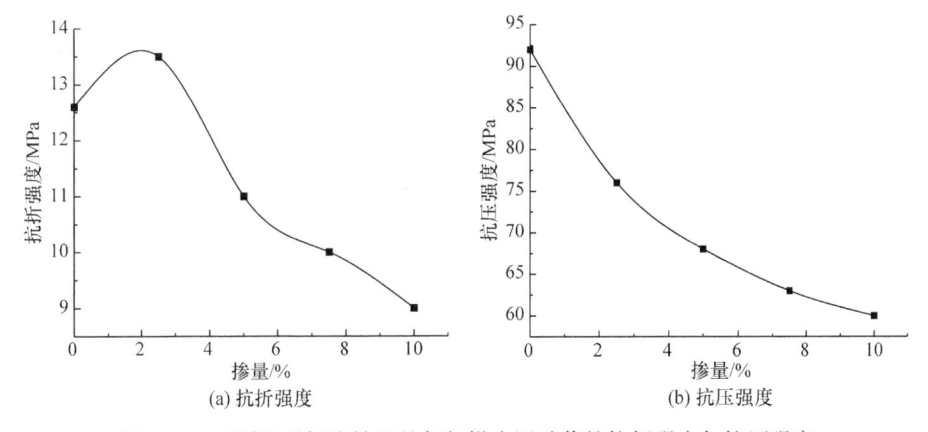

(a) 抗折强度   (b) 抗压强度

图 3.18 不同脲醛树脂掺量的氯氧镁水泥砂浆的抗折强度与抗压强度

弛，强度下降[16]。掺入少量的脲醛树脂后，能在氯氧镁水泥水化结晶 5 相的周围产生高聚物，形成疏水保护层，从而降低了氯离子与水的接触机会，提高了水泥硬化体的相对稳定性，同时对水泥硬化体内部孔隙有一定的填充作用，对提高氯氧镁水泥制品耐水性能和抗折强度等都有一定的作用。当掺量继续增大时，反而影响了氯氧镁水泥胶凝体系的胶结能力，对强度的进一步提升不利。

对不同掺量的脲醛树脂氯氧镁水泥砂浆试件进行弯曲试验，得到掺加 2.5%、5.0%、7.5%、10.0%脲醛树脂的氯氧镁水泥砂浆韧性变化情况，荷载-挠度曲线如图 3.19 所示。

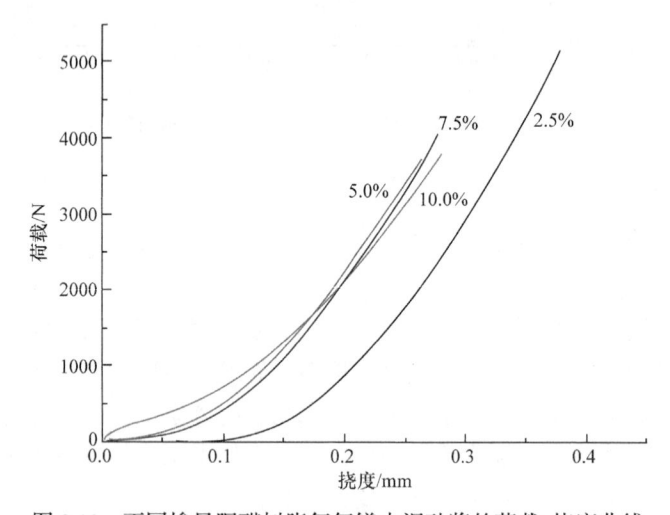

图 3.19　不同掺量脲醛树脂氯氧镁水泥砂浆的荷载-挠度曲线

由图 3.19 可以看出，随着荷载增加，掺加了脲醛树脂的氯氧镁水泥砂浆挠度增大。当挠度增加到一定值时，砂浆试件表现出脆断，因此认为脲醛树脂的加入不能改善氯氧镁水泥砂浆的韧性。

4. 聚丙烯纤维对氯氧镁水泥砂浆强度及韧性的影响

在基准配合比下，掺入四种不同掺量(0.25%、0.50%、0.75%和 1.00%)的聚丙烯纤维，制备聚丙烯纤维氯氧镁水泥砂浆试件，测试其抗折强度、抗压强度，如图 3.20 所示。由图 3.20 可知，氯氧镁水泥砂浆的抗压强度随着聚丙烯纤维掺量的增加先增大后减小，抗折强度也呈现先增大后减小趋势。与基准氯氧镁水泥砂浆相比，聚丙烯纤维掺量为 0.25%、0.50%、0.75%、1.00%时，其抗压强度分别增加了 16.6%、17.4%、15.8%、14.1%，抗折强度分别增加了 3.5%、4.3%、3.1%、0.8%。综合考虑，0.50%聚丙烯纤维掺量的氯氧镁水泥砂浆强度增加最为显著。这是因为水泥在水化过程中伴随有微裂纹产生，抗压强度受其影响较小；随着水化进程的持续，微裂纹产生的倒缩现象影响了抗折强度。国内外研究表明[17-20]，低掺量的聚丙烯纤维能明显减少塑性混凝土表面的水量与骨料分层现象，在混凝土内部形成三维交错的网状结构。虽然聚丙烯纤维比表面积大，掺入水泥可使含气量增大，对强度发展不利，但由于聚丙烯纤维具有高弹性模量、直径小、纤维间距小，阻裂效果好，对后期强度维持性好。

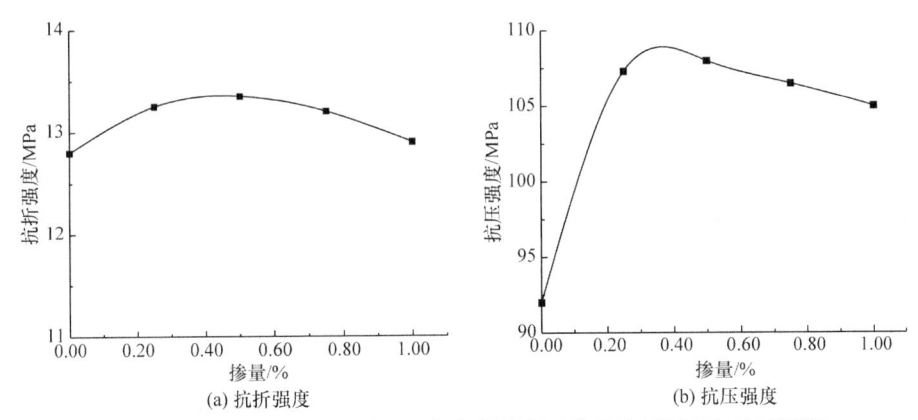

图 3.20 不同聚丙烯纤维掺量下氯氧镁水泥砂浆的抗折强度与抗压强度

不同掺量聚丙烯纤维氯氧镁水泥砂浆荷载-挠度曲线如图 3.21 所示。由图 3.21 可知，掺聚丙烯纤维氯氧镁水泥砂浆的挠度随着荷载的增加而增大，且氯氧镁水泥砂浆的韧性提高程度随聚丙烯纤维的掺量不同而呈现差异。与基准氯氧镁水泥砂浆相比，掺聚丙烯纤维的氯氧镁水泥砂浆优势在于：一是承受的最大荷载由 5000N 左右增加到 5500N 左右；二是初裂点后有残余强度，变形能力提高。

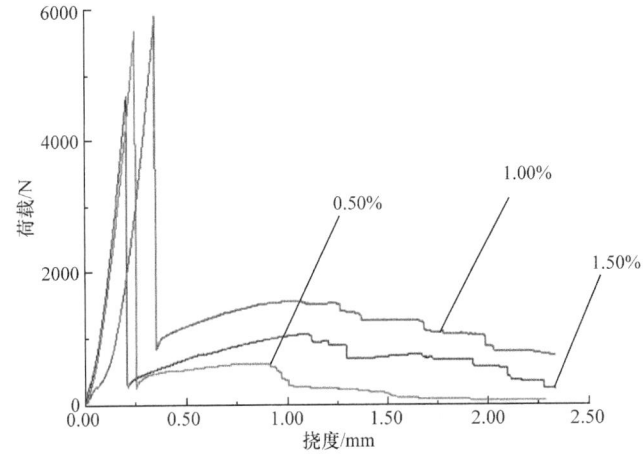

图 3.21 不同掺量聚丙烯纤维氯氧镁水泥砂浆的荷载-挠度曲线

5. 钢纤维对氯氧镁水泥砂浆强度及韧性的影响

在基准配合比下，掺入三种不同掺量(0.50%、1.00%、1.50%)的钢纤维，制备钢纤维氯氧镁水泥砂浆试件，测试其抗折强度、抗压强度，如图 3.22 所示。由图可知，随着钢纤维掺量的增加，氯氧镁水泥砂浆抗折强度先增大后减小，掺量在 0.50%~1.00%时，氯氧镁水泥砂浆的抗折强度随钢纤维掺量的增加呈现出明显增大的趋势；掺量为 1.00%时增加趋势最大，抗折强度较基准提高了 36.2%，曲线后段则增长不明显。钢纤维氯氧镁水泥砂浆抗压强度呈先增大后平缓的趋势，曲线后段增加或减小的幅度并不大，增加幅度最大的依然是掺量为 1.00%时，较基准提高了 9%。氯氧镁水泥砂浆内部缺陷的存在使得砂浆在受外部集中应力后，容易缺陷加剧，降低氯氧镁水泥制品的使用性能。由于钢纤维弹性模量大，掺入氯氧镁水泥砂浆后可分散于基体中，从而阻滞宏观裂缝的产生，提高氯氧镁水泥砂浆的抗折强度和抗压强度。随着钢纤维掺量的增大，由于其分散效果不均，对氯氧镁水泥砂浆的增强效果降低。此外，钢纤维大量掺入后需要大量水泥浆包裹，若包裹不完全也会使氯氧镁水泥砂浆的强度降低。

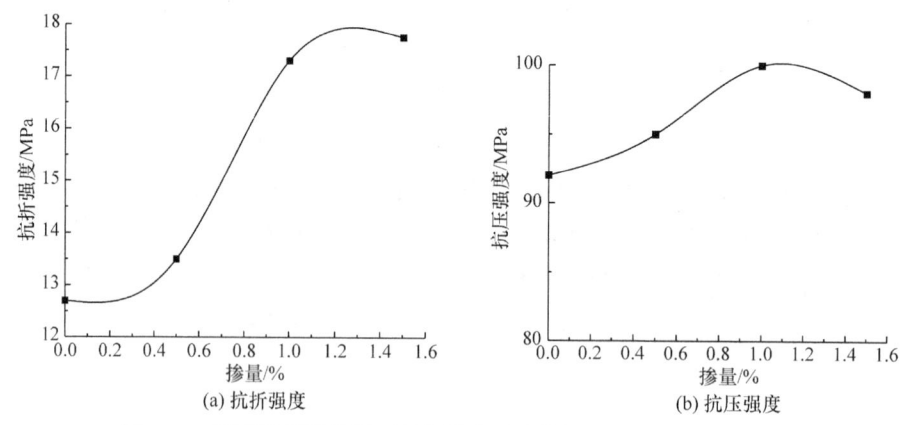

图 3.22 不同钢纤维掺量下氯氧镁水泥砂浆的抗折强度与抗压强度

通过弯曲试验测试掺钢纤维后氯氧镁水泥砂浆试件韧性变化情况，荷载-挠度曲线如图 3.23 所示。从图 3.23 可知，钢纤维氯氧镁水泥砂浆的挠度随着荷载的增大而增大，韧性随纤维掺量的不同而异。钢纤维增韧效果与基准氯氧镁水泥砂浆相比，优势在于：承受的最大荷载由 5000N 左右增加到 6000N 左右；初裂点后有残余强度，变形能力提高。因此，钢纤维对氯氧镁水泥砂浆有一定的增韧效果，且最佳掺量为 1.00%时，增韧效果最佳。

6. 聚丙烯纤维和钢纤维对比分析

由以上试验数据可以看出，掺入聚丙烯纤维和钢纤维对氯氧镁水泥砂浆的韧性有一定改善。将聚丙烯纤维和钢纤维增韧氯氧镁水泥砂浆的试验数据进行对比分析，以期评价两者对氯氧镁水泥砂浆增韧作用的贡献率大小。掺聚丙烯纤维和钢纤维的氯氧镁水泥砂浆试件的韧性指数如表 3.9 所示。纤维掺量与韧性指数的关系如图 3.24 和图 3.25 所示。

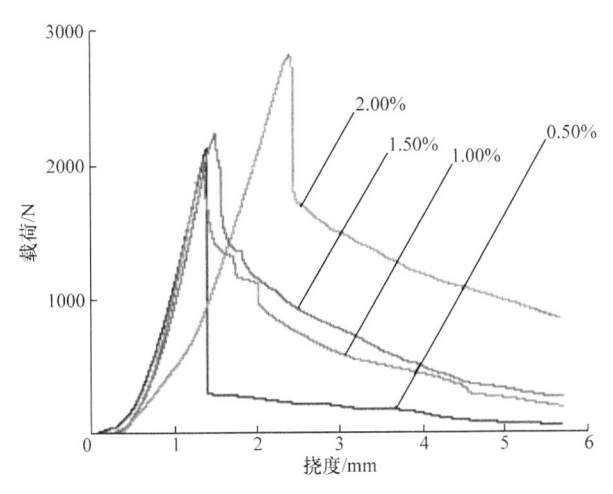

图 3.23 不同掺量钢纤维氯氧镁水泥砂浆的荷载-挠度曲线

表 3.9 砂浆试件韧性指数

掺入纤维种类	掺量/%	I_5	I_{10}	I_{20}
聚丙烯纤维	0.25	1.48	1.89	2.29
	0.50	1.19	1.51	2.13
	0.75	2.43	4.15	5.56
	1.00	1.64	2.87	4.64
钢纤维	0.50	2.17	4.01	7.18
	1.00	4.55	8.87	15.64
	1.50	1.66	2.45	3.97

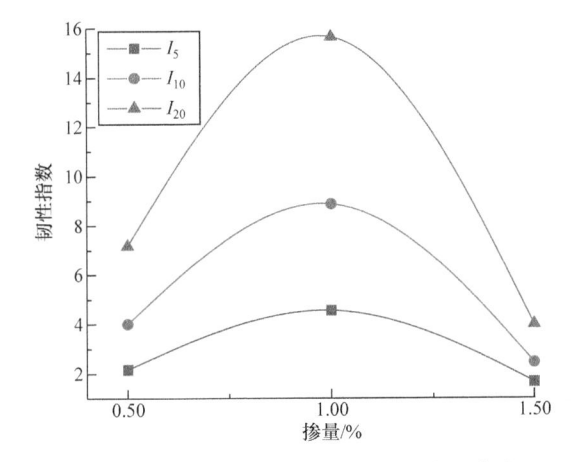

图 3.24 单掺钢纤维掺量与韧性指数的关系

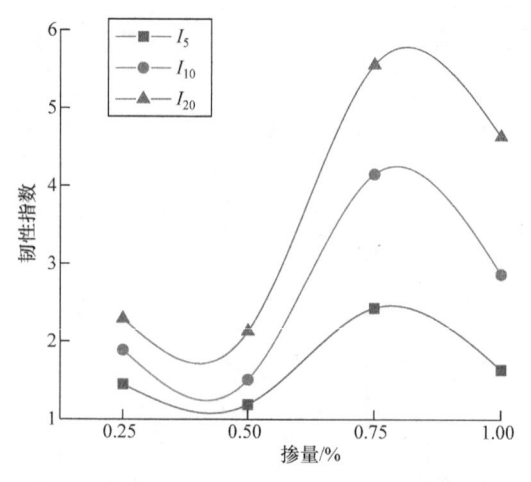

图 3.25　单掺聚丙烯纤维掺量与韧性指数的关系

由图 3.24 可知，随着钢纤维掺量的增加，氯氧镁水泥砂浆的韧性指数先增大后减小，当掺量为 1.00%时，增韧效果最佳，这与不同掺量钢纤维氯氧镁水泥砂浆荷载-挠度曲线得到的结论一致。由图 3.25 可知，掺加聚丙烯纤维的氯氧镁水泥砂浆韧性指数随着聚丙烯纤维掺量的增加呈现先减小后增大再减小的趋势，当聚丙烯纤维掺量为 0.75%时韧性指数最大，与图 3.21 所得结论一致。

将两种纤维掺入氯氧镁水泥砂浆后，对掺量与韧性指数之间的关系进行分析，发现聚丙烯纤维和钢纤维的最佳掺量分别为 0.75%和 1.00%。最佳掺量的两种氯氧镁水泥砂浆韧性指数如图 3.26 所示。

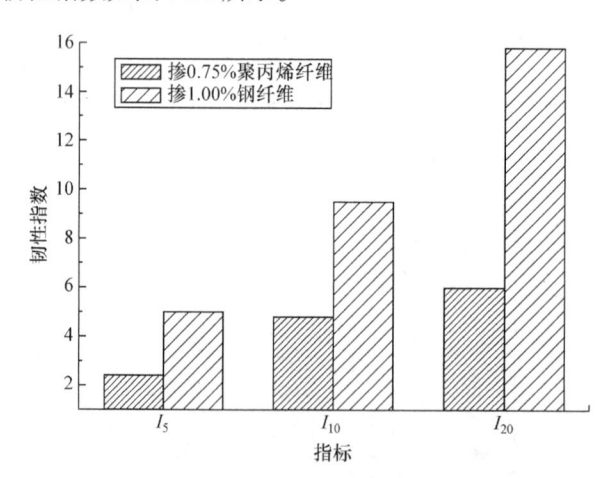

图 3.26　最佳掺量的两种氯氧镁水泥砂浆韧性指数

由图 3.26 可知，从氯氧镁水泥砂浆韧性指数提高效果来看，掺 1.00%的钢纤维比掺 0.75%的聚丙烯纤维好。综合以上试验数据及结论可知，钢纤维对氯氧镁水泥砂浆的增韧效果比聚丙烯纤维更好。

7. 钢纤维和聚丙烯纤维混掺对氯氧镁水泥砂浆强度及韧性的影响

基于以上各种单掺外加剂和纤维对氯氧镁水泥砂浆抗折强度、抗压强度及韧性影响的试验，发现钢纤维和聚丙烯纤维对氯氧镁水泥砂浆的增韧效果均较好。因此，试验中设想将两种纤维混合掺入氯氧镁水泥砂浆中，分析它们对氯氧镁水泥砂浆抗折强度、抗压强度及韧性的影响[21,22]。

分别以钢纤维+聚丙烯纤维掺量为 0.50%＋0.50%、0.50%＋0.75%、1.00%＋0.75%掺入氯氧镁水泥砂浆中，其抗折强度与基准相比分别提高了 29.6%、28.0%、36.0%，抗压强度提高了 16.8%、10.3%、11.4%(图 3.27)。由此可知，将钢纤维、聚丙烯纤维混掺到氯氧镁水泥砂浆后，抗折强度变化明显，而抗压强度变化较小。

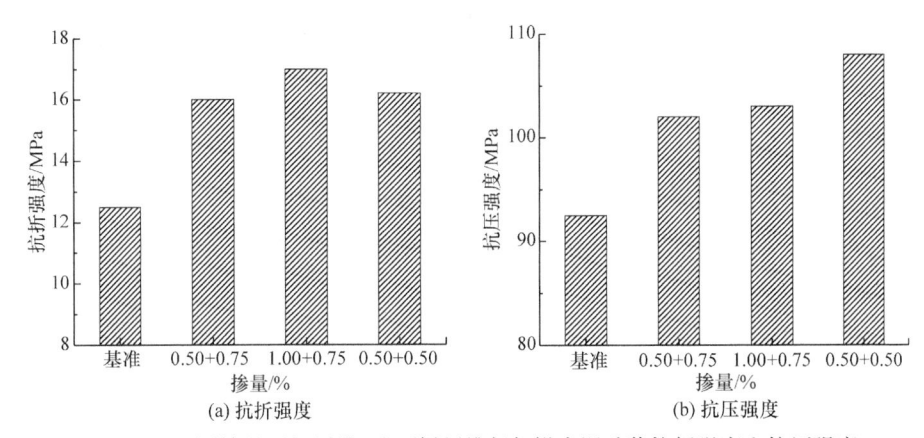

图 3.27 不同掺量下钢纤维+聚丙烯纤维氯氧镁水泥砂浆抗折强度和抗压强度

混掺纤维氯氧镁水泥砂浆的韧性指数如图 3.28 所示。由图可知，韧性指数(I_5、I_{10}、I_{20})在混掺 1.00%钢纤维+0.75%聚丙烯纤维时达到最大值。因为在此掺量下混掺纤维协同效果最好，纤维分散均匀，砂浆包裹性好，对宏观裂缝阻断性能好，所以对氯氧镁水泥砂浆强度及韧性增强效果显著。

3.2.2 纤维增强氯氧镁水泥混凝土的弯曲性能研究

制备 100mm×100mm×400mm 的试件，养护 7d 后进行抗弯拉强度及挠度测试。氯氧镁水泥制品不需要进行湿气养护，试件固化脱模后，在自然条件下养护至规定龄期。采用位移加载速度为 0.2mm/min 对荷载和跨中挠度进行自动采集。参照适用性最广泛的美国规范 ASTM C1018 中的韧性指数法，再结合奥地利标准，形成一种方便快捷的新评价方法。

根据相关文献及实验室实际条件，以物质的量之比 $n(MgO)/n(MgCl_2) = 7$ 为基准，通过微调砂率及用水量，满足工作性能的要求，耐水性能好，不出现返潮

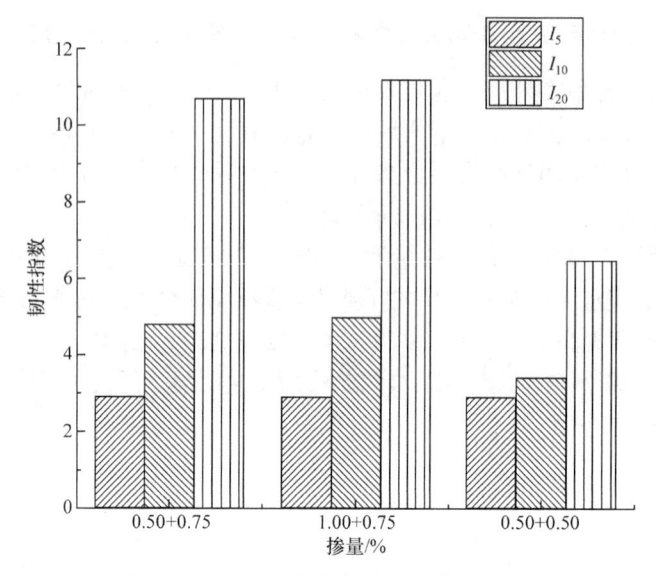

返卤现象,坍落度在30～40mm,基准配合比如表3.10所示。

图3.28 混掺纤维氯氧镁水泥砂浆韧性指数

表3.10 氯氧镁水泥基准配合比　　　　　　　　　(单位:kg/m³)

轻烧粉	氯化镁	水	砂	粗集料(5～10mm)	粗集料(10～31.5mm)
230	105	95	778.4	664.7	664.7

掺入钢纤维或聚丙烯纤维后,拌和物坍落度在20～35mm,满足混凝土路面可铺筑施工最小坍落度20mm的要求。根据以上纤维氯氧镁水泥砂浆的试验结果,确定纤维的体积掺量,并在此范围内比较验证不同种类及不同掺量纤维氯氧镁水泥混凝土的弯曲性能。试验方案如表3.11所示。

表3.11 试验方案

试件编号	纤维种类及掺量	试件编号	纤维种类及掺量
G1	钢纤维 0.5%	B1	聚丙烯纤维 0.2%
G2	钢纤维 1.0%	B2	聚丙烯纤维 0.5%
G3	钢纤维 1.5%	B3	聚丙烯纤维 0.8%
G4	钢纤维 2.0%	B4	聚丙烯纤维 1.1%
H1	钢纤维 1.0%+聚丙烯纤维 0.8%	基准	—

将试件G1～G4作为G组,G组实测荷载-挠度曲线如图3.29所示。

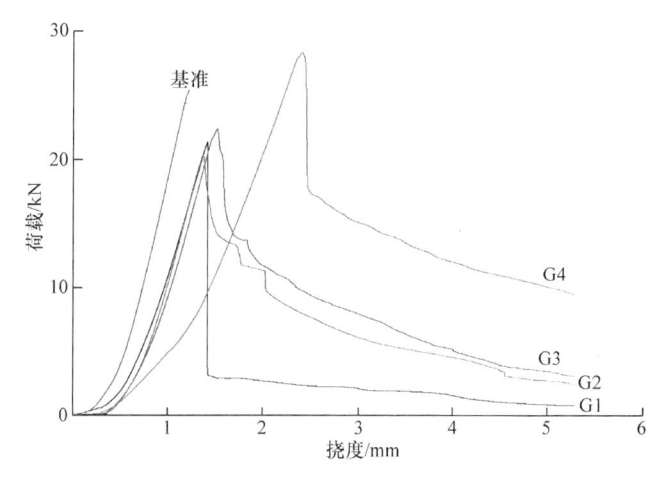

图 3.29　钢纤维 G1~G4 试件荷载-挠度曲线

由图 3.30 可知，G 组中除了 G4 外，荷载峰值相差不大，与基准氯氧镁水泥相比，荷载峰值均有所降低，其中 G4 试件的峰值荷载最大，其值为 28.31kN，G2 试件的峰值荷载最小，其值为 20.26kN。随着钢纤维掺量的不断增加，荷载峰值在该范围内也是逐渐增大的。

G 组试件钢纤维掺量与韧性指数如表 3.12 和图 3.30 所示。由表 3.12 和图 3.31 可知，随着钢纤维掺量的增大，韧性指数先增大后减小。对于韧性指数 I_5，钢纤维掺量为 1.0%时，增韧效果最好。

表 3.12　钢纤维掺量与韧性指数

试件编号	钢纤维掺量/%	I_5
G1	0.5	1.66
G2	1.0	3.75
G3	1.5	3.44
G4	2.0	3.14

将试件 B1~B4 作为 B 组，B 组实测荷载-挠度曲线如图 3.31 所示。由图 3.31 可知，试件 B2、B3、B4 的荷载峰值较基准有很大的下降，这与前文砂浆试验分析结论有很大差异。该三组试件成型后置于非恒温环境中进行了硬化，连续降雨及降温导致氯氧镁水泥试件水化进程缓慢且不充分，因此荷载峰值较低，但仍然可对其韧性进行分析。不同聚丙烯纤维掺量试件的韧性指数如表 3.13 所示。

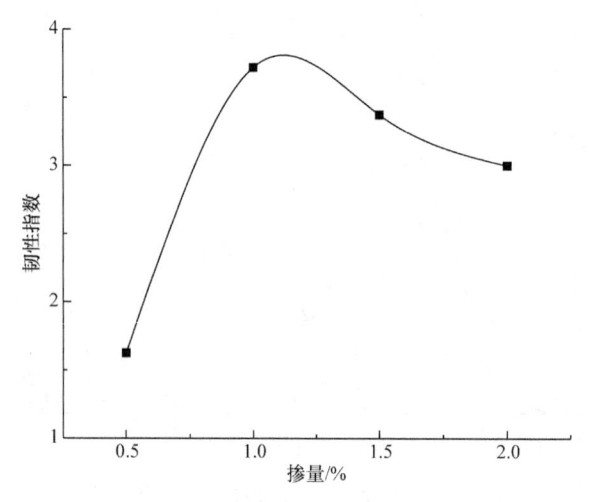

图 3.30　钢纤维掺量与韧性指数

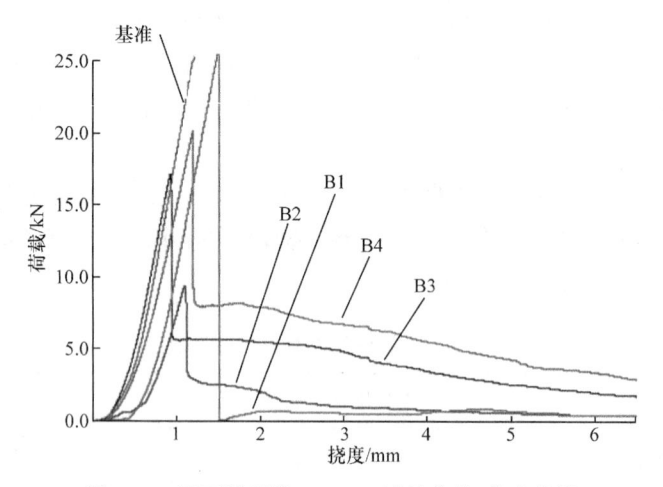

图 3.31　聚丙烯纤维 B1～B4 试件荷载-挠度曲线

表 3.13　不同聚丙烯纤维掺量试件的韧性指数

试件编号	I_5	I_{10}
B1	1.16	1.27
B2	2.51	3.20
B3	3.13	4.86
B4	3.14	4.69

由图 3.32 可知,随着聚丙烯纤维掺量从 0.2%增加到 1.1%,韧性指数 I_5 和 I_{10} 呈现先增大后趋于平缓的态势。结合经济节约的原则,可得出聚丙烯纤维掺量为 0.8%时增韧效果最好。

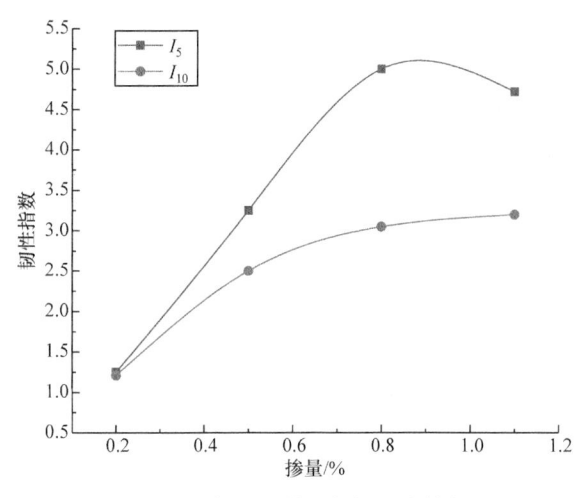

图 3.32 聚丙烯纤维掺量与韧性指数的关系

将掺有 0.8%聚丙烯纤维和 1.0%钢纤维及以上两种纤维氯氧镁水泥砂浆的韧性进行对比，具体的荷载-挠度曲线如图 3.33 所示。由图计算可知，试件 B3＋G2 的韧性指数 I_5 为 3.17，略高于试件 B3，比试件 G2 低。由于纤维掺量对氯氧镁水泥的增韧效果并不能简单地进行数学叠加，有限的水泥浆体只能充分包裹一定量的纤维，过量的纤维不但不能起到增韧作用，还会导致峰值荷载和残余强度大大降低[23]。

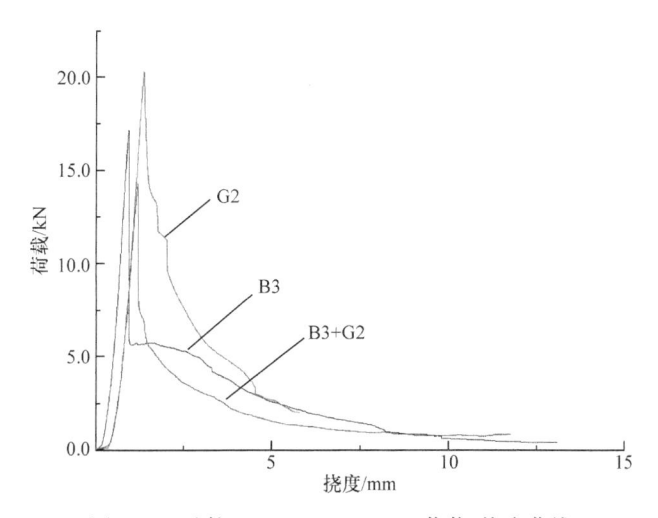

图 3.33 试件 B3、G2、B3＋G2 荷载-挠度曲线

参 考 文 献

[1] 刘效尧. 钢纤维增强水泥混凝土路面讨论[J]. 华东公路, 1990, (6): 1-4.

[2] 邓宗才, 何唯平, 孙成栋. 聚丙烯腈纤维增强水泥混凝土的抗弯性能[J]. 公路, 2004, (2): 129-134.
[3] 裴少丽. 改性纤维增强聚合物水泥砂浆的制备与性能试验研究[D]. 长沙: 长沙理工大学, 2014.
[4] 中华人民共和国国家质量监督检验检疫总局. 水泥胶砂流动度测定方法: GB/T 2419—2005[S]. 北京: 中国标准出版社, 2002.
[5] 中华人民共和国交通运输部. 公路工程水泥及水泥混凝土试验规程: JTG 3420—2020[S]. 北京: 人民交通出版社, 2020.
[6] 鹿青. 动态荷载作用下重载交通水泥混凝土路面的力学响应[D]. 天津: 河北工业大学, 2015.
[7] 张宇. 路面水泥混凝土耐久性试验研究[D]. 长沙: 长沙理工大学, 2007.
[8] 陈晓黎. 外加剂对轻质混凝土砌块改性的作用机理研究[D]. 柳州: 广西科技大学, 2013.
[9] 陈常明. 新型镁水泥基复合材料的组成与性能研究[D]. 武汉: 武汉理工大学, 2010.
[10] 国家市场监督管理总局, 国家标准化管理委员会. 水泥胶砂强度检验方法(ISO 法): GB/T 17671—2021[S]. 北京: 中国标准出版社, 2021.
[11] 冯虎, 高丹盈, 徐洪涛, 等. 外加剂对聚合物改性水泥砂浆凝结时间的影响[J]. 施工技术, 2015, (3): 79-84.
[12] 王海平, 肖学英, 王继东, 等. 外加剂对硫氧镁水泥的改性作用[J]. 盐湖研究, 2013, 21(1): 44-49.
[13] 程朝霞, 张自新, 胡志超, 等. 高性能混凝土外加剂对水泥砂浆力学性能的影响[J]. 河南理工大学学报(自然科学版), 2011, 30(6): 719-723.
[14] DENG D H, ZHANG C M. The formation mechanism of the hydrate phases in magnesium oxychloride cement[J]. Cement and Concrete Research, 1999, 29(9): 1365-1371.
[15] 陈江平, 张亚芳. 掺量对聚丙烯纤维增强水泥力学特性的影响[J]. 中山大学学报(自然科学版), 2010, 49(3): 42-46.
[16] 吴昊. 聚丙烯纤维对混凝土早期裂缝的影响研究[D]. 北京: 北京建筑工程学院, 2012.
[17] MA Y, TAN M, WU K. Effect of different geometric polypropylene fibers on plastic shrinkage cracking of cement mortars[J]. Materials and Structures, 2002, 35(3): 165-169.
[18] BANTHIA N, GUPTA R. Influence of polypropylene fiber geometry on plastic shrinkage cracking in concrete[J]. Cement and Concrete Research, 2006, 36(7): 1263-1267.
[19] 徐安花. PVA/钢混杂纤维对水泥混凝土弯曲韧性的影响[J]. 公路工程, 2014, (2): 88-92.
[20] 刘丽芳, 王培铭, 杨晓杰. 纤维参数对水泥砂浆断裂韧性的影响[J]. 混凝土与水泥制品, 2006, (1): 40-43.
[21] 陈江平. 不同掺量纤维增强混凝土受弯性能细观数值研究[D]. 广州: 广州大学, 2010.
[22] 王宝民, 涂妮. 国内外混凝土配合比设计方法研究进展[J]. 商品混凝土, 2010, (12): 32-35.
[23] 张应立. 现代混凝土配合比设计手册[M]. 北京: 人民交通出版社, 2002.

第4章 氯氧镁水泥专用聚羧酸减水剂开发

氯氧镁水泥的 5·1·8 结构决定了其组成材料中轻烧粉、氯化镁和水的比例，因此，氯氧镁水泥用水量不能随意变动。在氯氧镁水泥水化反应过程中，用水量过大，水分的蒸发会引起氯氧镁水泥混凝土的早期干缩和裂缝等缺陷，导致氯氧镁水泥强度降低；用水量过小，氯氧镁水泥水化反应不充分，不能形成大量 5·1·8 结晶体，同样会造成氯氧镁水泥强度降低。为了保证氯氧镁水泥的良好工作性能，必须选用适量的水。氯氧镁水泥快速凝结的这一特性使远距离运输变得异常困难[1]，要想在提高氯氧镁水泥工作性能以满足远距离运输的同时，不降低其强度、耐水性能等，只有从外加剂入手。目前，最有效、最常用的外加剂是聚羧酸减水剂，但现有聚羧酸减水剂仅适用于普通硅酸盐水泥[2-5]，难以满足氯氧镁水泥公路工程的使用要求。鉴于此，本章采用分子结构设计技术，研发缓凝型氯氧镁水泥聚羧酸减水剂，解决氯氧镁水泥材料组成中用水量要求与工作性能之间的矛盾，显著提高氯氧镁水泥混凝土的流动性和强度，扩大其应用范围。

4.1 聚羧酸减水剂合成工艺

为了研究聚羧酸减水剂分子结构与性能之间的关系，本节采用自由基聚合法，以烯丙基聚氧乙烯醚(APEG)为主链，以甲基丙烯磺酸钠(SMAS)为嵌段，通过分子结构设计技术，合成聚羧酸减水剂，反应方程式如图 4.1 所示，合成工艺流

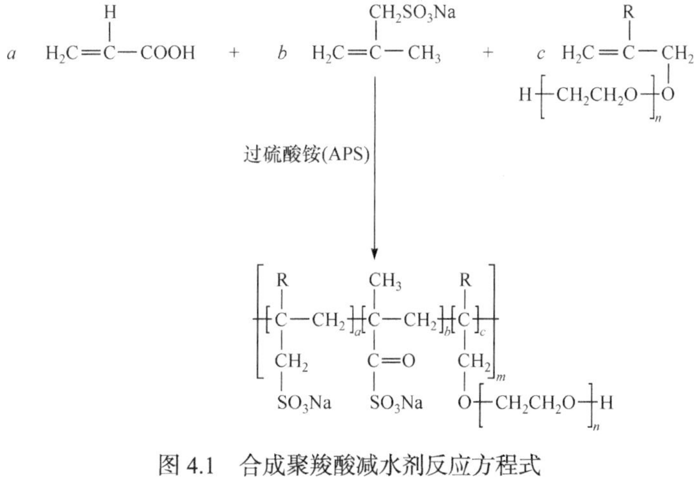

图 4.1 合成聚羧酸减水剂反应方程式

程如图 4.2 所示。

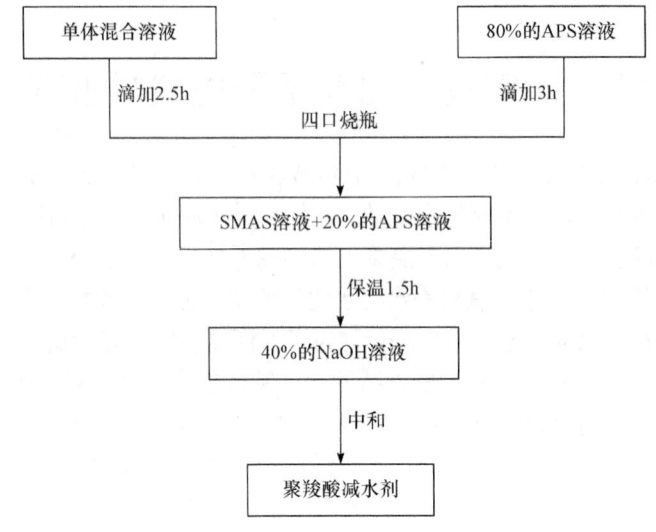

图 4.2 合成聚羧酸减水剂工艺流程图

4.2 聚羧酸减水剂的分子设计与合成

本节从酸醚比、活性调节剂(SMAS)、引发剂(APS)、活性大分子单体种类、活性大分子单体分子量、反应温度等影响因素入手，研究对聚羧酸减水剂性能的影响，结合氯氧镁水泥流动度试验，确定适用于氯氧镁水泥混凝土减水剂的合理组成与合成工艺。

1. 酸醚比对聚羧酸减水剂性能的影响

试验过程中固定滴加时间为 3h，保温时间为 1.5h，引发剂 APS 用量为单体总质量的 2%，观察分析丙烯酸(AA)与烯丙基聚氧乙烯醚(APEG2400)二者物质的量之比(酸醚比)变化对合成聚羧酸减水剂性能的影响。合成的六组减水剂用 NaOH 溶液调节 pH 至 6.4 左右，分别掺入氯氧镁水泥中，测掺入 1%合成减水剂的氯氧镁水泥 0min、30min、60min 流动度及 30min、60min 流动度经时损失。净浆流动度试验参照《混凝土外加剂匀质性试验方法》(GB/T 8077—2012)[6]进行。按试验结果得到的配合比称取氯氧镁水泥原材料及减水剂，搅拌好后测试其净浆流动度。试验结果如图 4.3 所示。

分析六组酸醚比合成的减水剂对氯氧镁水泥净浆流动度的影响。由试验结果可知，掺入减水剂能有效提高氯氧镁水泥的初始流动度(0min)，但流动度的经时损失较大；随着酸醚比的增大，氯氧镁水泥净浆流动度总体呈先增加后减小的趋势，其

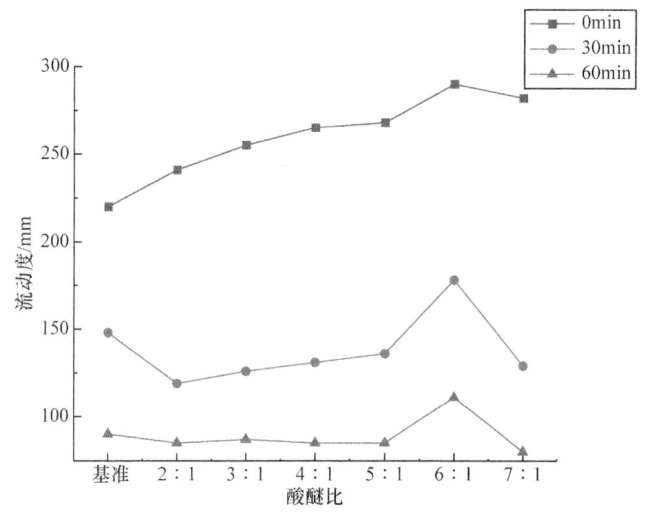

图 4.3 酸醚比对聚羧酸减水剂性能的影响

中流动度均有大幅度提高。较基准而言，只有当酸醚比为 6∶1 时，氯氧镁水泥浆体 0min、30min、60min 流动度均有较大提高，其中初始流动度提高了 31.8%，30min 流动度提高了 20.3%，60min 流动度提高了 23.3%，经时损失为六组中最小。

当合成减水剂的酸醚比增大时，羧基的密度逐渐增大，减水剂在氯氧镁水泥表面的吸附能力增强，侧链密度减小，分散保持力小，故初始流动度随着酸醚比的增大而增大。当酸醚比增大到一定程度后，减水剂在氯氧镁水泥表面的吸附力达到饱和，流动度趋于平缓。综上，当酸醚比为 6∶1 时，流动度最大，且经时损失最小[7]。

2. SMAS 对 PC 性能的影响

甲基丙烯磺酸钠(SMAS)是一种活性调节剂，在聚羧酸减水剂合成过程中发挥着链转移剂的作用，能有效使链增长，发生自由基的转移，调节聚合物的相对分子质量，可以改变减水剂的分散性能。试验过程中固定酸醚比为 6∶1，SMAS 与 APEG2400 物质的量比为 0.5~2.5，研究 SMAS 用量对减水剂性能的影响规律。试验结果如图 4.4 所示。

由图 4.4 可知，随着 SMAS 与 APEG2400 物质的量比增加，氯氧镁水泥初始流动度先增大后减小，经时损失先减小后增大。当物质的量比 n(SMAS)∶n(APEG2400)=1∶1 时，合成减水剂对氯氧镁水泥流动性改善效果最好。当酸醚比固定不变，SMAS 与 APEG2400 物质的量比较小时，合成减水剂的侧链密度一定，而主链长度较长，减水剂分子在氯氧镁水泥表面形成卷曲状覆盖，限制了部分官能团作用的充分发挥，使其分散性能降低。随着 SMAS 与 APEG2400 物质的量比逐渐增大，合成减水剂的分子量相对减小，主链长度减小，减水剂分子能很好地

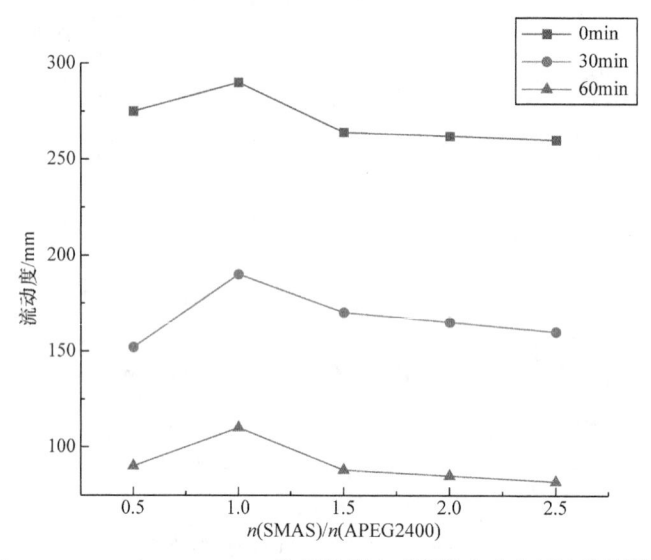

图 4.4 SMAS 与 APEG2400 物质的量比对聚羧酸减水剂性能的影响

平铺在氯氧镁水泥表面，发挥其最佳分散作用，宏观表现为氯氧镁水泥浆体的流动度增大。随着 SMAS 与 APEG2400 物质的量比继续增大，减水剂分子的主链长度逐渐变短，相同比表面积的氯氧镁水泥表面所需减水剂的数量增大，在减水剂掺量保持不变的情况下，对氯氧镁水泥浆体流动度改善作用相对变差。综合以上来看，当 $n(AA):n(APEG2400)=6:1$，$n(SMAS):n(APEG2400)=1:1$ 时，合成减水剂使氯氧镁水泥浆体流动度最大，且经时损失最小。

3. APS 用量对 PC 性能的影响

APS 作为合成减水剂反应的引发剂，可以引发活性单体产生活性自由基，保证自由基反应能顺利进行。通过改变引发剂 APS 的用量，可以有效控制自由基的反应速率，保证聚合物分子量在合理范围之内。当 $n(APEG2400):n(AA):n(SMAS)=1:6:1$ 保持不变时，研究 APS 用量对减水剂性能的影响，试验结果如图 4.5 所示。由图中试验数据可知，引发剂 APS 的用量对氯氧镁水泥净浆流动度有较大影响。随着 APS 用量的增加，氯氧镁水泥的净浆流动度先增大后减小，流动度的经时损失先减小后增大。当 APS 用量为 2%时，合成的减水剂能使氯氧镁水泥的净浆流动度达到最大值，且经时损失最小。减水剂分子量与引发剂加入量呈负相关，与初始流动度呈正相关，引发剂浓度进一步增大时，分子量太小，反而降低了其流动度。

4. APEG1200 对 PC 的改性

试验采用 APEG2400 作为合成聚羧酸减水剂的大分子单体，当 $n(APEG2400):n(AA):n(SMAS)=1:6:1$，APS 用量为单体质量的 2%时，合成的减水剂对氯

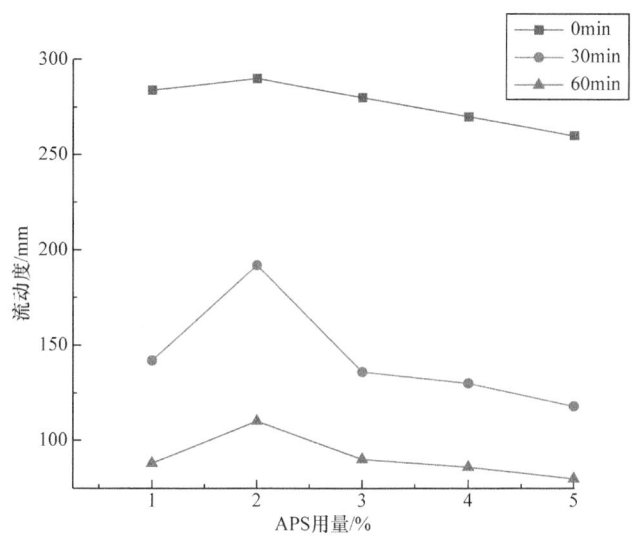

图 4.5 APS用量对聚羧酸减水剂性能的影响

氧镁水泥流动性改善效果最佳。现用不同分子量的烯丙基聚氧乙烯醚(APEG1200)对减水剂进行改性,研究不同分子量的大分子单体对合成减水剂性能的影响规律,以期得到更好改善氯氧镁水泥流动性的自主合成的聚羧酸减水剂,试验结果如图 4.6 所示。试验结果表明,当 n(APEG2400)∶n(APEG1200)∶n(AA)∶n(SMAS)=1∶3∶24∶4 时,合成减水剂使氯氧镁水泥流动度提高程度最大,经时损失相对较小,相比于只用 APEG2400 一种大分子单体,用 75%的 APEG1200 替代 APEG2400 合成聚羧酸减水剂时,浆体流动度略微增大,经时损失减小也不明显。

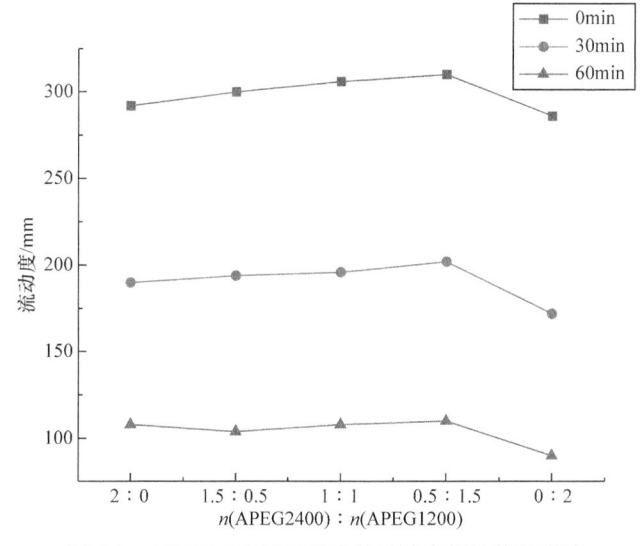

图 4.6 APEG1200用量对聚羧酸减水剂性能的影响

5. HPEG2400 对 PC 的改性

从 APEG1200 对 PC 的改性结果可以看出，APEG1200 对 PC 性能改善没有起到很好的正面作用，因此提出用 HPEG2400(甲基烯丙基聚氧乙烯醚)改性 PC，试验结果如图 4.7 所示。

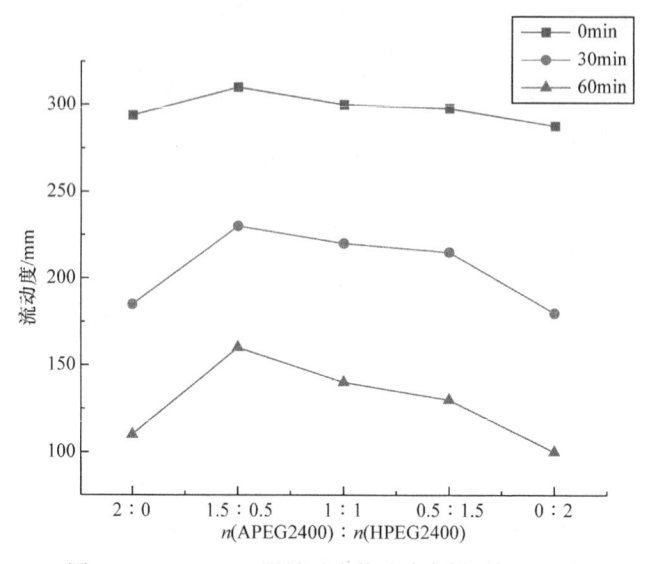

图 4.7 HPEG2400 用量对聚羧酸减水剂性能的影响

由图 4.7 可知，随着 APEG2400 用量减小、HPEG2400 用量增大，合成减水剂对氯氧镁水泥 0min、30min、60min 流动度的影响均先增大后减小，且当 n(APEG2400)：n(HPEG2400) = 1.5：0.5 时，流动度最大；对 30min、60min 经时损失的影响均先减小后增大，且当 n(APEG2400)：n(HPEG2400) = 1.5：0.5 时，经时损失最小。由以上数据可得，聚羧酸减水剂的最佳配合比为 n(APEG2400)：n(HPEG2400)：n(AA)：n(SMAS) = 3：1：24：4。

6. 反应温度对 PC 性能的影响

控制 n(APEG2400)：n(HPEG2400)：n(AA)：n(SMAS) = 3：1：24：4，研究 65℃、75℃、85℃、95℃下合成的聚羧酸减水剂对氯氧镁水泥流动性改善作用。不同反应温度条件下，测试合成减水剂对氯氧镁水泥净浆流动度及经时损失的影响，试验结果如图 4.8 所示。

从图 4.8 可以看出，温度对减水剂性能的发挥起到一定作用，随着温度的升高，合成反应进行越加彻底，但是超过一定温度后，反而会抑制合成反应向正方向进行。反应温度为 85℃时，合成的聚羧酸减水剂使氯氧镁水泥净浆流动度最大，

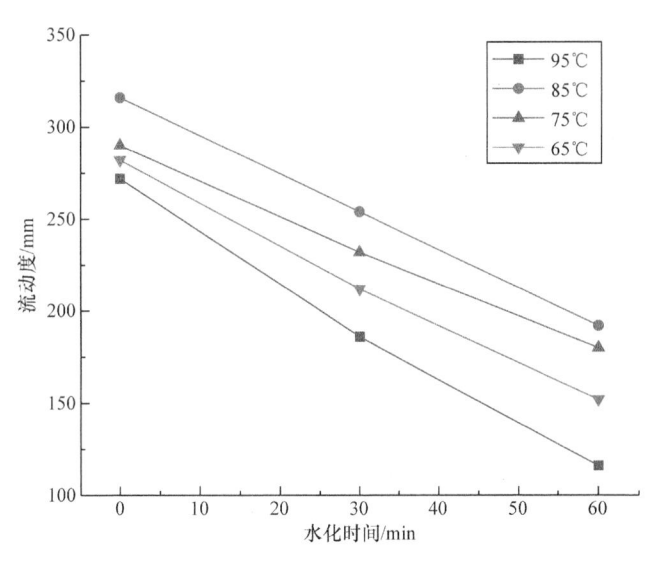

图 4.8 反应温度对聚羧酸减水剂性能的影响

且经时损失最小。

从以上试验结果可以总结得到，当 n(APEG2400)∶n(HPEG2400)∶n(AA)∶n(SMAS)=3∶1∶24∶4，合成温度为 85℃时，合成的聚羧酸减水剂综合性能最优。

4.3 聚羧酸减水剂对氯氧镁水泥性能的影响

4.3.1 聚羧酸减水剂掺量的确定

聚羧酸减水剂是氯氧镁水泥不可缺少的一个重要组分，掺入少量减水剂会大幅度提高氯氧镁水泥砂浆流动度和混凝土坍落度，而对混凝土强度没有太大影响。在实际工程中减水剂的掺量并不是越大越好，加入过多时会导致混凝土工作性能变差，出现离析、泌水现象，并影响水泥水化过程，使强度降低。因此，确定减水剂的最佳掺量显得尤为重要。用前文确定的最佳配合比合成的聚羧酸减水剂进行净浆流动度测定，试验结果如图 4.9 所示。

通过调整聚羧酸减水剂的掺量，进一步确定其在氯氧镁水泥中的最佳掺量。随着聚羧酸减水剂掺量的不断增加，氯氧镁水泥的净浆流动度先增大后减小，在掺量为 0.6%时，流动度达到最大；经时损失表现为先减小后增大，在掺量为 0.6%时经时损失最小。由以上试验结果可知，聚羧酸减水剂的最佳掺量为 0.6%。

为了得知研发的减水剂在氯氧镁水泥中的实际减水效果，进行了氯氧镁水泥减水率试验，按照《混凝土外加剂》(GB 8076—2008)[8]要求进行。减水率按式(4.1)计算：

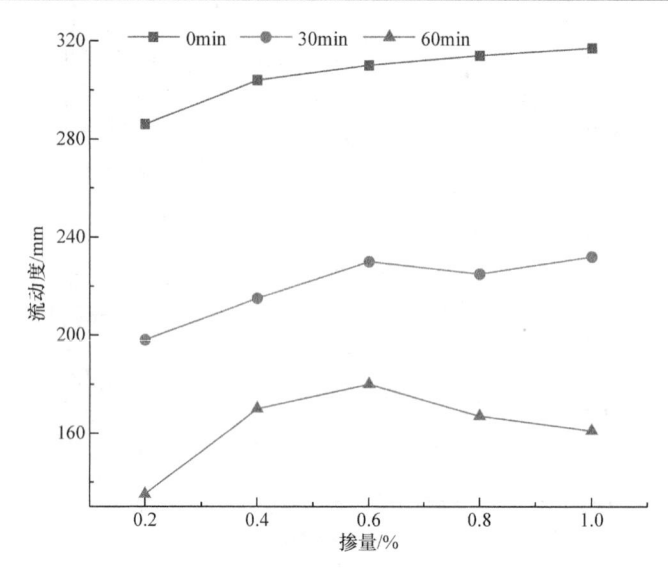

图 4.9 聚羧酸减水剂掺量对流动度的影响

$$W_R = \frac{W_0 - W}{W_0} \times 100\% \qquad (4.1)$$

式中，W_R——减水率，%；

W_0——基准混凝土单位用水量，kg/m³；

W——掺外加剂混凝土单位用水量，kg/m³。

按式(4.1)进行计算，当掺量为0.6%时，合成聚羧酸减水剂在氯氧镁水泥中的减水率达到17%。

4.3.2 缓凝剂对氯氧镁水泥性能的影响

已经研发出的聚羧酸减水剂在掺量为0.6%时，就能满足GB 8076—2008中对混凝土外加剂的要求[8]，解决了氯氧镁水泥材料组成中用水量要求与工作性能之间的矛盾，显著提高了氯氧镁水泥混凝土流动性和强度，扩大了其应用范围，具有优于国内外同类产品在1%掺量时的性能。针对公路工程混凝土长距离运输的要求，采用缓凝剂+聚羧酸减水剂，制备缓凝型聚羧酸减水剂，降低氯氧镁水泥混凝土工作性能的经时损失。

针对减水剂未能解决60min经时损失大的问题，在最佳合成减水剂(PC)0.6%掺量的条件下，试验选取了三种缓凝剂，分别为三聚磷酸钠(SN)、葡萄糖酸钠(SG)和柠檬酸(SC)，研究水化30min、60min时缓凝剂对氯氧镁水泥浆体流动度及流动度经时损失的影响。三聚磷酸钠设置0.1%、0.3%、0.5%、0.7%四个掺量，编号分别记为N1、N2、N3、N4；葡萄糖酸钠设置0.05%、0.15%、0.25%、0.35%四个掺量，编号分别记为G1、G2、G3、G4；柠檬酸设置0.05%、0.15%、0.25%、0.35%、

0.45%五个掺量，编号分别记为 C1、C2、C3、C4、C5，基准试件为 J。缓凝剂对氯氧镁水泥流动度的影响如图 4.10 所示。

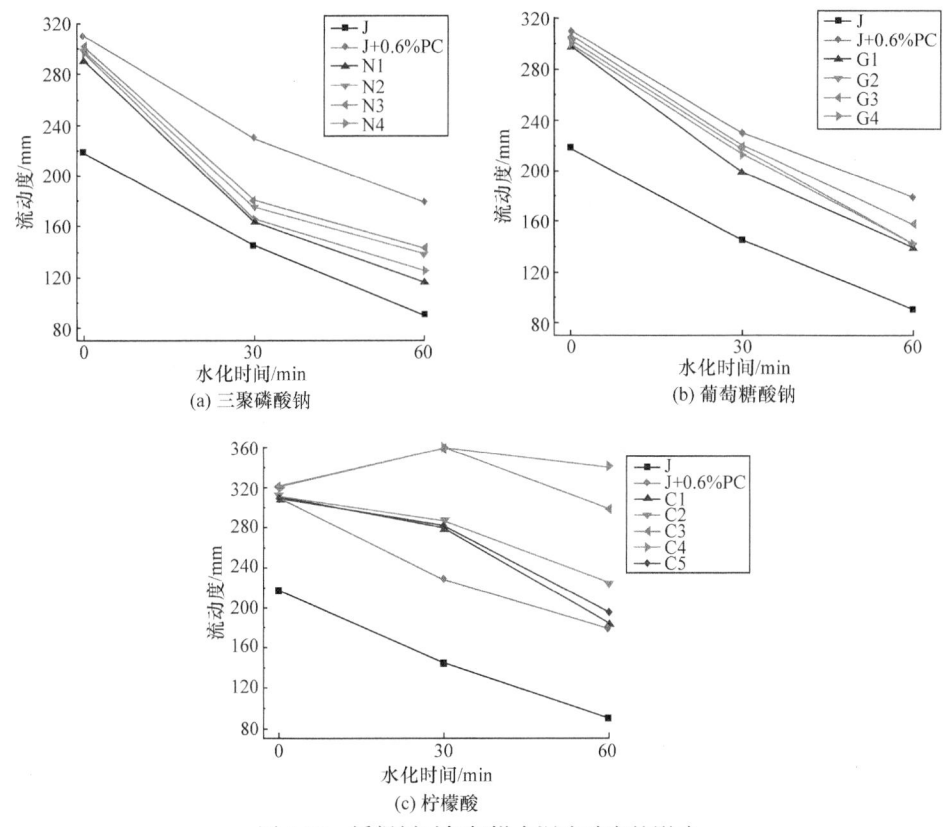

图 4.10 缓凝剂对氯氧镁水泥流动度的影响

从图 4.10 可以看出，缓凝剂的加入可以有效提高氯氧镁水泥的流动度，不同缓凝剂的掺入对 30min、60min 氯氧镁水泥流动度有不同程度的影响。三聚磷酸钠的掺入使氯氧镁水泥净浆 0min 的流动度较基准最大增加 38.53%，30min 最大增加 20.69%，60min 最大增加 53.33%；葡萄糖酸钠的掺入使氯氧镁水泥净浆 0min 的流动度较基准最大增加 40.37%，30min 最大增加 51.72%，60min 最大增加 75.56%；柠檬酸的掺入使氯氧镁水泥净浆 0min 的流动度较基准最大增加 47.25%，30min 最大增加 148.97%，60min 最大增加 278.89%；单掺 0.6%聚羧酸减水剂，其氯氧镁水泥净浆 0min 的流动度较基准增加 42.20%，30min 增加 57.93%，60min 增加 98.89%。

由以上试验数据可以看出，三聚磷酸钠对氯氧镁水泥净浆的流动度改善作用最小，葡萄糖酸钠效果次之，上述两种缓凝剂的掺入均不及单掺 0.6%聚羧酸减水剂对氯氧镁水泥流动度的改善效果。由此可推知，三聚磷酸钠及葡萄糖酸钠均不能与聚羧酸减水剂起到很好的协同作用,反而会影响聚羧酸减水剂作用的发挥,柠檬酸对氯氧镁水泥流动度的改善效果最好。因此,可以初步认为柠檬酸可以配合 4.2 节合成的聚羧酸减水剂来提高氯氧镁水泥的流动性。

为了进一步验证以上结论,分析三种缓凝剂下氯氧镁水泥砂浆流动度变化量,如图 4.11 所示。

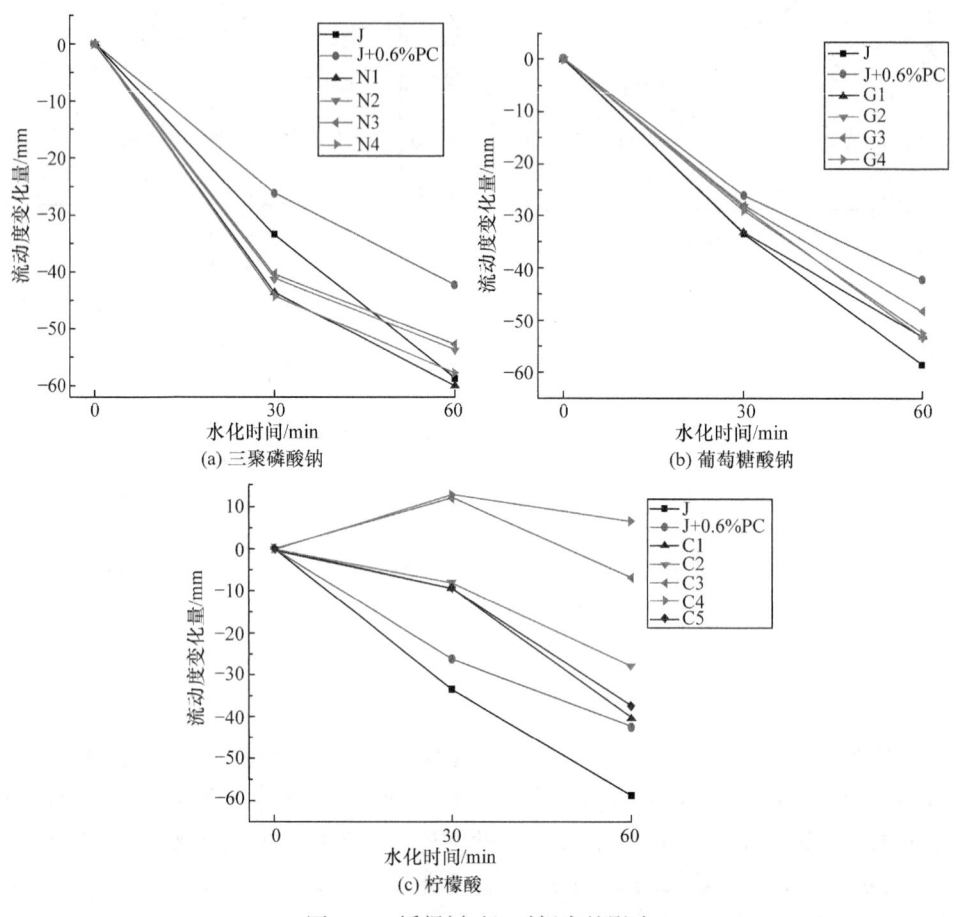

图 4.11 缓凝剂对经时损失的影响

从图 4.11(a)和(b)可以看出,不同缓凝剂的加入对氯氧镁水泥经时损失的影响程度有所不同。三聚磷酸钠使氯氧镁水泥 30min 经时损失最低达到 40.41mm,最高达到 44.79mm;使 60min 经时损失最低达到 52.65mm,最高达到 60.00mm。掺入葡萄糖酸钠可使氯氧镁水泥 30min 的经时损失最低达到 28.10mm,最高达到 33.41mm;使 60min 的经时损失最低达到 47.85mm,最高达到 53.47mm。掺入柠檬酸使氯氧镁水泥 30min 流动度变化量有正有负,流动度最大降低 40.12mm,最大增长达到了 12.81mm。单掺 0.6%聚羧酸减水剂的氯氧镁水泥 30min 的经时损失为 26.13mm，60min 的经时损失为 42.26mm。

综上所述，只有掺入柠檬酸使减水剂对氯氧镁水泥的流动性作用最佳，且经时损失最小。当掺量为 0.25%、0.35%时，30min 流动度不但没有损失，反而分别增加了 12.15mm 和 12.81mm，60min 流动度分别损失了 6.85mm 和提高了 6.56mm，真正解决了氯氧镁水泥流动度 60min 经时损失大的问题。考虑到外加剂掺量对氯氧镁水泥力学性能的影响，外加剂掺量越大对其力学性能影响越大，尽可能选取掺量较小的配合比，故柠檬酸最佳掺量采用 0.25%。

掺缓凝剂对 7d 抗折强度和抗压强度的影响如图 4.12 所示，由图可以看出，掺缓凝剂的氯氧镁水泥 7d 抗折强度和抗压强度与对照组(未掺缓凝剂)相比，试件强度均有所提高。掺缓凝剂氯氧镁水泥的抗折强度为 11.6MPa，相比单掺减水剂的对照组抗压强度 12.2MPa，降低了 4.9%；掺缓凝剂的氯氧镁水泥抗压强度为 83.3MPa，对照组抗压强度为 86.2MPa，两者相比，掺缓凝剂试件比对照组抗压强度减少了 3.36%。可以看出，0.25%柠檬酸的掺入对氯氧镁水泥的强度损失无较大影响。

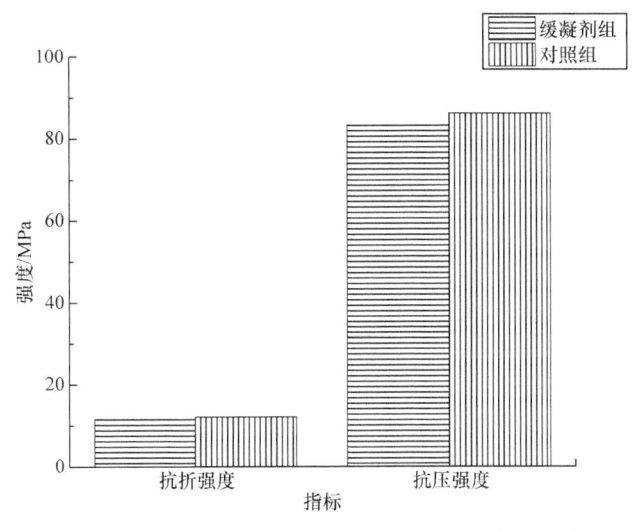

图 4.12 掺缓凝剂对 7d 抗折强度和抗压强度的影响

4.3.3 现有聚羧酸减水剂性能对比分析

为了对比分析本章自主合成的聚羧酸减水剂在氯氧镁水泥砂浆中的应用效果，选取目前市场上常用的 7 种聚羧酸减水剂，一并进行氯氧镁水泥净浆流动度和减水率的测试。7 种减水剂样品依次编号为 1～7，分别进行不同掺量下的流动度测试，测试结果如图 4.13 所示。

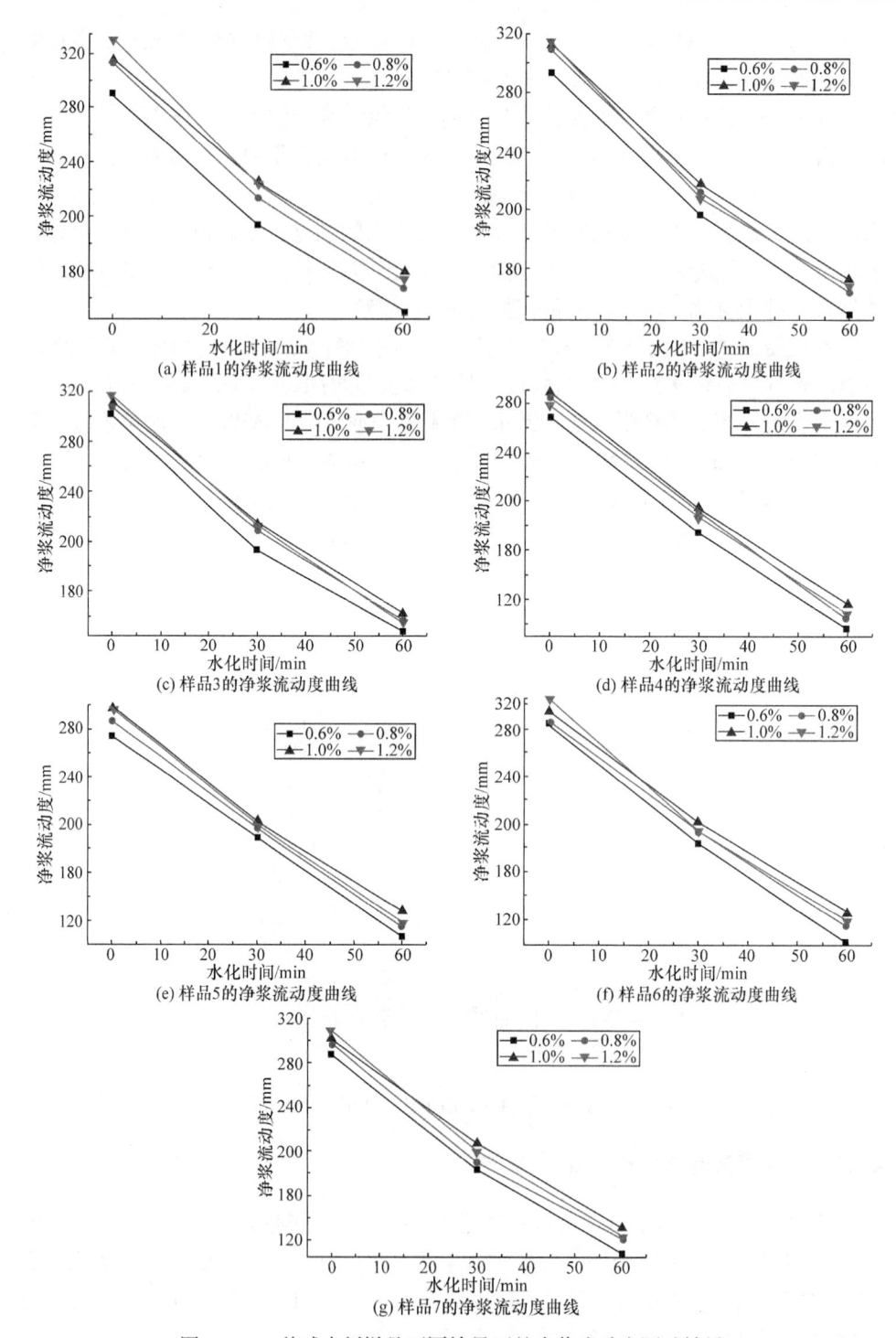

图 4.13 7种减水剂样品不同掺量下的净浆流动度测试结果

由图 4.13 分析可知不同减水剂掺入氯氧镁水泥的流动度及经时损失变化情况，结合 0min、30min、60min 氯氧镁水泥的净浆流动度及经时损失情况，可以看出各种减水剂在氯氧镁水泥中的最佳掺量。由试验数据得知，样品 1～7 的最佳掺量均为 1.0%。

将 7 种减水剂样品在 1.0%最佳掺量时的氯氧镁水泥 30min、60min 流动度损失率，与自主合成减水剂在 0.6%最佳掺量时的流动度损失率进行对比，如图 4.14 所示。

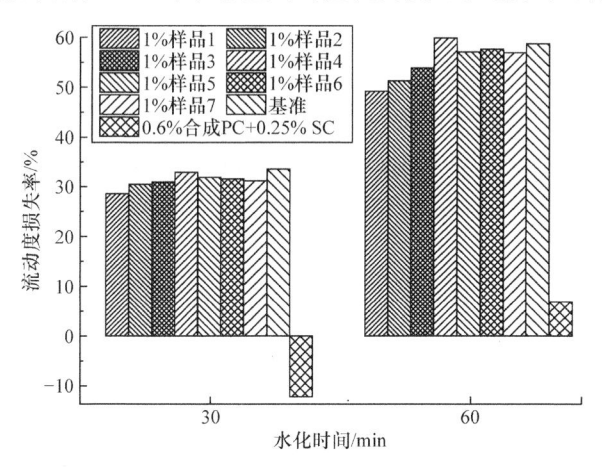

图 4.14　氯氧镁水泥流动度损失率对比

由图 4.14 可见，未掺减水剂时，基准氯氧镁水泥砂浆 30min、60min 的流动度损失率分别为 33.49%和 58.72%，均比掺入减水剂后损失率高。掺入 7 种减水剂的氯氧镁水泥 30min、60min 流动度损失率分别在 30%、50%左右，其中样品 1 的损失率最小，分别为 28.57%和 49.21%。0.25%柠檬酸改性自主合成的减水剂在 0.6%掺量时，就达到了最佳的综合性能，掺入合成减水剂在 30min 时的流动度没有损失，还较 0min 增大了 12.15%，60min 流动度损失率仅为 6.85%。对比后发现，自主合成的减水剂在很大程度上减小了氯氧镁水泥的流动度损失率。

将 1.0%掺量的以上 7 种减水剂掺入氯氧镁水泥中，制得氯氧镁水泥砂浆，通过跳桌法试验测得减水率如图 4.15 所示。

从图 4.15 可以看出，不同减水剂在氯氧镁水泥中的减水效果存在较大差异，样品 1 的减水效果最好，减水率为 15%。合成减水剂在最佳掺量 0.6%时减水率达到了 17%，比 1.0%掺量的样品 1 减水率高出 2%。可见，合成的减水剂在氯氧镁水泥中的减水效果优于现有聚羧酸减水剂产品。

4.3.4　氯氧镁水泥聚羧酸减水剂表征

取少量的合成样品在真空干燥箱中进行水分干燥处理，采用 KBr 压片法，在 NICOLET-5DX 型傅里叶变换红外光谱仪上进行测试分析，红外光谱如图 4.16 所示。

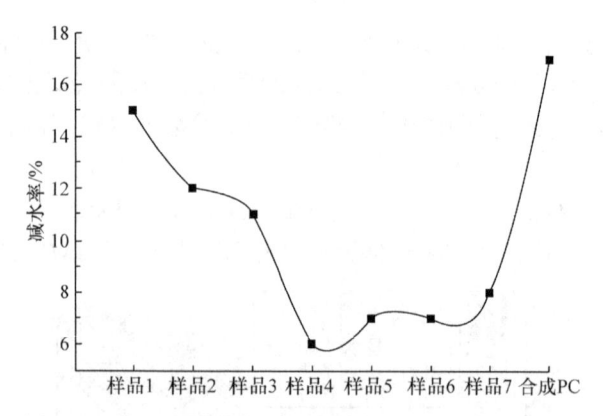

图 4.15 掺入不同减水剂的氯氧镁水泥减水率试验结果

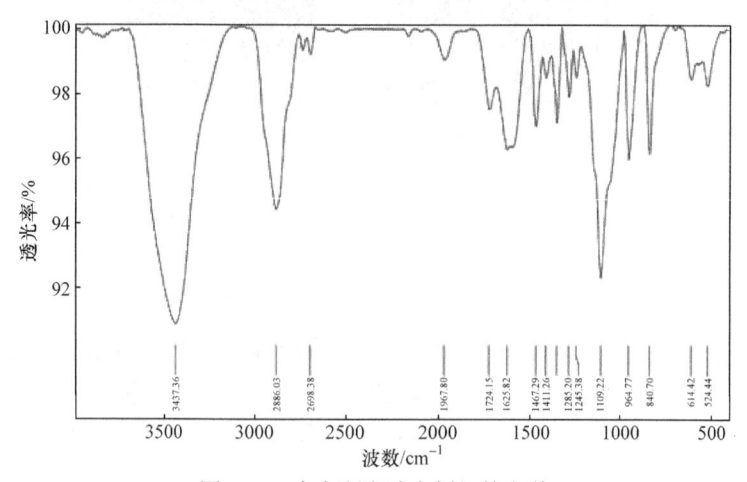

图 4.16 自主研发减水剂红外光谱

从图 4.16 可以看出，自主研发的聚羧酸减水剂 3435cm^{-1} 左右的峰为醚类单体物质的端羟基伸缩振动特征吸收峰，2886cm^{-1} 左右的峰为甲基烯丙基聚氧乙烯醚(HPGE2400)结构单元甲基的不对称伸缩振动特征峰，1721cm^{-1} 左右的峰为羧酸根的反对称伸缩振动特征吸收峰，1244cm^{-1} 左右的峰为聚氧乙烯结构单元中 C—O—C 不对称伸缩的特征吸收峰。结合以上分析，从红外光谱可知，研发的聚羧酸减水剂分子上成功引入了羧基(—COOH)、聚氧乙烯基[(CH$_2$CH$_2$O)$_n$—]等基团，合成的减水剂分子结构与所设计的预期减水剂分子结构(图 4.17)相符。

图 4.17 聚羧酸减水剂设计分子结构

4.4 氯氧镁水泥聚羧酸减水剂性能评价

1. 减水剂含固量测试

减水剂的含固量测试按照《混凝土外加剂匀质性试验方法》(GB/T 8077—2012)[6]进行。含固量按式(4.2)计算：

$$含固量 = \frac{m_2 - m_0}{m_1 - m_0} \times 100\% \tag{4.2}$$

式中，m_0——称量瓶的质量，g；
m_1——称量瓶加试样的质量，g；
m_2——称量瓶加烘干后试样的质量，g。

按照以上标准测试合成减水剂的含固量为25.11%。

2. 减水剂对氯氧镁水泥吸附量的影响

采用紫外-可见分光光度计，测试减水剂在氯氧镁水泥颗粒表面的吸附量。试验选取自主合成的减水剂及1号、2号减水剂，得到吸附量随减水剂掺量的变化曲线，如图4.18所示。

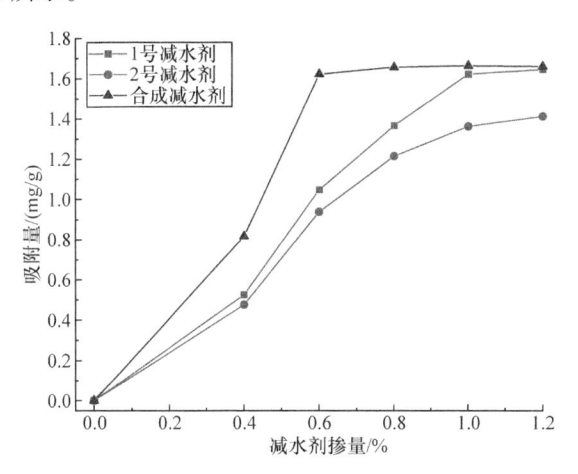

图4.18 减水剂掺量对吸附量的影响

由图4.18可知，随着减水剂掺量的逐渐增大，氯氧镁水泥颗粒表面减水剂的吸附量也随之增加。合成减水剂比同掺量1号、2号减水剂的吸附量大，合成减水剂掺量大于0.6%以后，减水剂在氯氧镁水泥颗粒表面的吸附量基本趋于稳定，这表明在0.6%时合成减水剂就已达到了饱和吸附量。1号、2号减水剂的吸附量平衡阶段为掺量大于1.0%，因此1号、2号减水剂的饱和掺量为1.0%。从减水剂达到平衡吸附时的吸附量和掺量可以看出，合成减水剂在氯氧镁水泥中的吸附性能明显优于1号、2号减水剂。

3. 减水剂对氯氧镁水泥Zeta电位的影响

在水泥浆-减水剂分散体系中，水泥颗粒表面因吸附反电荷离子而存在双电层，其中斯特恩(Stern)层的电位即Zeta电位常被用来表征分散体系的稳定性。试验的四组样品分别为掺1号减水剂、掺2号减水剂、掺合成减水剂的氯氧镁水泥浆体及基准氯氧镁水泥浆体，按不同要求配制几组氯氧镁水泥浆体，将混合均匀的浆体在离心机上离心后静置，取上层液进行Zeta电位的测定。

由图4.19结果可知，氯氧镁水泥的水化进程中Zeta电位绝对值逐渐减小，这说明氯氧镁水泥颗粒间吸引力逐渐增大而斥力逐渐减小，容易发生凝结或者聚集作用。掺入减水剂后，氯氧镁水泥颗粒表面Zeta电位绝对值明显大于基准氯氧镁水泥，且合成减水剂的掺入使得氯氧镁水泥颗粒Zeta电位绝对值的增大程度大于掺1号、2号减水剂的氯氧镁水泥。在水化60min时，1号减水剂与合成减水剂使颗粒表面Zeta电位绝对值较基准分别增大了90%和140%。可见，掺入减水剂可使氯氧镁水泥体系变得更加稳定，颗粒之间的溶解或者分散能力远大于聚集能力，且合成减水剂的这种性能明显优于1号、2号减水剂。

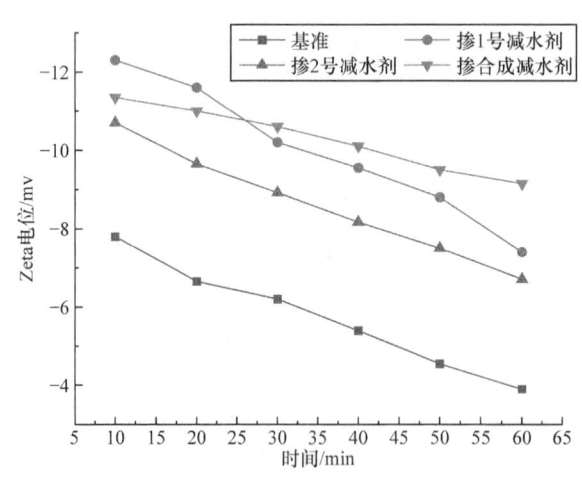

图4.19 减水剂对Zeta电位的影响

4. 减水剂对氯氧镁水泥砂浆力学性能影响

采用综合强度试验来准确判断外加剂对氯氧镁水泥砂浆力学性能的影响。分别测试基准氯氧镁水泥砂浆和掺减水剂、掺减水剂+缓凝剂的氯氧镁水泥砂浆干养护7d、28d的抗折强度和抗压强度，试验结果分别如图4.20、图4.21所示。

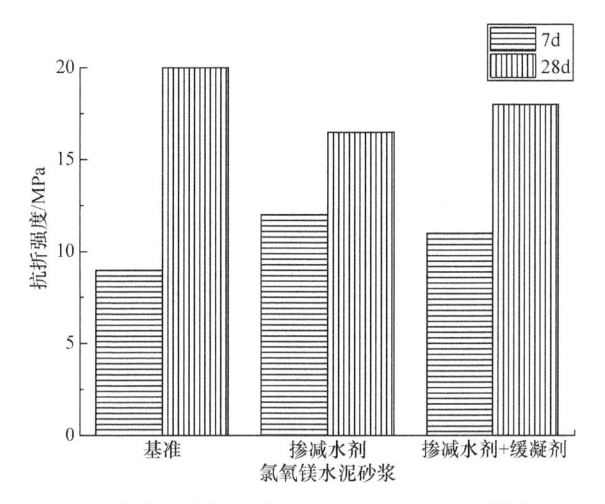

第4章 氯氧镁水泥专用聚羧酸减水剂开发

图 4.20 氯氧镁水泥砂浆干养护 7d、28d 抗折强度对比

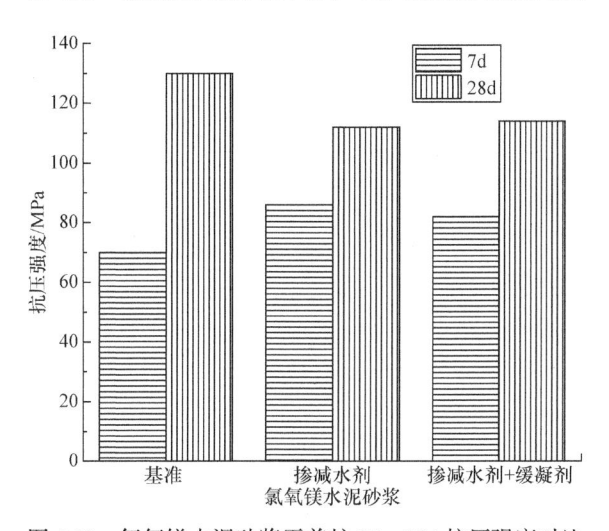

图 4.21 氯氧镁水泥砂浆干养护 7d、28d 抗压强度对比

从图 4.20、图 4.21 可以看出，基准氯氧镁水泥砂浆抗折强度和抗压强度发展较快，掺减水剂+缓凝剂的次之，掺减水剂的最慢。这说明减水剂的掺入可以减少氯氧镁水泥砂浆的强度损失，减水剂+缓凝剂的掺入也可以在一定程度上减少氯氧镁水泥砂浆的强度损失，但减少程度低于掺缓凝剂的氯氧镁水泥砂浆。这是因为氯氧镁水泥具有早强、快硬等特点，使晶体内部产生内应力，形成微裂纹，在水化后会在内部产生微裂纹，减水剂加入会填补微裂纹。静电吸附作用于晶体表面，使氯氧镁水泥晶体结构变得更加密实，水难以进入内部，从而提高了氯氧镁水泥的强度。减水剂和缓凝剂同时加入氯氧镁水泥砂浆中降低了用水量，延缓了水化作用，强度增加。缓凝剂加入在水化初期会使晶体结构膨胀，导致裂缝扩展，强度增加效果要

低于加减水剂的效果。

分别测试基准氯氧镁水泥砂浆和掺减水剂、掺减水剂+缓凝剂的氯氧镁水泥砂浆干养护 28d、浸水 7d 的抗折强度和抗压强度，试验结果分别如图 4.22、图 4.23 所示。

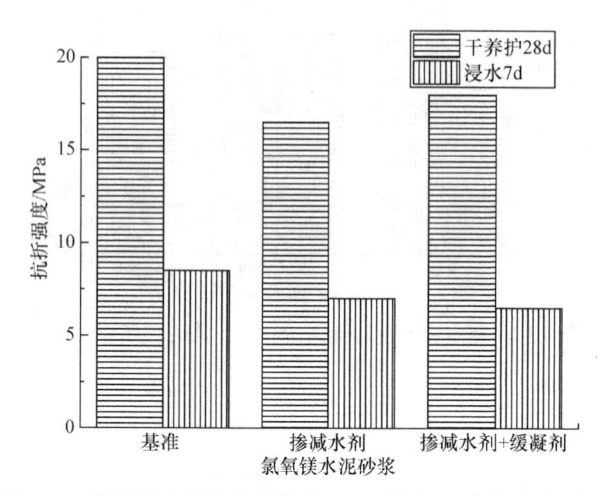

图 4.22　氯氧镁水泥砂浆干养护 28d、浸水 7d 抗折强度对比

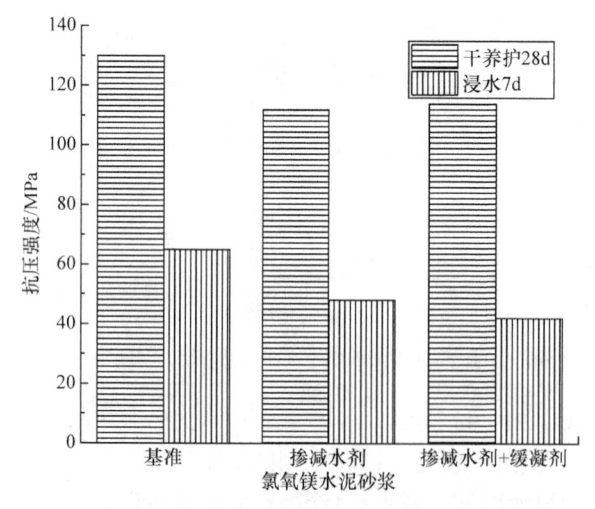

图 4.23　氯氧镁水泥砂浆干养护 28d、浸水 7d 抗压强度对比

从图 4.22、图 4.23 可以看出，干养护 28d 后的氯氧镁水泥砂浆浸水 7d 后，抗折强度和抗压强度均有明显损失，其中基准氯氧镁水泥砂浆的强度损失最大，掺减水剂+缓凝剂的次之，掺减水剂的最小。这说明减水剂和缓凝剂的加入均可以减小氯氧镁水泥湿养护时的强度损失，提高耐水性能，且减水剂的加入对于减少强度损失效果最显著。这是因为氯氧镁水泥中加入减水剂浸水后，水会沿着氯氧

镁水泥中的微裂缝进入，破坏晶体结晶结构，使晶体结晶点溶解，与水作用转变成层状堆积的 Mg(OH)$_2$，晶体结构变疏松，导致氯氧镁水泥强度降低。加减水剂和缓凝剂的氯氧镁水泥由于其静电吸附及空间位阻效应，阻隔了水分进入裂缝中，阻止了氯氧镁水泥 5 相和 3 相的溶解，使氯氧镁水泥砂浆泡水后强度损失减少，耐水性能提高。

5. 减水剂对氯氧镁水泥水化产物的影响

对硬化后的基准和掺减水剂氯氧镁水泥进行 XRD 分析，结果分别如图 4.24 和图 4.25 所示。

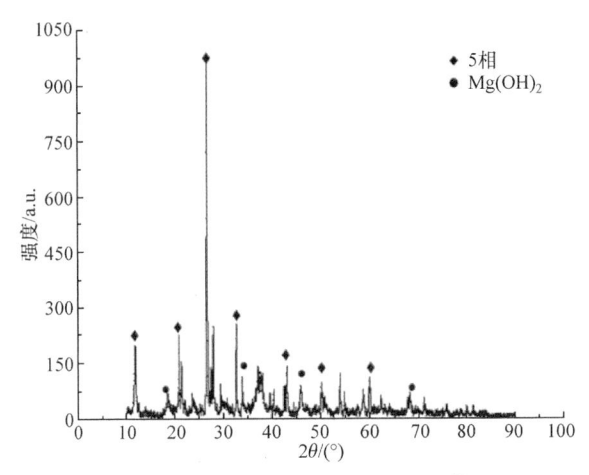

图 4.24 基准氯氧镁水泥 XRD 谱

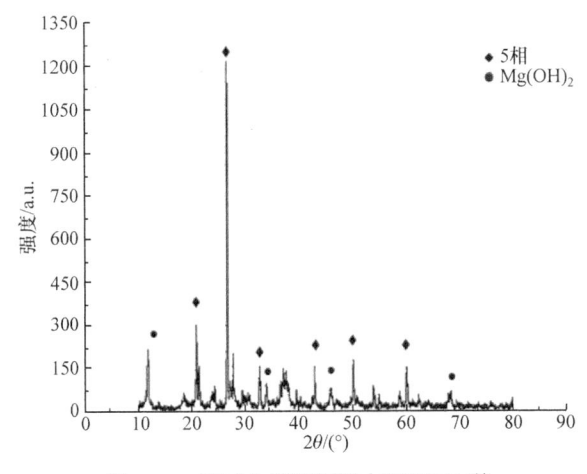

图 4.25 掺减水剂氯氧镁水泥 XRD 谱

由图 4.24 和图 4.25 可知,氯氧镁水泥硬化后主要成分为 5 相,掺入合成聚羧酸减水剂后硬化体 5 相含量较未掺入减水剂时明显增多,表明减水剂的加入优化了氯氧镁水泥晶体结构,提高了氯氧镁水泥强度相的含量。

6. 减水剂对氯氧镁水泥微结构的影响

通过扫描电镜观察氯氧镁水泥浆体或硬化体内部结构。按照配合比制备 3 组氯氧镁水泥砂浆试件,分别为基准、基准+0.6%合成减水剂、基准+0.6%合成减水剂+0.25%柠檬酸。试件在空气中干养护 28d 后分别取样,对其进行喷金处理,在扫描显微镜的样品台上,进行微观形态观察。减水剂和缓凝剂对氯氧镁水泥微观形态的影响见图 4.26。

(a) 基准

(b) 基准+0.6%合成减水剂

(c) 基准+0.6%合成减水剂+0.25%柠檬酸

图 4.26 减水剂和缓凝剂对氯氧镁水泥微观形态的影响

从图 4.26 中可以看出,减水剂和柠檬酸对氯氧镁水泥试件微观形态均有较大影响。从图 4.26(a)中可以看出,未加减水剂的氯氧镁水泥试件硬化后,形成很多尺寸较小的片状晶体,结构呈松散堆积状,有较多孔隙;掺减水剂的氯氧镁水泥中生成了大量 5 相凝胶及少量板状晶体和针杆状水化结晶体,结构较基准致密[图 4.26(b)];掺减水剂+缓凝剂的氯氧镁水泥中形成了同图 4.26(b)一样的凝胶,还有少量板块状和针杆状结晶体,针杆状组织互相交织成网状,使体系的强度增强[图 4.26(c)]。李颖等[9]认为氯氧镁水泥水化产物晶体总体分为凝胶状、板块状、纤维束状、叶片状、针杆状，对耐水性能、强度贡献从大到小的排列顺序为凝胶状、板块状>纤维束状>叶片状、针杆状。

参 考 文 献

[1] TAN Y, LIU Y, GROVER L, et al. Effect of phosphoric acid on the properties of magnesium oxychloride cement as a biomaterial[J]. Cement and Concrete Research, 2014, 56: 69-74.

[2] HUANG H, QIAN C, ZHAO F, et al. Improvement on microstructure of concrete by polycarboxylate superplasticizer (PCE) and its influence on durability of concrete[J]. Construction and Building Materials, 2016, 110: 293-299.

[3] NIU M D, LI G X, LI Q Q, et al. Influence of naphthalene sulphonated and polycarboxylate acid-based superplasticizer on the mechanical properties and hydration behavior of ternary binder: A comparative study[J]. Construction and Building Materials, 2021, 312: 125374.

[4] MARDANI-AGHABAGLOU A, TUYAN M, YILMAZ G, et al. Effect of different types of superplasticizer on fresh, theological and strength properties of self-consolidating concrete[J]. Construction and Building Materials, 2013, 47(10): 1020-1025.

[5] MANGANE M B C, ARGANE R, TRAUCHESSEC R, et al. Influence of superplasticizers on mechanical properties and workability of cemented paste backfill[J]. Minerals Engineering, 2018, 116: 3-14.

[6] 中华人民共和国国家质量监督检验检疫总局, 中国国家标准化管理委员会. 混凝土外加剂匀质性试验方法: GB/T 8077—2012[S]. 北京: 中国标准出版社, 2021.

[7] 陈华鑫, 高思齐, 关博文, 等. 适用于氯氧镁水泥混凝土减水剂的制备与表征[J]. 应用化工, 2020, 49(8): 2024-2028, 2049.

[8] 中华人民共和国国家质量监督检验检疫总局, 中国国家标准化管理委员会. 混凝土外加剂: GB 8076—2008[S]. 北京: 中国标准出版社, 2008.

[9] 李颖, 余红发, 董金美, 等. 氯氧镁水泥的水化产物、相转变规律和抗水性评价方法的研究进展[J]. 硅酸盐学报, 2013, 41(11): 1465-1473.

第 5 章 氯氧镁水泥混凝土组成设计与路用性能研究

混凝土作为一种人造复合材料,具有多相、多孔、非匀质等特点。目前对混凝土组成材料的性能要求越来越高,混凝土配合比设计也要满足各类工程结构需要。现有混凝土配合比设计依据普通水泥混凝土组成及性能进行[1,2],难以应用于新型氯氧镁水泥混凝土的设计中。鉴于此,本章借鉴传统混凝土设计流程框架,考虑氯氧镁水泥材料组成特点,结合氯氧镁水泥原材料技术要求及氯氧镁水泥混凝土材料关键参数研究结论,基于工作性能、力学性能及耐水性能指标要求,提出氯氧镁水泥混凝土原材料技术要求及组成设计方法,并对其路用性能进行试验研究。

5.1 氯氧镁水泥混凝土原材料技术要求

水泥混凝土是用水泥作为胶凝材料,砂、石作为集料,与水按一定比例混合而成的多相复合材料。公路工程混凝土的宏观物理力学性能和耐久性均受材料性质及材料组成比例的影响很大[3,4]。因此,材料的选择及配合比设计对氯氧镁水泥混凝土性质有着关键性的影响。

氯氧镁水泥是一种特殊品种的水泥,是由轻烧菱镁石粉和氯化镁溶液按一定比例混合而成的一种新型镁质气硬性胶凝材料[5-7]。氯氧镁水泥混凝土的主要组成原料为活性氧化镁、氯化镁、粗细集料和水等。

氯氧镁水泥混凝土原材料的基本技术要求如表 5.1 所示。除此之外,氯化镁的含量为 45%,含水量为 50%。氯化镁浓度要求:试验前 1h,将氯化镁溶解于水中,充分搅拌使其能够完全溶解,达到试验所需的浓度。浓度用波美计来测量,其浓度以波美度(°Bé)表示。

表 5.1 氯氧镁水泥混凝土原材料基本技术要求

名称	分类	检验项目	技术指标
轻烧粉	—	MgO 活性	60%~65%
		比表面积	240~320m²/kg
氯氧镁水泥	普通氯氧镁水泥	7d 抗压强度	≥70MPa
		耐水系数	≥0.60

续表

名称	分类	检验项目	技术指标
氯氧镁水泥	粉煤灰氯氧镁水泥	7d 抗压强度	≥65MPa
		耐水系数	≥0.75
	石灰石粉氯氧镁水泥	7d 抗压强度	≥45MPa
		耐水系数	≥0.20
	白云石粉氯氧镁水泥	7d 抗压强度	≥55MPa
		耐水系数	≥0.40
	抗水氯氧镁水泥	7d 抗压强度	≥70MPa
		耐水系数	≥0.85
外加剂	减水剂	减水率	≥15%
		28d 抗压强度比	≥120%
	缓凝剂	1h 经时损失	≤10%
		28d 抗压强度比	≥90%

注：28d 抗压强度比=(掺外加剂的混凝土 28d 抗压强度/未掺外加剂的混凝土 28d 抗压强度)×100%。

5.2 氯氧镁水泥混凝土配合比设计

氯氧镁水泥混凝土设计要确定组成材料配合比，包括氧化镁、氯化镁、水、粗细集料等，其设计可参考普通硅酸盐水泥混凝土配合比设计规范《公路水泥混凝土路面施工技术细则》(JTG/T F30—2014)[8]。其流程如下：①确定氯氧镁水泥混凝土抗弯拉强度和抗压强度；②确定胶凝材料和氯化镁用量；③确定用水量；④确定水灰比；⑤确定粗细集料用量。按上述五步骤配制好氯氧镁水泥混凝土后，在满足设计要求和易性时，通过修正得到所需配合比，其设计流程如图 5.1 所示。

1. 最小氧化镁用量的确定

氯氧镁水泥配合比设计必须确定轻烧粉中氧化镁的含量及活性。氧化镁含量的测定方法：称量烘干前轻烧粉质量 M，在 150~160℃下烘干 1h，再在 800℃下保温 1~2h，所得质量为 M_1，M_1/M 即为氧化镁含量。活性测定采用《菱镁制品用轻烧氧化镁》(WB/T 1019—2002)中的方法(WB 法)。

氯氧镁水泥混凝土中 MgO、$MgCl_2$、H_2O 对其性能有着显著的影响[9]，通过试验设定氧化镁的用量范围，确定氧化镁临界用量作为最小用量，同时需考虑环境因素对氯氧镁水泥耐久性的影响。根据试验结果，不同交通/强度等级推荐氧化镁用量如图 5.2 所示。

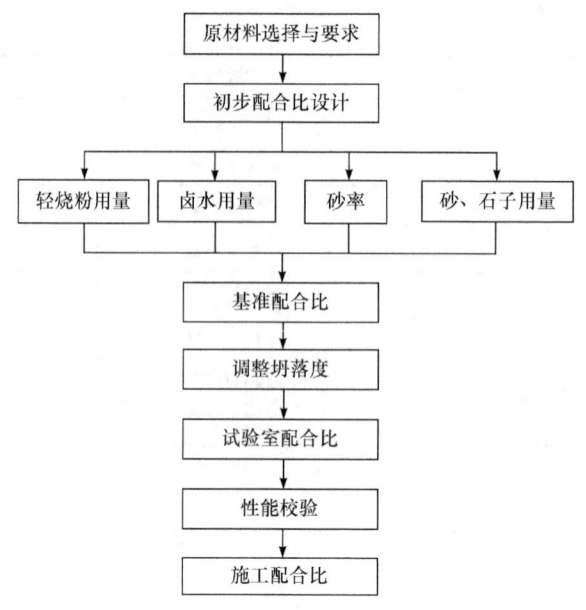

图 5.1　氯氧镁水泥混凝土配合比设计流程

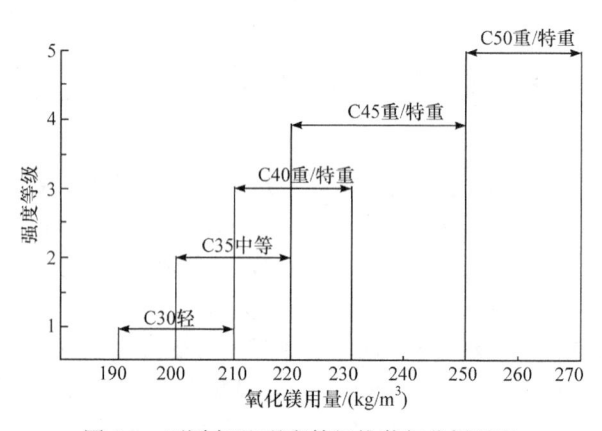

图 5.2　不同交通/强度等级推荐氧化镁用量

2. 氯化镁用量及波美度的确定

基于氯氧镁水泥反应机理和相转变理论，对比分析各材料性能，氯氧镁水泥材料配合比 $n(MgO)/n(MgCl_2)$ 为 6～10，$n(H_2O)/n(MgCl_2)$ 为 14～19。确定氧化镁最小用量后，可根据 $n(MgO)/n(MgCl_2)$ 为 6～10，结合实际工程所采用的氯化镁的纯度及含水量等参数，确定氯化镁用量的范围。

采用波美计测试氯化镁溶液浓度，用波美度(°Bé)表示[10]。由于实际操作过程中无法达到实验所需的温度(20℃)，因此对试验步骤进行了修正。修正后的试验方法：①配制氯化镁溶液，质量浓度为 20%～32%；②卤水波美度测试，在温度从 5~30℃上升过程中采用水浴加热，温度每升高 5℃，保温 5min 后，测试卤水的波美度。不同浓度、温度下波美度波动最大为 0.1°Bé，氯化镁溶液在不同浓度和温度下的波美度，如表 5.2 所示。

表 5.2 氯化镁溶液在不同浓度和温度下的波美度

质量分数 /%	波美度/°Bé						对应摩尔浓度 /(mol/L)
	5℃	10℃	15℃	20℃	25℃	30℃	
20	19.0	19.0	19.0	20.0	20.0	20.5	2.48
21	20.0	20.0	20.0	20.5	21.0	21.0	2.61
22	21.0	21.0	21.5	21.5	22.0	22.5	2.73
23	22.0	22.0	22.0	22.0	22.5	23.0	2.86
24	23.0	23.0	23.0	23.0	23.5	24.0	2.98
25	23.5	24.0	24.0	24.5	24.5	25.0	3.11
26	25.0	25.0	25.5	26.0	26.0	26.5	3.23
27	26.5	26.5	26.5	27.0	27.5	27.5	3.35
28	27.0	28.0	28.5	28.5	28.5	28.5	3.48
29	28.0	28.5	28.5	28.5	28.5	29.5	3.60
30	29.0	29.0	29.5	29.5	29.5	30.0	3.73
31	30.0	30.0	30.0	30.5	30.5	30.5	3.85
32	31.0	31.0	31.0	31.5	31.5	32.0	3.97

氯化镁波美度与温度和浓度之间的关系采用方差分析与回归分析，进行曲线拟合，如式(5.1)所示：

$$y = 1.002747x_1 + 0.047033x_2 - 1.38618 \tag{5.1}$$

式中，y——氯化镁溶液的波美度，°Bé；

x_1——质量浓度×100；

x_2——测量时的温度，℃；

R^2 为 0.991609，R 表示拟合程度，R 越接近于 1，公式与实际情况拟合的准确度越高。

3. 最大水灰比的确定

根据 MgO、$MgCl_2$、H_2O 综合确定水灰比，并将满足设计要求的最大用水量与最小灰量之比作为最佳水灰比。灰量是指体系中的胶凝材料用量。根据水与氯化镁的物质的量比 14~19，水灰比在 0.45~0.54，选合适的水灰比为 0.54。

4. 最优砂率的确定

砂率和砂的细度模数之间通常具有一定的关联性，应根据砂的细度模数和粗集料种类而定。我国砂石间用量的关系用砂与集料的质量比，即砂率来表征。在道路水泥混凝土配合比设计中，粗细集料的用量通过先计算单位体积混凝土中粗细集料的用量，然后计算砂率得出。采用细度模数为 2.8 的河砂为细集料。根据工作性能试验，推荐氯氧镁水泥混凝土的砂率选择规范中砂细度模数对应的最大砂率值，因此，选取 38%的砂率作为试验砂率的参考值。

5. 氯氧镁水泥混凝土流动性的调控

由于水泥混凝土施工的工作性能与施工机械息息相关[11,12]，其工作性能应符合规范中的相关规定。氯氧镁水泥混凝土的流动性主要以掺加减水剂来调节，同时还要复核减水剂与氯氧镁水泥之间的适应性，再对氯氧镁水泥混凝土的耐水性能进行检验。必须要保证三种主要材料的物质的量比控制在 $n(MgO)/n(MgCl_2)$ 为 6～10，$n(H_2O)/n(MgCl_2)$ 为 14～19，同时还要确保氯氧镁水泥混凝土的砂率、水灰比和总体积保持一致。

5.3 氯氧镁水泥混凝土材料组成设计实例

根据试验项目要求的抗压强度 30MPa、抗弯拉强度 4.0MPa，混凝土拌和物的坍落度为 10～50mm。

5.3.1 计算初步配合比

1. 最小氧化镁用量的确定

氧化镁含量及活性用 WB 法测试，轻烧菱镁石粉的氧化镁含量及活性分别为 81%、59.87%，轻烧白云石粉的氧化镁含量及活性分别为 25%、14.97%。

在借鉴已有研究成果的基础上，试验按照氯氧镁水泥的最佳配合比 $n(MgO)$：$n(MgCl_2)$：$n(H_2O) = 7：1：15$，选取不同梯度的氧化镁含量用来制备氯氧镁水泥试件。测试氯氧镁水泥混凝土的 7d 强度变化，如图 5.3 所示。随着氧化镁用量逐渐增加，氯氧镁水泥混凝土的 7d 抗弯拉强度和抗压强度均增大，当氧化镁用量小于 190kg 时，氯氧镁水泥混凝土不能满足施工的要求。因此，综合考虑经济节约及氯氧镁水泥工作性能要求，选取氧化镁(轻烧粉)用量 230kg/m³ 为宜。

2. $MgCl_2$ 用量的确定

采用 45%含量的氯化镁，50%含水量的六水氯化镁。轻烧菱镁石粉的氧化镁含量及活性分别为 81%、59.87%，轻烧白云石粉的氧化镁含量及活性分别为 25%、14.97%。按照试验所得配合比 $n(MgO)/n(MgCl_2)$ 为 6～10。

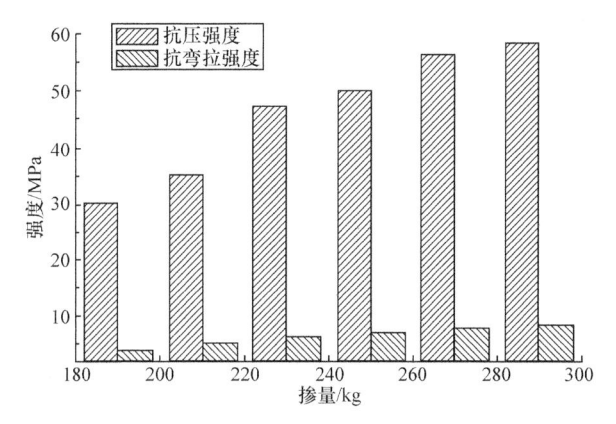

图 5.3 不同氧化镁含量氯氧镁水泥混凝土的 7d 强度

由式 $\dfrac{(230\times100\%\times60\%)/40}{(45\%\times m_{MgCl_2})/95}$ 取值为 6~10，计算得 $MgCl_2$ 用量为 72.83~121.39kg/m³。按照氯氧镁水泥的最佳配合比 $n(MgO):n(MgCl_2)=7:1$，求得 $MgCl_2$ 最佳用量为 104.05kg/m³。

3. 单位用水量的确定

水是水泥水化反应不可缺少的组分。依据前文得出的氧化镁、氯化镁和水三者之间的关系，$n(H_2O):n(MgCl_2)$ 为 14~19。

由式 $\dfrac{(m_{H_2O}+m_{MgCl_2}\times50\%)/18}{(m_{MgCl_2}\times45\%)/95}$ 取值为 14~19，计算得水用量为 50.52~135.96kg/m³。按照氯氧镁水泥最优配合比 $n(H_2O):n(MgCl_2)=15:1$，求得最佳用水量为 81.07kg/m³。

4. 最优砂率的确定

采用细度模数为 2.8 的河砂作为细集料。选取细度模数为 2.8 的砂，结合砂和砂率的优选关系，选取氯氧镁水泥混凝土的砂率为 38%。

5. 计算砂石用量

计算砂石用量时有两种方法：一是密度法，以 2400~2450kg/m³ 为单位混凝土质量；二是体积法，采用粉煤灰超量取代砂，对应砂量应进行折减。计算所得单位粗集料填充体积率应不小于 70%。采用密度法计算砂、碎石用量(m_{s0}、m_{g0})。

假设氯氧镁水泥混凝土的表观密度为 $\rho_{cp}=2400kg/m^3$，根据求得的单位用水量(81.07kg/m³)、单位轻烧粉用量(230kg/m³)及单位 $MgCl_2$ 用量(104.05kg/m³)，由式(5.2)得

$$m_{s0} + m_{g0} = 2400 - 230 - 104.05 - 81.07 = 1984.88 \tag{5.2}$$

$$\frac{m_{s0}}{m_{s0} + m_{g0}} = 0.38$$

解得混凝土砂用量 $m_{s0} = 754.25\text{kg/m}^3$，碎石用量 $m_{g0} = 1230.63\text{kg/m}^3$。

5.3.2 配合比室内调整及强度复核

1. 配料

按初步配合比，制备 15L 混凝土拌和物，各组成材料用量如表 5.3 所示。

表 5.3 氯氧镁水泥混凝土各组成材料用量

原料	轻烧粉	氯化镁	水	砂	碎石
质量/kg	3.45	1.56	1.22	11.31	18.46

2. 和易性调整

按上述各组成材料用量制备混凝土，经实测，其坍落度为 10mm，达到了设计要求(10~40mm)的最小值，故对以上配合比暂不进行调整。

3. 强度复核、确定试验室配合比

通过查标准差 σ 值表，取 $\sigma = 5.0\text{MPa}$，混凝土配制强度确定如下：

$$f_{cu,o} = f_{cu,k} + 1.645\sigma = 30 + 1.645 \times 5 \approx 38.2(\text{MPa}) \tag{5.3}$$

式中，$f_{cu,o}$——混凝土配制强度；

$f_{cu,k}$——混凝土立方体抗压强度标准值，一般取混凝土设计强度等级。

为了检验混凝土强度，按表 5.3 中基准配合比制作试件，标准养护 28d 后进行强度测试，达到混凝土设计强度等级 $f_{cu,k} = 30\text{MPa}$ 对应的 38.2MPa 混凝土配制强度。因此，上述基准配合比为实验室配合比。

5.3.3 施工配合比调整

根据项目要求在实验室进行了长期研究，考虑到施工地区气候环境与试验室环境存在的差异性，现场会有大量水分蒸发，导致混凝土施工难度加大，且会造成混凝土早期收缩、性能下降等问题。为此，保持胶凝材料的用量不变，掺入 1.0% 的聚羧酸减水剂，在初步计算配合比的基础上，用密度法重新计算配合比，以提高混凝土的流动性，便于现场施工。减水剂使混凝土的表观密度增大到 $\rho_{cp} = 2450\text{kg}/\text{m}^3$，施工配合比调整后，15L 混凝土各组成材料用量如表 5.4 所示。

表 5.4　氯氧镁水泥混凝土调整后各组成材料用量

原料	轻烧粉	氯化镁	水	砂	碎石
质量/kg	3.45	1.56	1.22	11.59	18.90

砂和碎石用量计算如下。

砂：

$(2450 - 230 - 104.05 - 81.07 - 2.3) \times 0.38 \times 0.015 = 772.38 \times 0.015 \approx 11.59 \text{(kg)}$

碎石：

$(2450 - 230 - 104.05 - 81.07 - 2.3 - 772.38) \times 0.015 \approx 18.90 \text{(kg)}$

按上述各组成材料用量再进行试拌，经实测其坍落度为 20mm，达到设计要求，黏聚性适中。故经和易性调整后，最终确定氯氧镁水泥混凝土的材料组成。

青海富含盐湖资源、白云石矿产，基于耐久性和经济性的综合要求，分别研究了以不同原材料作为胶凝材料的氯氧镁水泥混凝土施工配合比，如表 5.5 所示。

表 5.5　以不同原材料作为胶凝材料的氯氧镁水泥混凝土施工配合比

原料	轻烧粉	苛性白云石粉	氯化镁	水	砂	碎石
质量/kg	230	0	104.05	81.07	772.38	1260.2
	95	285	143	100.2	694.56	1133.24

按照表 5.5 中氯氧镁水泥混凝土配合比制作混凝土，胶凝材料只用轻烧粉时，抗压强度和抗弯拉强度分别为 47.2MPa 和 6.08MPa，分别达到了设计标准的 157% 和 152%。胶凝材料采用轻烧粉和白云石粉时，抗压强度和抗弯拉强度分别为 38.4MPa 和 4.40MPa，分别达到了设计标准的 128% 和 110%。

5.4　氯氧镁水泥混凝土路用性能研究

氯氧镁水泥道路混凝土要应用于公路工程领域中，项目要求的各项路用性能必须要满足规范要求。对于青海省等西北地区，气候环境条件更加复杂多变，低温时段长，蒸发量大，因此必须进行预试验。鉴于此，本节主要从氯氧镁水泥混凝土的耐水性能、耐磨性能、收缩性能、抗渗性能及抗冻性能入手，设置对照组进行相关性能对比试验，为最终氯氧镁水泥混凝土的路面施工提供理论支撑。

5.4.1　耐水性能

氯氧镁水泥道路混凝土的耐水性能是影响其路用性能的首要因素之一。为了检验耐水外加剂对氯氧镁水泥混凝土的改善效果，分别将耐水外加剂添加到氯氧镁水泥混凝土与白云石粉改性氯氧镁水泥混凝土中，同时设置未加耐水剂的空白试件作为对照组。分别将试件成型后，放置在室内自然养护28d，之后对试件进行如下处理：①将试件分别放入清水和浓度为 10%的硫酸钠溶液中浸泡28d，养护箱内液体应保持浸没试件的状态，液面高度应超出试件 20mm；②浸泡完成后取出试件，在 60℃烘箱中干燥；③测试其抗压强度与抗弯拉强度，并计算出试件的耐水系数，试验结果如图 5.4 所示。氯氧镁水泥混凝土在清水中浸泡 28d 后的强度损失最为严重，抗压强度和抗弯拉强度均为未泡水的 60%左右，与之相比，浸泡于硫酸钠溶液中的试件抗压强度损失较小，耐水系数均大于 0.7。试件浸泡硫酸钠溶液后，部分硫酸钠随着水溶液沿着氯氧镁水泥混凝土毛细孔隙浸入到试件内部，由于化学或物理因素黏附到试件孔隙壁上，进而结晶堵塞水进出试件的通道，起到保护试件免受水损坏的作用。与基准试件相比，添加耐水改性剂的两组试件在清水中浸泡 28d 后，抗压耐水系数与抗弯拉耐水系数均有大幅提高，其中掺改性剂氯氧镁水泥混凝土的抗压耐水系数最高，接近 0.9，但抗弯拉耐水系数偏低，与掺改性剂+白云石粉氯氧镁水泥混凝土的抗压耐水系数、抗弯拉耐水系数相近，均为 0.8 左右。同对照组氯氧镁水泥相似，两组改性氯氧镁水泥混凝土浸泡硫酸盐溶液 28d 后的耐水系数均比浸泡在清水中的耐水系数高，原因同上。

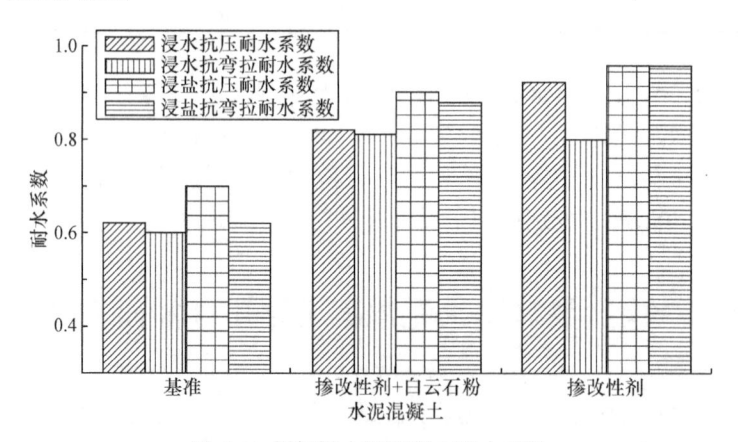

图 5.4 氯氧镁水泥混凝土耐水系数

5.4.2 耐磨性能

道路混凝土抗滑设施通常分为两种：一种是人为设置的粗结构，如抗滑槽或刻纹等，用来增加车辆轮胎与路面的摩擦力；另一种是混凝土铺筑时自然形成的，如砂浆再生作用产生的纹理，增大了路面的粗糙度，提高了其抗滑性能。耐磨性能是评价道路混凝土耐久性的一个重要指标，直接影响着道路的服役年限。以青海高寒地区道路路面使用状况为对照,通过室内试验,研究氯氧镁水泥混凝土在该地区气候条件下的耐磨性能。当前青海等地区主要使用的是普通硅酸盐水泥混凝土,由于该地区气候环境条件恶劣,大部分时间处于高低温交替状态,混凝土病害较为频繁,使用年限短。本小节通过添加矿物掺合料等方式来改善氯氧镁水泥混凝土耐磨性能,并与普通硅酸盐水泥混凝土进行对比。

氯氧镁水泥砂浆的耐磨性试验依据《公路工程水泥及水泥混凝土试验规程》操作,具体步骤如下。

(1) 氯氧镁水泥混合料拌和、试件成型,放置于室内阴凉处自然养护24h后,脱模;

(2) 将成型的氯氧镁水泥砂浆试件放置于室内阴凉处自然养护28d,之后移至室外自然养护两个月(为与现场工程相接近,应充分考虑到阳光、雨水等环境因素,放置室外时间越长,与实际状况越接近,本试验由于时间因素在室外放置2个月);

(3) 测试其耐磨性:为了和实际道路路面铺筑相似,普通硅酸盐水泥砂浆放置于养护室中养护28d,然后放置于自然环境中两个月。

将上述氯氧镁水泥砂浆和普通硅酸盐水泥砂浆试件放在水泥砂浆耐磨试验机上进行耐磨性试验(试验时应该将刮平面朝下,荷载为300N,预磨30转,然后再磨40转),磨损量按式(5.4)计算:

$$G = \frac{M_1 - M_2}{0.125} \tag{5.4}$$

式中,G——单位面积磨损质量损失量(磨损量),kg/m^2;

M_1——试件预磨后的初始质量,kg;

M_2——试件第二次磨损后的质量,kg。

氯氧镁水泥砂浆和普通硅酸盐水泥砂浆耐磨性试验前后变化如图5.5所示,从照片可以清晰看出氯氧镁水泥砂浆的耐磨性要好于普通硅酸盐水泥砂浆。

根据式(5.4)进行砂浆磨损量计算,结果如图5.6所示。由试验数据可以得出,室外自然养护两个月的氯氧镁水泥砂浆的耐磨性能要优于普通硅酸盐水泥砂浆。

(a) 氯氧镁水泥砂浆耐磨性试验前后变化

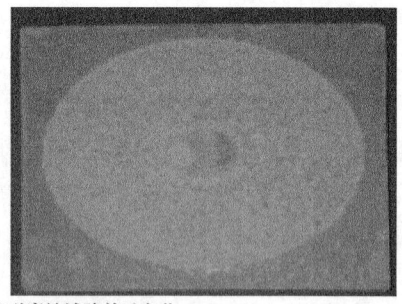

(b) 普通硅酸盐水泥砂浆耐磨性试验前后变化

图 5.5 砂浆耐磨性试验前后变化

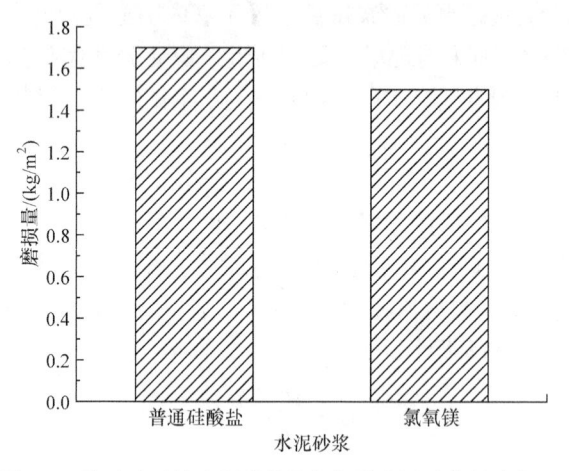

图 5.6 普通硅酸盐水泥砂浆和氯氧镁水泥砂浆的磨损量

基准氯氧镁水泥试件的耐磨性能优于普通硅酸盐水泥，改性后氯氧镁水泥砂浆的耐磨性试验前后变化如图 5.7 所示。分别将粉煤灰、白云石粉、矿粉和防水剂按一定掺量添加到氯氧镁水泥砂浆中，经过同样的养护方式后，对试件进行耐磨性试验。

(a) 粉煤灰氯氧镁水泥砂浆耐磨性试验前后变化

(b) 掺矿粉氯氧镁水泥砂浆耐磨性试验前后变化

(c) 掺防水剂氯氧镁水泥砂浆耐磨性试验前后变化

(d) 掺白云石粉氯氧镁水泥砂浆耐磨性试验前后变化

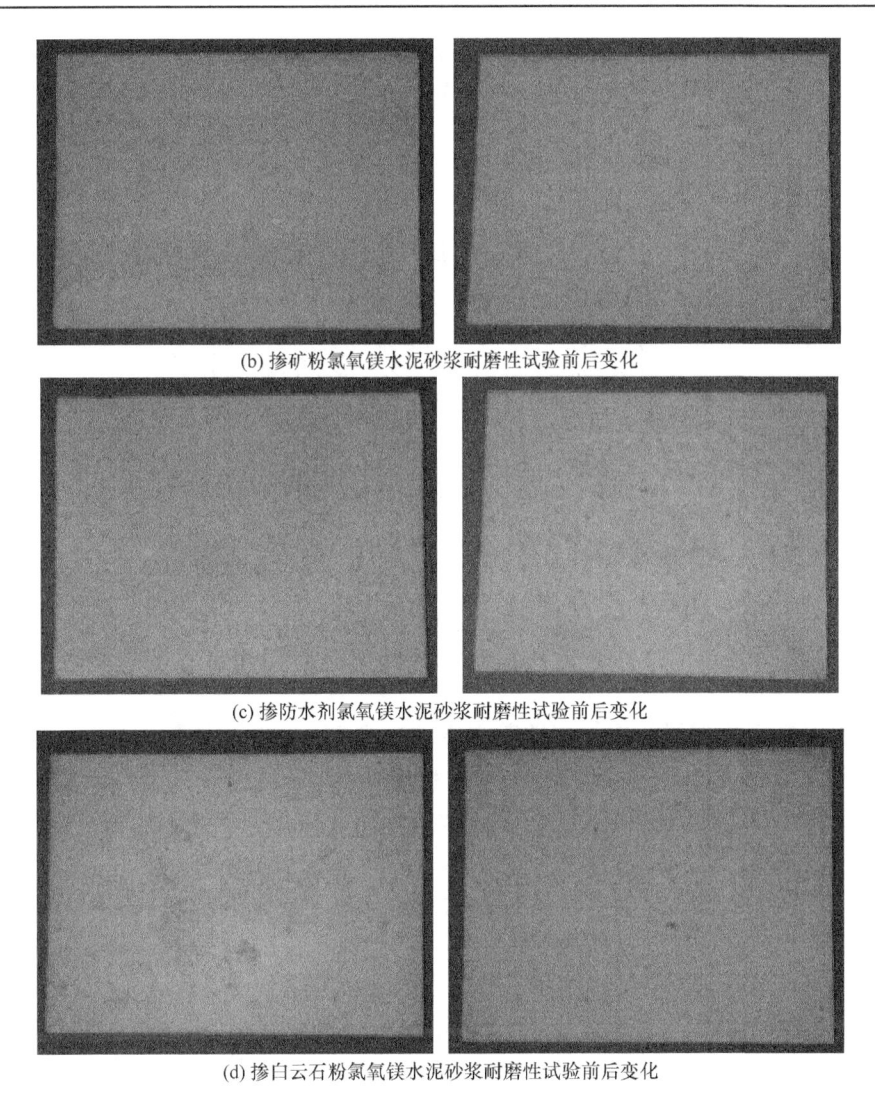

图 5.7 改性氯氧镁水泥砂浆耐磨性试验前后变化

由图 5.7 耐磨性试验前后变化及图 5.8 磨损量的数据可以看出，一定掺量下的粉煤灰改性氯氧镁水泥砂浆耐磨性得到大幅提高，数据显示其耐磨性较基准氯氧镁水泥试件提高了 436%，这是由于粉煤灰加大了氯氧镁水泥的后期水化程度，提高了砂浆的密实性；矿粉改性氯氧镁水泥砂浆的耐磨性稍有提高，但幅度较小，仅比基准提高 18%，这是由于矿粉并没有参与水泥的水化反应，仅仅起到填充作用；防水剂改性氯氧镁水泥砂浆的耐磨性也有较好的提高，比基准试件了提高 20%，这是由于防水剂起到了堵塞毛细管道，减缓了水的浸入。而白云石粉改性氯氧镁水泥的耐磨性较差，比基准降低了 42%，这是由于白云石粉活性较小，其取代部分氧化镁，水化程度大幅降低，并且阻碍了氧化镁与氯化镁的正常水化反应，进而氯氧镁水泥固化体凝结程度较弱。

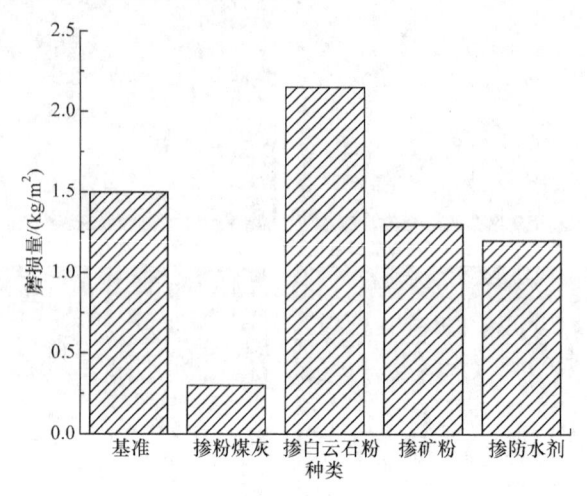

图 5.8 氯氧镁水泥种类对磨损量的影响

5.4.3 收缩性能

水泥在固化的过程中，伴随着强度的提高，总会产生体积上的变化，通常这种变化是混凝土收缩引起的。混凝土收缩有利于减少基体孔隙、提高密实性，这对混凝土抗渗性能、抗冻性能或抗碳化等性能均起到积极的作用。对于大体积混凝土而言，固化时产生的收缩极易导致混凝土内部应力集中，甚至进一步发展导致混凝土开裂。国内外已有大量文献说明了氯氧镁水泥收缩对其性能的消极影响。

收缩性能试验按照《公路工程水泥及水泥混凝土试验规程》(JTG 3420—2020)[13]要求进行，与普通硅酸盐水泥不同，氯氧镁水泥凝结时间短、硬化快，需要根据其凝结时间提前拆模。试件的干缩率按式(5.5)计算：

$$ST = \frac{L_r - L_0}{250} \tag{5.5}$$

式中，ST——试件的干缩率，%；

L_0——试件初始长度，mm；

L_r——试件 r 龄期的长度，mm；

250——试件有效长度，mm。

普通硅酸盐水泥砂浆和氯氧镁水泥砂浆的收缩曲线如图 5.9 所示。从图中可以看出，普通硅酸盐水泥和氯氧镁水泥(包括改性和未改性)变形幅度较大，变形基本集中在前 28d，后期曲线均较为平缓，说明这几种水泥前期收缩明显，后期体积稳定。

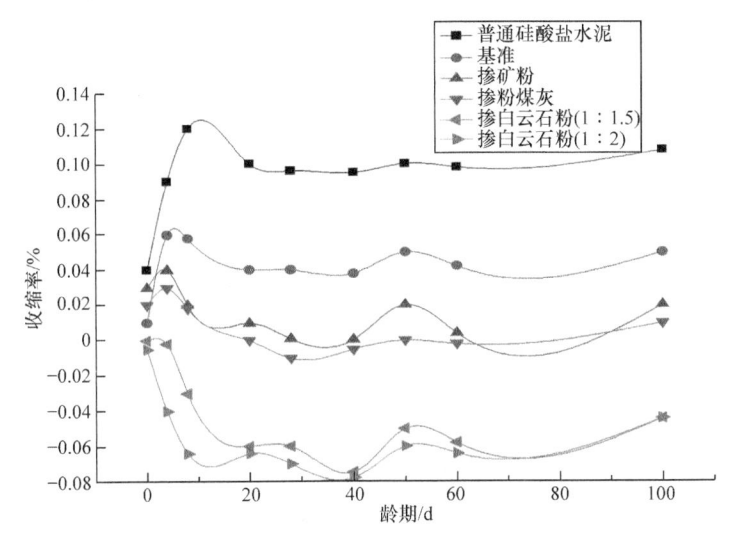

图5.9 普通硅酸盐水泥砂浆和氯氧镁水泥砂浆的收缩曲线

由图 5.9 得知，普通硅酸盐水泥试件硬化过程中没有收缩，反而出现膨胀现象，这是由于在标准养护条件下水泥水化反应持续进行。基准氯氧镁水泥试件也发生了膨胀现象，但幅度远远小于普通硅酸盐水泥。另外，普通硅酸盐水泥试件与基准氯氧镁水泥试件的膨胀时间均发生在前 7d，这表明碳化反应也对试件的体积稳定性造成了一定影响，特别是基准氯氧镁水泥与空气中的二氧化碳反应更为剧烈。

矿粉及粉煤灰氯氧镁水泥试件主要变形也发生在前 7d，并且两者的变形均较小，体积稳定性较好。粉煤灰或矿粉未发生二次水化反应，而是内部未水化的氧化镁粉末发生水化膨胀。两种掺量(1∶1.5 和 1∶2)的白云石粉氯氧镁水泥试件收缩性能试验结果表明，白云石粉对氯氧镁水泥造成较大的收缩影响，加入白云石粉后试件产生很大的收缩变形。

5.4.4 抗渗性能

为了提高混凝土的耐久性，一般的养护方式是在混凝土表面涂抹一层防护层，目的就是提高混凝土的抗渗性能。混凝土遭受的大部分侵蚀是通过表面的毛细管道连通到内部，在混凝土内部与外界物质发生各种物理化学反应，导致混凝土性能衰减，因此混凝土的抗渗性能直接影响着其耐久性。另外，抗渗性能提高可以有效减少表面的连通通道，减少水等有害物质的浸入，有利于提高氯氧镁水泥混凝土的耐水性能。

抗渗性能试验按照《公路工程水泥及水泥混凝土试验规程》(JTG 3420—2020)要求的方法进行。为研究氯氧镁水泥混凝土抗渗性能，共设置三组试验：

氧化镁作为胶凝材料(掺改性剂)、白云石粉代替部分氧化镁作为胶凝材料(掺改性剂)和普通硅酸盐水泥胶凝材料。试件成型后按照不同类别,将普通硅酸盐水泥试件放置到标准养护室、氯氧镁水泥试件放置到室内阴凉处养护 28d 后,进行抗渗性能试验。设置水压为 0.8MPa±0.05MPa,试验周期为 24h,然后取出试件,并沿纵向剖开,用笔描绘出水的渗入深度,并测量渗水高度。每组测量 6 个试件,每个试件测量 10 个点,取其平均值作为该组试件的渗水试验结果,如图 5.10 所示。由图可以看出,三组试验的抗渗水能力有很大的差异,普通硅酸盐水泥试件基本渗透,掺白云石粉氯氧镁水泥试件渗入部分水,而氯氧镁水泥试件基本没有出现渗水痕迹。

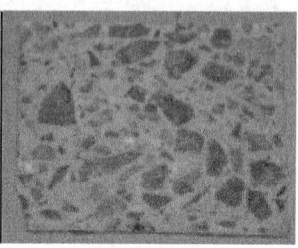

(a) 普通硅酸盐水泥试件　　(b) 掺白云石粉氯氧镁水泥试件　　(c) 氯氧镁水泥试件

图 5.10　混凝土试件渗水试验

对于不同种类混凝土,根据混凝土耐久性试验方法进行抗渗等级试验,抗渗等级如表 5.6 所示。

表 5.6　氯氧镁水泥混凝土的抗渗等级

种类	抗渗等级
普通硅酸盐水泥混凝土	P6
氯氧镁水泥混凝土	P8
掺白云石粉氯氧镁水泥混凝土	P10

表 5.6 数据表明,氯氧镁水泥混凝土具有很高的抗渗性能,氯氧镁水泥中的改性剂使氯氧镁晶体能够稳定存在;白云石粉替代部分氧化镁使整个水化反应体系减弱,水化进程缓慢。

5.4.5　抗冻性能

青海大部分地区高寒,混凝土路面冻害现象频繁,服役时间短。很有必要针对青海特殊的气候环境条件对氯氧镁水泥混凝土进行抗冻性能试验,以便后期大规模推广应用。本小节选择的试验工程路段平均海拔 3200m,每年冻融循环高达 80 多次。昼夜温差较大也容易导致路面发生冻融病害,因此,抗冻性能也是评价混凝土耐久性的标准之一。

抗冻性能试验按照《公路工程水泥及水泥混凝土试验规程》(JTG 3420—2020)要求的方法进行。为研究氯氧镁水泥混凝土抗冻性能，同抗渗性能试验一样，共设置三组试验：氧化镁作为胶凝材料(掺改性剂)、白云石粉代替部分氧化镁作为胶凝材料(掺改性剂)和普通硅酸盐水泥胶凝材料。试件成型后按照不同类别，将普通硅酸盐水泥试件放置到标准养护室、氯氧镁水泥试件放置到室内阴凉处养护28d后进行抗冻性能试验，试验前4d先在清水中浸泡试件，然后测其质量与横向基频作为试验的初始值，进行试验时应浸没整个试件。

本试验冻融循环周期为2~5h，融化时间大于1h，25次冻融循环后采集一次数据。出现以下三种状况时，即可停止试验：

(1) 冻融循环次数达到300次；
(2) 平均相对动弹性模量下降到60%以下；
(3) 平均质量损失率达5%。

将采集到的动弹性模量与质量等数据进行处理，以冻融循环次数作为横坐标，以质量损失率和相对动弹性模量作为纵坐标，分别如图5.11所示。

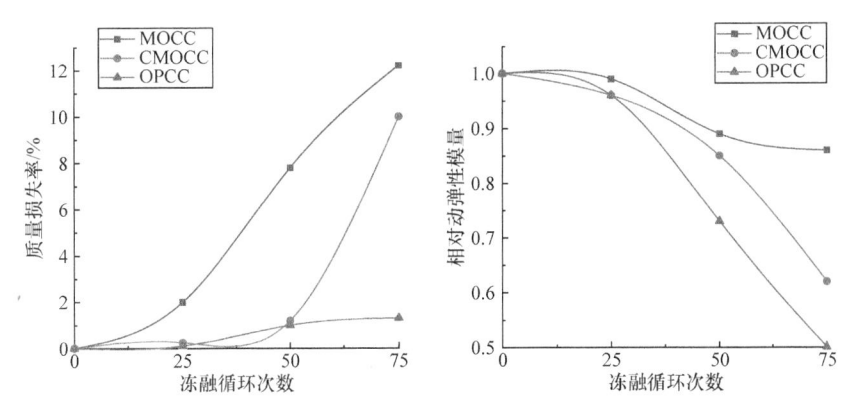

图 5.11 冻融环境下氯氧镁水泥混凝土的质量损失率、相对动弹性模量
MOCC-氯氧镁水泥混凝土；CMOCC-掺白云石粉氯氧镁水泥混凝土；OPCC-普通硅酸盐水泥混凝土

由图5.11可知，与普通硅酸盐水泥混凝土相比，氯氧镁水泥混凝土的抗冻性能要差很多，同时，掺白云石粉的氯氧镁水泥混凝土略优于普通氯氧镁水泥混凝土。图5.12为三种混凝土冻融循环后的宏观形貌。

规范中的试验方法并不适用于青海高寒地区氯氧镁水泥混凝土路面，该研究所处地区冬季少雪，该试验方法不能很好模拟现场实际气候条件。因此，采用干冻法来评价氯氧镁水泥混凝土抗冻性能更为合适。设置两组试验，分别为氧化镁作为胶凝材料(掺改性剂)和普通硅酸盐水泥胶凝材料，计算分析100次干冻下两组试件抗弯拉强度损失率，如图5.13所示。

图 5.12　三种混凝土冻融循环后的宏观形貌

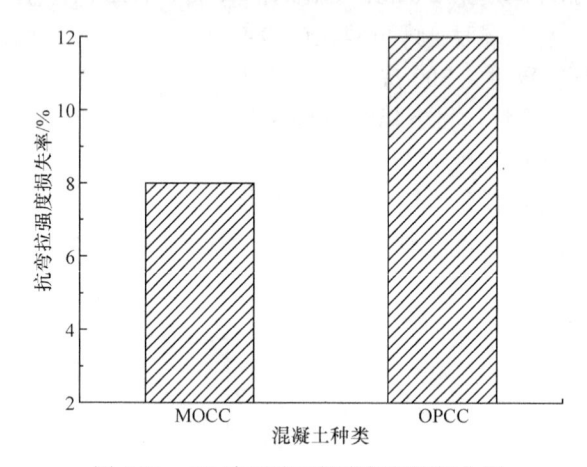

图 5.13　100 次干冻下抗弯拉强度损失率

由图 5.13 可知，氯氧镁水泥混凝土的抗冻性能要优于普通硅酸盐水泥混凝土，100 次干冻下普通硅酸盐水泥混凝土抗弯拉强度损失率达 12%，而氯氧镁水泥混凝土损失率仅为 8%。这是由于无水条件下氯氧镁水泥内部结构均匀，水损坏降至最低，具有较好的抗冻能力。

参 考 文 献

[1] 汤正华. 简述影响普通混凝土性能的因素及改善措施[J]. 云南交通科技, 2000, 16(6): 8-11.
[2] 姚华. 影响普通混凝土性能的若干因素的研究[D]. 长春: 吉林大学, 2007.
[3] 李进辉. 高性能轻集料混凝土性能影响因素的研究[D]. 武汉: 武汉理工大学, 2008.
[4] 马慧, 关博文, 王永维, 等. 氯氧镁水泥胶凝材料的研究进展[J]. 材料导报, 2015, (15): 103-107.
[5] 张翠苗, 杨红健, 马学景. 氯氧镁水泥的研究进展[J]. 硅酸盐通报, 2014, 33(1): 123-127.
[6] BA H J, GUAN H. Influence of MgO/MgCl$_2$ molar ratio on phase stability of magnesium oxychloride cement[J]. Journal of Wuhan University of Technology. Materials Science Edition, 2009, 24(3): 476-481.
[7] LI Z J, CHAU C K. Influence of molar ratios on properties of magnesium oxychloride cement[J]. Cement and Concrete Research, 2007, 37(6): 866-870.

[8] 交通运输部公路科学研究院. 公路水泥混凝土路面施工技术细则: JTG/T F30—2014[S]. 北京: 人民交通出版社, 2014.
[9] 王永维, 朱磊, 关博文, 等. 用于配制镁水泥胶凝材料卤水的波美度研究[J]. 公路, 2016, (5): 166-169.
[10] 杨家才. 关于大流动性高强混凝土的研究及应用[D]. 西安: 西安建筑科技大学, 2008.
[11] 施旗, 洪海禄, 梁金成, 等. 大流动度超高强混凝土配制技术[J]. 混凝土, 2001, (9): 59-64.
[12] 长安大学, 广西交通科研院. 道路水泥混凝土组成设计研究[R]. 西安: 长安大学, 2008.
[13] 中华人民共和国交通运输部. 公路工程水泥及水泥混凝土试验规程: JTG 3420—2020[S]. 北京: 人民交通出版社, 2020.

第6章　路用氯氧镁水泥混凝土耐水性能提升技术

制约氯氧镁水泥推广应用的主要环境因素为水分侵蚀，因此，提高水泥耐水能力成为推广氯氧镁水泥应用的关键所在。鉴于此，本章开展氯氧镁水泥混凝土水侵蚀防护设计及室内模拟验证防护效果试验，为工程推广应用提供一定的室内试验数据及工艺指南。

6.1　水分隔离技术的选择

隔离外部水分与氯氧镁水泥水化产物的接触，采用保护层或保护膜的方式包裹整个氯氧镁水泥结构物或水化产物，阻挡外部水分与水化产物的接触，间接提高氯氧镁水泥的耐水性能。

隔离水分通常采用硅烷类、聚氨酯类等防水涂层覆盖氯氧镁水泥表面，耐水效果较好。对于氯氧镁水泥混凝土路面而言，施加防水涂层加大了道路建设资金，且车辆磨耗作用会破坏防水涂层的工作效果，降低服役寿命，增加路面养护频率，在保证氯氧镁水泥耐水性能的前提下增加了路面养护费用。

氯氧镁水泥碳化行为同样能够在水泥表面形成保护层，隔离水分渗透[1]。氯氧镁水泥具有良好的二氧化碳气体吸附性，且碳化后部分性能改善明显，如强度、耐水性能等均有提高[2]；另外，氯氧镁水泥的碳化行为有利于减少温室气体，改善大气环境。

鉴于此，采用碳化的方式隔离水分与氯氧镁水泥水化产物，提升氯氧镁水泥的耐水性能。图 6.1 为碳化前后氯氧镁水泥表面 SEM 图像，可以看出没有经历碳化过程的氯氧镁水泥表面分布着大量的孔隙，这些孔隙周围被一些细长的纤维状的氯氧镁水泥晶体(或氢氧化镁晶体)所覆盖[图 6.1(a)和(b)]。这些孔隙沟通了氯氧镁水泥内部与外界的联系，外部环境中溶液、气体等沿着通道到达水泥内部并随之发生一系列的反应。经过碳化后，氯氧镁水泥表面生成碳酸镁或碱式碳酸镁晶体簇，覆盖氯氧镁水泥的表面。碳化行为不仅填充了氯氧镁水泥孔隙，提高了水泥的力学强度，而且阻碍了水分等外部环境因素与氯氧镁水泥晶体的接触，提高了耐水能力，这也是碳化后氯氧镁水泥具有更优良耐水性能的原因[图 6.1(c)]。此外，适宜环境下碳化程度进一步提高，碳化产物还可以填充缝隙，具备自愈能力[图 6.1(d)]。

第 6 章 路用氯氧镁水泥混凝土耐水性能提升技术

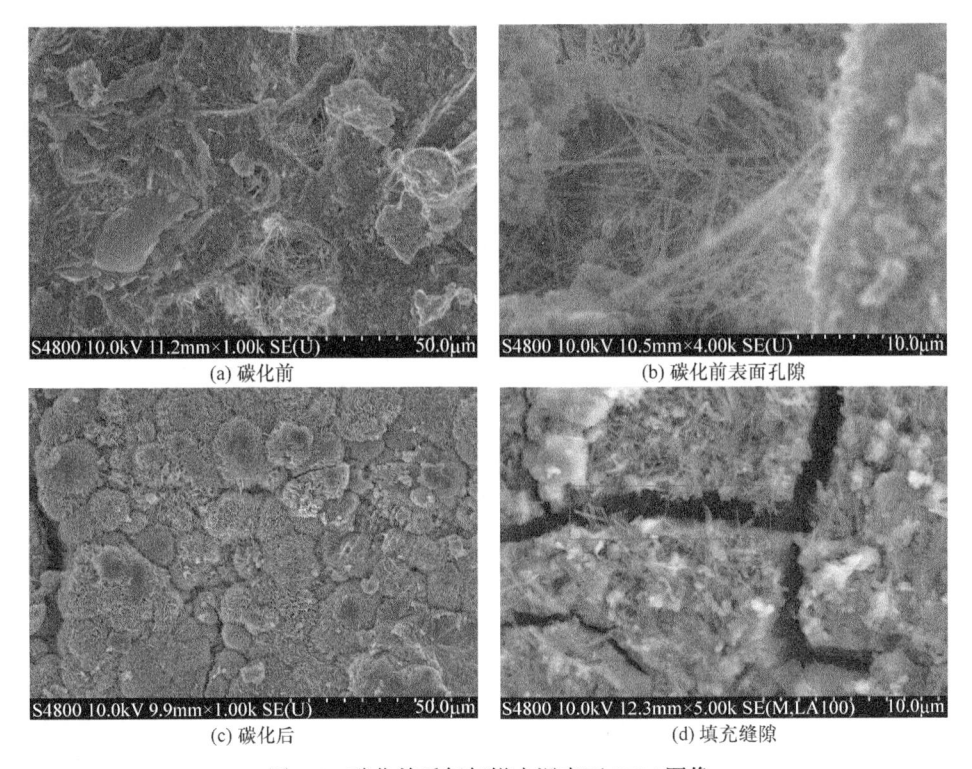

(a) 碳化前

(b) 碳化前表面孔隙

(c) 碳化后

(d) 填充缝隙

图 6.1 碳化前后氯氧镁水泥表面 SEM 图像

由此说明，碳化反应能够在氯氧镁水泥晶体表面形成一层保护层隔离水分浸入，提升水泥的耐水能力。鉴于此，本章首先分析环境因素对氯氧镁水泥碳化反应的影响，然后对碳化后氯氧镁水泥水分传输和溶蚀行为开展研究。

6.2 碳化反应对氯氧镁水泥混凝土耐水性能的影响

资料表明，氯氧镁水泥在接触空气中的二氧化碳后，在水分作用下能够被碳化为 $Mg(OH)_2 \cdot MgCl_2 \cdot 2MgCO_3 \cdot 6H_2O$，研究对象往往是 5 相晶体或者 3 相晶体[3]。氯氧镁水泥体系内一般存在大量的氧化镁、氢氧化镁，不同环境下氯氧镁水泥的碳化反应机理不尽相同。因此，开展环境对氯氧镁水泥碳化行为影响的研究有利于定量分析其碳化程度，并提供有利于碳化反应的条件。

试验步骤：先根据氯氧镁水泥材料组成设计结果，将一定比例的氯化镁和水充分混合并溶解，然后与轻烧氧化镁混合搅拌至浆体均匀无聚团；将拌和好的浆体倒入立方体试件模型(20mm × 20mm × 20mm)中并放置在室温环境下固化 12h，然后拆模并立刻采用保鲜膜包裹住试件，避免氯氧镁水泥试件与空气长时间接触，之后在室温环境下养护 3d；将试件放置到真空干燥箱中干燥至少 3d，直至试件达到恒重(干燥温度不大于 60℃)；干燥后将立方体试件的五个面涂抹凡士林并用保鲜膜包裹，以保证碳化过程为一维方式，之后继续干燥至恒重并称取试件的初始质量；将样品放入不同环境的碳化箱中。为加速氯氧镁水泥碳化反应，碳化箱中 CO_2 浓度统一设置为 20%，碳化相对湿度分别设置为 30%、70%和 90%，温度分别设置为 10℃、20℃、30℃和 40℃。以 2d 作为一个碳化周期，每个碳化周期后将部分试件取出，在干燥温度不大于 60℃真空干燥箱中干燥至恒重并称取质量，以氯氧镁水泥单位面积质量变化(kg/m²)作为碳化指标，分析其碳化速率和程度，其余试件继续碳化，碳化试验方案设置见表 6.1。碳化完成后对表面进行抛光，开展下一步的微观试验。

表 6.1 碳化试验方案设置

名称	温度/℃	相对湿度/%	CO_2 浓度/%
T10H70C20	10	70	20
T20H70C20	20	70	20
T30H70C20	30	70	20
T40H70C20	40	70	20
T20H30C20	20	30	20
T20H90C20	20	90	20
Air	18~22	45~55	空气中浓度

注：表中名称"T10H70C20"表示温度为 10℃、相对湿度为 70%、CO_2 浓度为 20%，余同；"Air"表示放置在室温下的自然环境中。

6.2.1 温度

由图 6.2 可知，在一定相对湿度和温度的环境下，氯氧镁水泥的单位面积质量变化随着碳化时间的延长而逐渐增大，说明碳化行为是一个缓慢进行、由外及内的过程。在一定的湿度下，氯氧镁水泥碳化反应随着温度的升高而加剧，表现在单位面积质量变化随着温度升高而逐步增加，并且增加的幅度不同。氯氧镁水泥不同温度下碳化后单位面积质量变化从大到小依次为 40℃、30℃、20℃、10℃。这种现象说明较高的温度有利于碳化反应的进行，温度对碳化行为的影响随着温度的升高而逐渐降低。

采用 MATLAB 软件对氯氧镁水泥不同温度和碳化时间下单位面积质量变化进行拟合，得到式(6.1)(温度和单位面积质量变化之间的平均相关系数为 0.9873)。式(6.1)中常数 a 与碳化时间的关系见图 6.3，由此可以看出 a 在 15d 具有最大值，表明碳化时间为 15d 时，温度对氯氧镁水泥碳化行为影响最大。因此，温度对氯氧镁水泥早期碳化行为影响最小(0~9d)，中期最大。

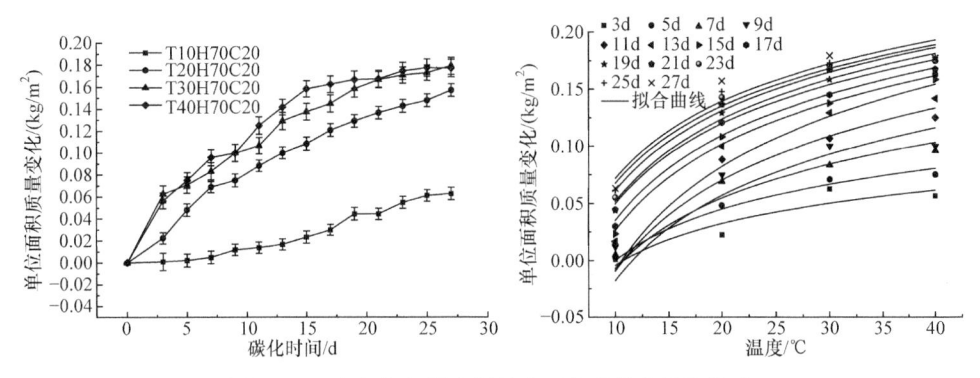

图 6.2 温度与氯氧镁水泥单位面积质量变化的关系

$$m = a \times \ln(b \times \ln T) = a \times \ln b + a \times \ln(\ln T) \tag{6.1}$$

式中，m——氯氧镁水泥试件单位面积质量变化，kg/m^2，代表碳化程度；

T——碳化温度，℃，取值 10~40℃；

a、b——常数，其中 a 是碳化反应温度系数，随着碳化时间的变化而改变，表示温度对碳化反应的影响程度，b 是随时间变化的常数。

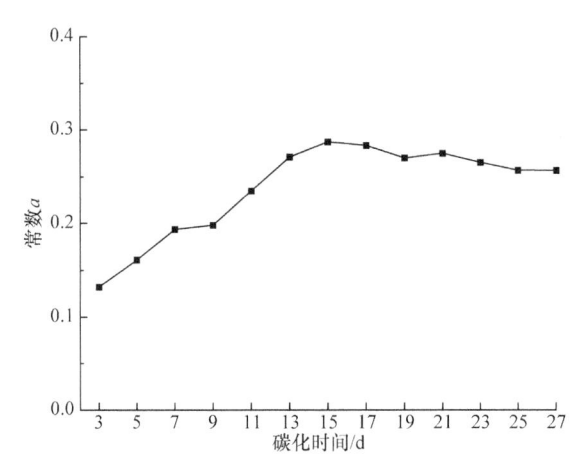

图 6.3 常数 a 随碳化时间变化关系

由图 6.4 可知，氯氧镁水泥单位面积质量变化与碳化时间平方根基本呈线性关系，因此可以建立碳化程度与碳化时间、温度之间的数值关系，如式(6.2)所示：

$$m = (-0.33604 \times e^{-0.30887T} + 0.03749)\sqrt{t} + 0.0017T - 0.0668 \tag{6.2}$$

式中，t——氯氧镁水泥碳化时间，d。

式(6.2)是在相对湿度为 70%、CO_2 浓度为 20%环境下，氯氧镁水泥吸收二氧化碳引起的单位面积质量变化与碳化时间、环境温度之间的数值关系。由此可以定量分析水泥的碳化程度，图 6.5 为式(6.2)计算值与试验测量值之间的对比。

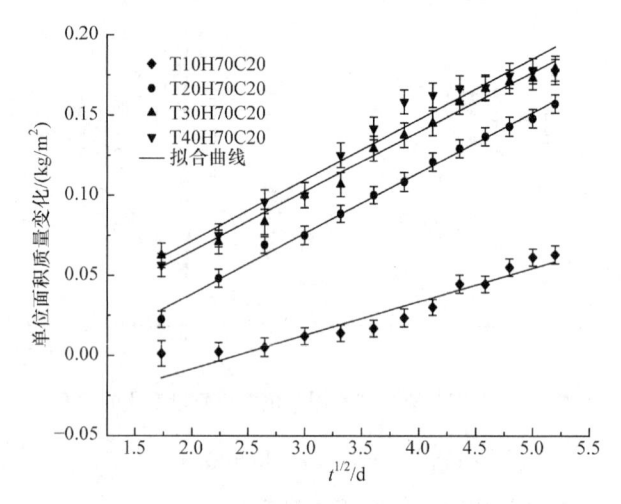

图 6.4 不同温度下单位面积质量变化与碳化时间平方根的关系

由图 6.5 可以看出，试验得出的测量值与式(6.2)推导出的计算值之间具有良好的相关性(图中四种温度环境下碳化曲线的相关系数是 0.9606、0.9982、0.9956 和 0.9875)，由此可以证明式(6.2)能够反映不同温度下氯氧镁水泥的碳化程度。

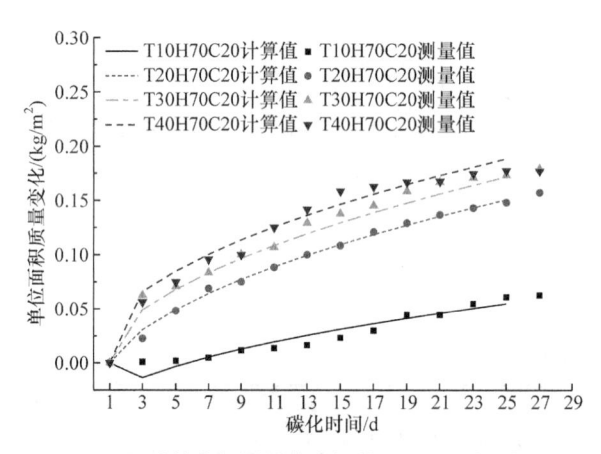

图 6.5 计算值与测量值之间的对比(不同温度)

由此可知，较高环境温度能够促进氯氧镁水泥碳化反应，使得单位面积质量变化比低温环境下高。采用 XRD 分析了不同温度碳化后的生成物，见图 6.6。由图 6.6 可知，正常情况下氯氧镁水泥体系中一般包含 5 相晶体、$Mg(OH)_2$、MgO 等物质(由于原材料氧化镁为工业制备，内部掺杂部分 CaO 等物质，可能水化产生 $Ca(OH)_2$，试件制备过程中不可避免存在部分物质碳化情况，因此未碳化试件中显示出部分碳化产物)。在大量 CO_2 存在的环境中，低温下氯氧镁水泥中的 $Mg(OH)_2$ 含量出现了一定量的降低，并且出现了较多的 $MgCO_3$，而 MgO 等物质变化很小，这说明在低温下氯氧镁水泥中主要的碳化反应物是 $Mg(OH)_2$，其反应方程可以用式(6.3)表示：

$$Mg(OH)_2 + CO_2 \xrightarrow{H_2O} Mg(HCO_3)_2 \xrightarrow{\triangle} MgCO_3 \tag{6.3}$$

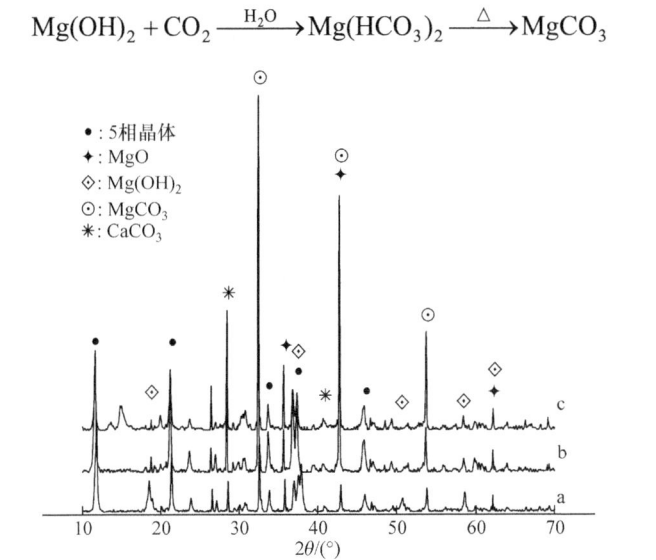

图 6.6　不同温度环境下 XRD 谱
a：未碳化试件；b：10℃环境下碳化；c：40℃环境下碳化

在高温下，氯氧镁水泥中出现更多的碳化产物，并且化学成分与低温下相同，$Mg(OH)_2$ 含量进一步降低，MgO 和 5 相晶体含量也有所降低。这说明适宜的温度能够促进 $Mg(OH)_2$、MgO 等与 CO_2 反应，这一过程可以用式(6.4)表示：

$$Mg(OH)_2/MgO + CO_2 \xrightarrow{H_2O} Mg(HCO_3)_2 \xrightarrow{\triangle} MgCO_3 \tag{6.4}$$

此外，图 6.6 表明高温下 5 相晶体含量有所降低，是由于碳化生成物覆盖了试件的表面，测得的数据受到生成物的影响，表面覆盖越多，在图谱中表现出的碳化产物越多，同时说明部分 5 相晶体受到碳化影响发生了转化。

6.2.2　相对湿度

图 6.7 为氯氧镁水泥单位面积质量变化随相对湿度、时间的变化曲线，结果表明，在一定相对湿度环境下，水泥碳化后单位面积质量变化随时间的延长而逐渐增加。在相同碳化龄期下，相对湿度越大，单位面积质量变化幅度就越大，这说明水分在氯氧镁水泥碳化过程中起到促进作用，表现在 T20H90C20 和 T20H30C20 两种环境下试件质量变化存在较大的差异性。碳化 27d 时，T20H90C20 试件的单位面积质量变化是 T20H30C20 的 2.693 倍。

由图 6.7(b)可以得出，单位面积质量变化与相对湿度之间存在一定的对应关系，采用 MATLAB 软件进行分析并得出相应关系[式(6.5)]，相对湿度与单位面积质量变化之间的平均相关系数为0.9941。式(6.5)中，a 和 b 是随碳化时间变化的相对湿度系数，能够表征相对湿度对碳化的影响(对碳化的影响由 $\ln a + b \cdot H$ 控制)。

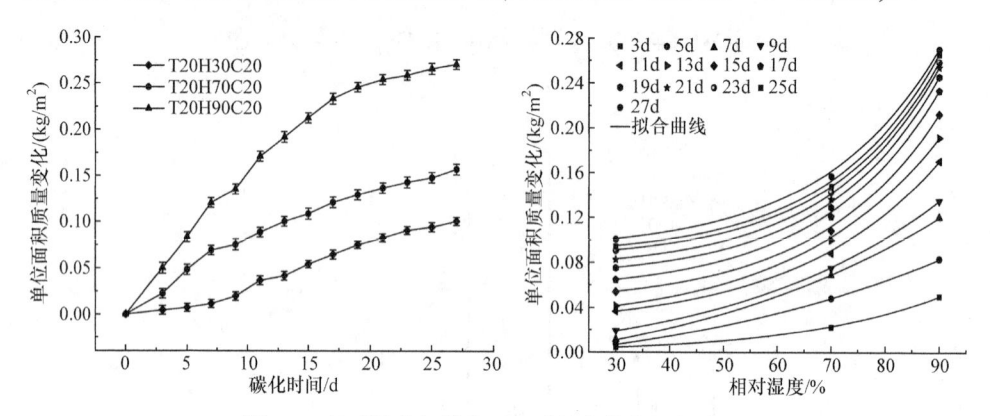

图 6.7　相对湿度与单位面积质量变化之间的关系

$$m = a \times e^{b \cdot H} + c = e^{\ln a + b \cdot H} + c \tag{6.5}$$

式中，H——相对湿度，%，取值 30%~90%[4-6]；

c——常数。

图 6.8 显示了常数 a 和 b 随着碳化时间的变化趋势，图 6.9 为 $\ln a + b \cdot H$ 变化对碳化过程的影响。由图 6.9 可知，氯氧镁水泥碳化前期单位面积质量变化存在大幅度的升高，其中相对湿度越高，质量变化幅度越大；随着时间的延长，低相对湿度下质量变化趋于稳定。由此说明，在碳化早期阶段(0~7d)同时出现了两种不同的反应过程：一是某类物质吸收空气中的水蒸气发生化学反应，如活性氧化镁与水蒸气反应生成氢氧化镁、氧化钙与水蒸气生成氢氧化钙等；二是体系中的物质与二氧化碳结合发生碳化反应。因此，环境相对湿度越高，其吸收的水分越

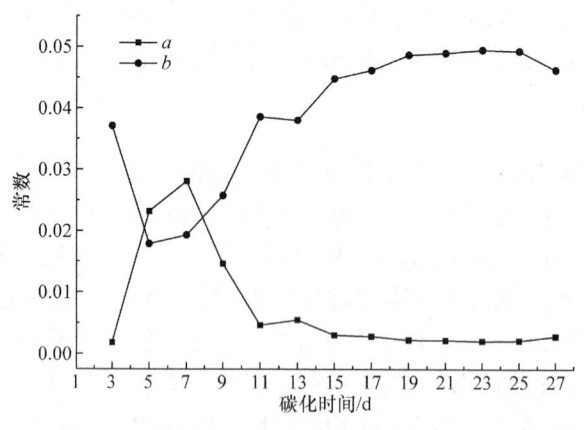

图 6.8　式(6.5)中常数 a 和 b 随碳化时间变化关系

多,质量变化越大;而低湿度环境下中后期水分扩散受阻,造成吸收水分能力下降,引起质量降低。

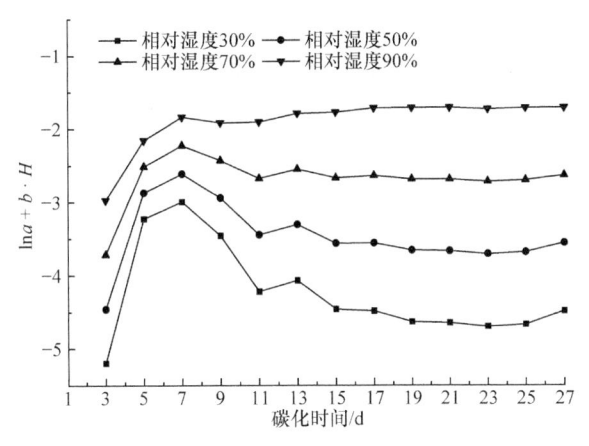

图6.9 式(6.5)中 $\ln a + b \cdot H$ 对碳化过程的影响

为了描述碳化程度与相对湿度、碳化时间的数值关系,根据图6.7,绘制了不同湿度下单位面积质量变化与碳化时间平方根关系曲线,如图6.10所示。

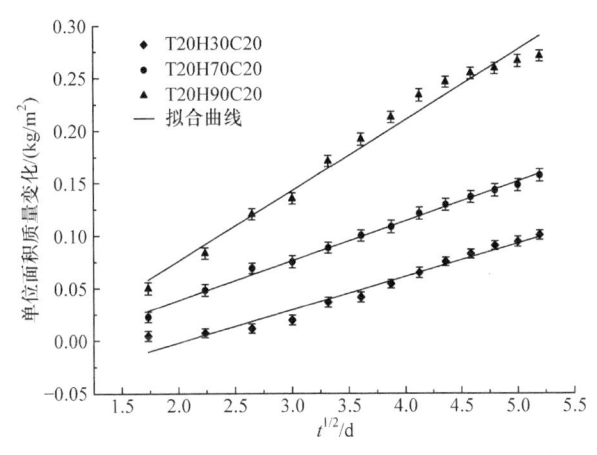

图6.10 不同相对湿度下单位面积质量变化与碳化时间平方根关系

图6.10显示,碳化后单位面积质量变化与碳化时间平方根呈线性关系,因此可以得到单位面积质量变化与碳化时间、相对湿度之间的数值关系,并用以描述碳化程度,如式(6.6)所示:

$$m = (4.07622 \times 10^{-5} \times e^{0.07529H} + 0.03151)\sqrt{t} - 2.92958 \times 10^{-5} H^2 + 3.64 \times 10^{-3} H - 0.14814 \tag{6.6}$$

图6.11为根据式(6.6)计算得到的质量单位面积变化计算值与试验测量值之间的对比,可以看出式(6.6)比较符合测量值的变化规律(图中列举了三个相对湿

度测量值与计算值之间的关系,相关系数为 0.9857、0.9983 和 0.9932)。因此,证明式(6.6)能够反映相对湿度与氯氧镁水泥碳化程度之间的数值关系。

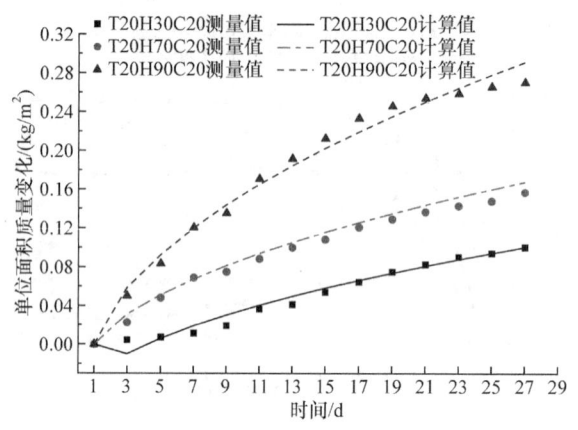

图 6.11 计算值与测量值之间的对比(不同相对湿度)

为探究不同相对湿度下碳化产物,分别对不同湿度环境碳化后的氯氧镁水泥进行 XRD 分析,见图 6.12。

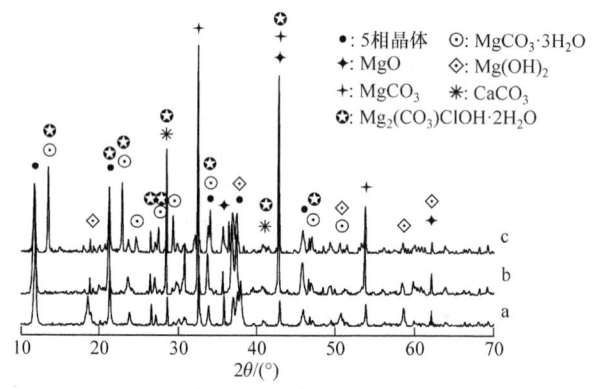

图 6.12 不同相对湿度下氯氧镁水泥 XRD 谱
a: 未碳化;b: 相对湿度为 30%;c: 相对湿度为 90%

由图 6.12 可知,低相对湿度下的氯氧镁水泥碳化过程与低温环境下相似,具有相同的反应物和生成物,均是消耗氯氧镁水泥体系中的 $Mg(OH)_2$,生成 $MgCO_3$,对 5 相晶体和 MgO 影响较小;但在较高湿度下,不仅 $Mg(OH)_2$、MgO 等物质大量消耗,生成较多的 $MgCO_3$、$MgCO_3 \cdot 3H_2O$ 或 $Mg_2(CO_3)ClOH \cdot 2H_2O$,而且 5 相晶体含量出现明显的降低。

另外,Urwongse 等研究发现 5 相晶体能够直接与 CO_2 发生化学反应,并生成 $P1126(Mg(OH)_2 \cdot MgCl_2 \cdot 2MgCO_3 \cdot 6H_2O)$[7];Carmen 等研究表明,只有 3 相晶体可与 CO_2 发生反应[8];Demediuk 等则认为 5 相晶体必须在水环境下首先转化为 3

相晶体，然后 3 相晶体与 CO_2 反应[9]。在本小节试验进行过程中，没有发现 3 相晶体的生成，这一方面是氯氧镁水泥材料组成的原因，体系中存在较多的氧化镁和氢氧化镁，使碳化首先向易于反应的方向进行，导致碳化生成物逐渐覆盖试件表面，减少了水分继续接触 5 相晶体，阻碍了 5 相晶体的水解反应；另一方面是氯氧镁水泥设计中添加了外加剂，改变了氯氧镁水泥水化产物的晶体形态，降低了在该环境下 5 相晶体水解的趋势。另外，由 XRD 结果看出碳化产物中也不存在 P1126，间接说明 5 相晶体不与 CO_2 发生反应，该物质应该是 3 相晶体在适宜环境下与 CO_2 反应生成的，或者是 $Mg(OH)_2$ 与水环境中的 $MgCl_2$ 在 CO_2 作用下反应生成的。在较低湿度下，氯氧镁水泥碳化反应按照式(6.3)进行，而在高湿度环境下按照式(6.4)和式(6.7)进行。

$$Mg(OH)_2 / MgO + CO_2 + MgCl_2 + H_2O \xrightarrow{\Delta} Mg(CO_3)ClOH \cdot 2H_2O \quad (6.7)$$

6.2.3 碳化行为数值模拟

碳化程度与碳化时间、环境温度、相对湿度之间的数值关系，如式(6.8)所示：

$$\begin{aligned}m = &-3.629\times10^{-4}\times(1.351^{-T}-0.1116)\times(1.351^{0.25H}+773.94)\sqrt{t} \\ &+1.347\times10^{-6}\times(T-39.294)\times(H^2-124.21H+5056.64)\end{aligned} \quad (6.8)$$

式中，m——单位面积质量变化，kg/m^2；

T——环境温度，℃，取值 10～40℃；

H——相对湿度，%，取值 30%～90%；

t——碳化时间，d，取值 0～27d。

图 6.13 为根据式(6.8)计算的碳化过程单位面积质量变化与测量值之间的比较，可以看出计算值与测量值之间具有较高的一致性。由式(6.8)可以得知，适宜

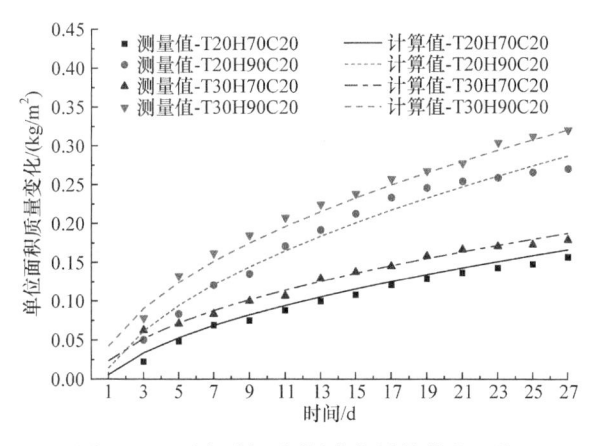

图 6.13 不同环境下测量值与计算值的比较

的碳化环境能够大幅度提升氯氧镁水泥的碳化速率，例如，在 27d 时 T30H90C20 的单位面积质量变化是 T10H30C20 的 81.5 倍。当相对湿度为 90%，环境温度由 10℃升至 20℃时，27d 的碳化速率将增加 149.8%；当温度为 40℃，相对湿度由 70%提升至 90%时，27d 的碳化速率将增加 69.9%。

6.2.4 碳化阻碍水分传输行为研究

对氯氧镁水泥进行碳化的目的是在其水化产物周围形成一层保护膜，该保护膜能够阻碍水分的渗透，隔离水环境；同时也能填充水泥表面孔隙，减少水分浸入水泥内部的通道。本小节开展碳化后氯氧镁水泥中水分传输行为研究。

氯氧镁水泥试件的材料组成为氧化镁∶氯化镁∶水=7∶1∶13(物质的量之比)，添加 0.6%的聚羧酸减水剂和 0.25%的缓凝剂。制备后将试件放置在温度为 20℃、相对湿度为 90%的碳化箱中，碳化时间分别为 14d(短期碳化)和 28d(长期碳化)，之后与相同材料组成的未碳化试件进行浸水试验。

氯氧镁水泥试件碳化后单位面积质量变化如图 6.14 所示，由此可以看出三组试件中最大时刻单位面积质量变化的大小关系为未碳化>短期碳化>长期碳化，说明碳化反应减少了外部水分对氯氧镁水泥的渗透作用，提高了水泥结构密实性；由物质溶出点之后试件单位面积质量变化趋势可以看出未碳化试件物质溶解速率要大于碳化试件，说明碳化能够减少氯氧镁水泥水化产物的水解反应，保护水化晶体免受水分的破坏。同时，可以看出碳化后氯氧镁水泥单位面积质量变化与时间平方根呈线性关系，单位面积质量变化与时间平方根关系图见图 6.15。

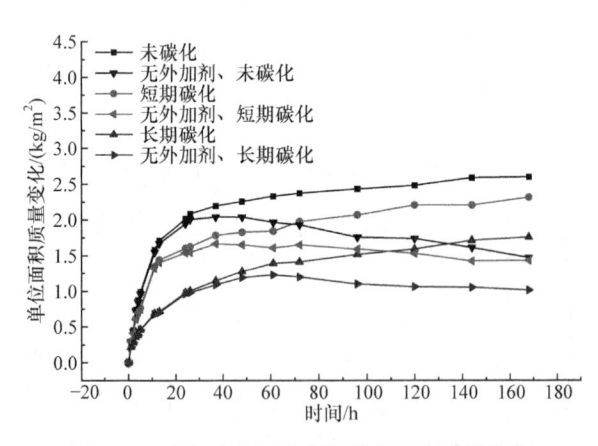

图 6.14 碳化后氯氧镁水泥单位面积质量变化

由图 6.15 可以看出，三种试件在物质溶出时间节点之前线段斜率存在较大的差异，即未碳化试件>短期碳化试件>长期碳化试件，这说明三者毛细吸水系数具有明显的差异，其中未碳化试件吸水速率最快，其次为短期碳化试件，最慢的为

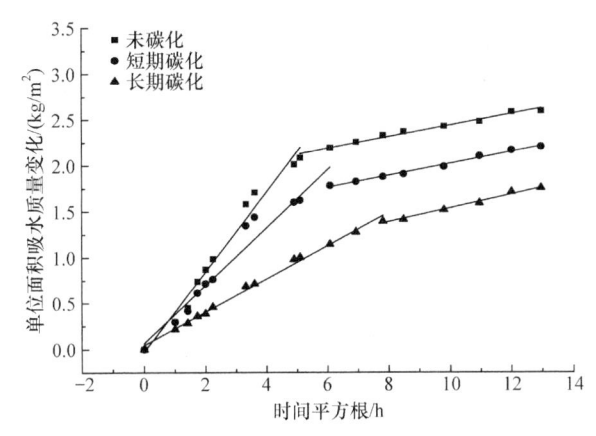

图 6.15　碳化后单位面积吸水质量变化与时间平方根的关系

长期碳化试件，同时可以看出三者物质溶出时间节点出现的时刻也具有较大的差异。为了数值分析三者之间的吸水差异性，分别求出物质溶出时间节点前后线段的拟合曲线，进而求出毛细吸水系数和物质溶出时间节点，见表 6.2。

表 6.2　碳化后各阶段毛细吸水系数与物质溶出时间节点

试件类型	物质溶出时间节点/h	时间阶段	线性关系	毛细吸水系数/[kg/(m²·h^(1/2))]
未碳化	24.25	溶出点前	$y = 0.43652x - 0.02920$ ($R^2 = 0.975$)	0.43652
		溶出点后	$y = 0.06305x + 1.80985$ ($R^2 = 0.974$)	0.06305
短期碳化	27.43	溶出点前	$y = 0.31468x + 0.06642$ ($R^2 = 0.948$)	0.31468
		溶出点后	$y = 0.06461x + 1.37621$ ($R^2 = 0.988$)	0.06461
长期碳化	49.68	溶出点前	$y = 0.18090x + 0.04395$ ($R^2 = 0.994$)	0.18090
		溶出点后	$y = 0.07439x + 0.79467$ ($R^2 = 0.974$)	0.07439

由表 6.2 可知，碳化 28d 的氯氧镁水泥物质溶出时间节点比未碳化试件延长了大约 1 倍，碳化 14d 试件大约延长了 13%。由此说明碳化后氯氧镁水泥表面形成的碳化物保护层能够隔离水分和水泥晶体，碳化物越多，形成的保护层越密实，其隔离效果就越明显。由于短期老化形成的碳化物不足以完全覆盖水泥晶体表面或没有对表面孔隙形成较好的填充，其保护效果较差一些。由碳化后溶出点的位置可以得知长期碳化的氯氧镁水泥试件具有最好的耐水性。另外，由三者毛细吸水系数可以看出，在物质溶出点之前，毛细吸水系数随着碳

化时间的延长而逐渐降低,说明氯氧镁水泥碳化反应阻塞了部分与外界环境沟通的孔隙,减少水分的浸入;在溶出点之后三者的毛细吸水系数差异并不明显,说明此时试件内部进行晶体水解反应的速率大致相同,结晶水转化为自由水,阻碍外部水分浸入水泥内部的速率相同,碳化行为发生的位置基本处于吸水表面或靠近吸水面的孔隙中,内部发生碳化反应的场所较少,这同样证明了碳化过程中相对湿度对碳化反应的促进作用(一般试件表面的相对湿度要大于试件内部)。

由碳化后试件的吸水试验得知,碳化有利于填充氯氧镁水泥表面孔隙,提高水泥表面密实度,阻碍水分的浸入;另外,碳化层有利于隔离水分与氯氧镁水泥晶体,间接提高了水泥的耐水性能。

6.3 氯氧镁水泥混凝土耐水性能劣化规律

6.3.1 水环境下混凝土耐水性能劣化发展

水分侵蚀作用会导致氯氧镁水泥混凝土强度衰减,本小节以力学强度和耐水系数作为指标,评价混凝土性能变化。分别制备不同氯氧镁水泥混凝土试件,其中对照组试件材料组成物质的量比为活性氧化镁:氯化镁:水=7:1:15,施加防护措施的试件材料组成物质的量比为活性氧化镁:氯化镁:水=7:1:13,试件防护措施如表6.3所示。

表 6.3 氯氧镁水泥混凝土试件防护措施

名称	材料组成物质的量比 (活性氧化镁:氯化镁:水)	防护措施
MOC7115	7:1:15	无防护措施
MOC7113RR	7:1:13	添加外加剂
Carbonation (O)	7:1:13	添加外加剂+普通环境下碳化
Carbonation (S)	7:1:13	添加外加剂+适宜环境下碳化

注:Carbonation (O)为普通环境下碳化,普通环境为青海高原地区干燥环境,其中相对湿度为30%~50%,温度为10~20℃;Carbonation (S)为适宜环境下碳化,适宜环境为有利于氯氧镁水泥碳化的环境,其中相对湿度为70%~90%,温度为20~30℃。

为避免水分、二氧化碳等环境因素对试件产生影响,氯氧镁水泥制备、脱模后采用覆膜方式进行养生处理(图 6.16);养生结束后按照防护措施进行相应处置(MOC7113RR 试件拌和时已经添加外加剂),碳化时间为 28d;试件防护措施处置完成后放入大体积纯净水溶液中浸泡,分别测试浸水 7d 和 28d 抗弯拉强度、抗压强度和耐水系数,结果如图 6.17 所示。

图 6.16 氯氧镁水泥混凝土覆膜养生

由图 6.17 得知,添加外加剂降低了氯氧镁水泥的孔隙率,提高了水泥的密实度,水泥的力学强度得到一定的提高;碳化反应填充了水泥孔隙,同样提高了密实度,使得水泥力学强度得到进一步提升。随着碳化程度的加深,混凝土抗弯拉强度逐渐提高,说明碳化有利于提高氯氧镁水泥混凝土密实度;抗压强度随着碳化程度的加深有所提升,但幅度较小。另外,防护措施对氯氧镁水泥混凝土耐水性能的提升比较明显,添加外加剂后水泥混凝土耐水系数出现明显升高;碳化过

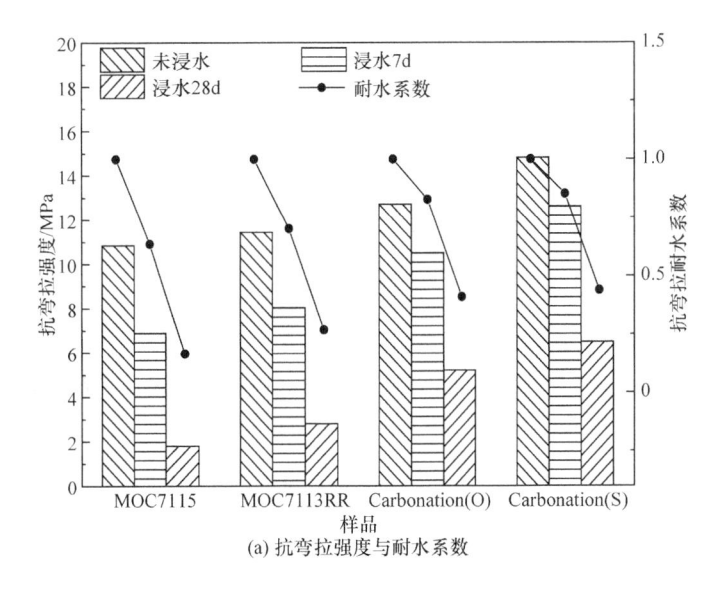

(a) 抗弯拉强度与耐水系数

(b) 抗压强度与耐水系数

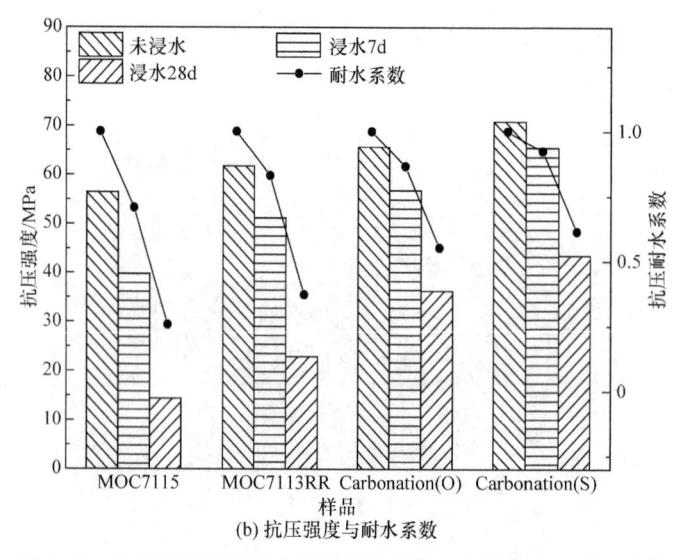

图 6.17 水环境下氯氧镁水泥抗弯拉强度、抗压强度与耐水系数

程仅提高了混凝土的耐水性能，Carbonation(O)试件 7d 和 28d 抗弯拉耐水系数虽然仅比 MOC7113RR 试件高 14%和 48%，但是其浸水 7d 后的残留强度仍接近未浸水未碳化的混凝土试件，Carbonation (S)浸水 7d 试件的残留强度远远大于未浸水未碳化试件。氯氧镁水泥混凝土抗压强度及抗压耐水系数也表明碳化后耐水性能得到有效改善。

由此得知，水环境下氯氧镁水泥混凝土劣化比较严重，其根本原因在于外部水分渗透和传输过程中发生水解反应，水泥胶凝材料逐渐丧失胶凝特性。根据溶蚀动力学控制条件，采取了一系列的防护措施改善水泥混凝土的耐水性能，但试验结果表明改善措施有一定的局限性，对于长期浸水混凝土的防护能力有限。

6.3.2 干燥环境下性能变化

本小节以力学强度作为指标，探讨干燥环境下混凝土性能变化。干燥环境特指无液态水环境，即混凝土试件放置在无液态水侵蚀的室内环境中。试验将一部分混凝土试件密封放置在通风室内环境(密封环境，试验地点为西安市，温度随气候变化，密封隔离外部湿度影响)，另一部分混凝土试件直接放置在通风室内环境(开放环境，试验地点为西安市，温度和相对湿度随气候变化)，混凝土对照组试件养生完成后测试其力学强度，其余试件放置一年后测试，结果见图 6.18。

由图 6.18 可知，干燥环境下氯氧镁水泥混凝土力学性能能够保持稳定并小幅度提升，说明氯氧镁水泥在无液态水环境具有良好的耐候性。力学强度小幅度提升是因为水泥水化反应的持续进行，在相对湿度、二氧化碳等化学反应作用下，

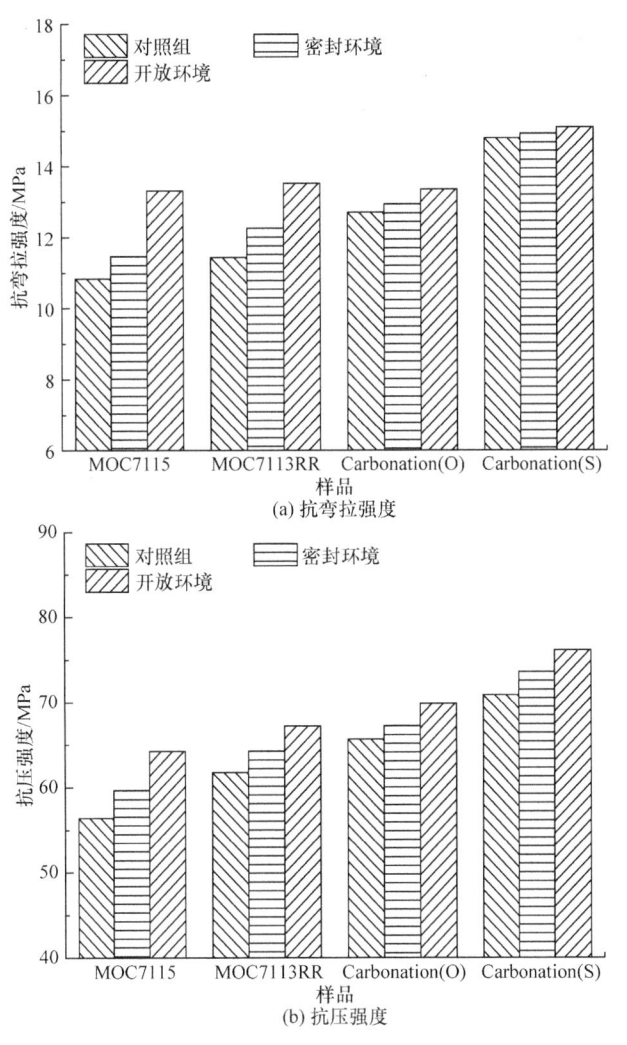

图 6.18 干燥环境下氯氧镁水泥力学性能变化

水泥内部密实度得到进一步提高。

由此可见,自然环境中液态水对氯氧镁水泥混凝土性能变化的影响最为密切,氯氧镁水泥与外部水分间接触时间的长短直接影响水泥的耐久性。因此,开展自然环境下氯氧镁水泥性能变化数值分析有助于水泥的推广应用。

6.3.3 自然环境下混凝土耐水性能变化

根据氯氧镁水泥混凝土在自然环境下的力学性能变化规律,可以得知水泥力学强度在水环境下逐渐降低,而在干燥环境中能够保持稳定(部分力学强度得到提升，但幅度较小，因此认为保持稳定)，从而得出水环境下氯氧镁水泥混凝土力学性能劣化规律。根据道路混凝土抗弯拉强度设计要求(交通等级为重或特重时，抗弯拉强度不小于5MPa，抗压强度不低于35MPa)，计算所得结果如表 6.4 所示。

表 6.4 水环境下氯氧镁水泥力学性能劣化分析

指标	MOC7115	MOC7113RR	Carbonation(O)	Carbonation(S)
抗弯拉强度劣化公式	$F = 10.826e^{-0.064 \cdot t}$ ($R^2 = 1$)	$F = 11.429e^{-0.050 \cdot t}$ ($R^2 = 1$)	$F = 12.895e^{-0.032 \cdot t}$ ($R^2 = 0.9985$)	$F = 15.109e^{-0.030 \cdot t}$ ($R^2 = 0.9968$)
抗弯拉强度最大浸水时间/d	12.07	16.53	29.61	36.86
抗压强度劣化公式	$P = 56.23e^{-0.049 \cdot t}$ ($R^2 = 1$)	$P = 63.517e^{-0.036 \cdot t}$ ($R^2 = 0.9959$)	$P = 65.763e^{-0.021 \cdot t}$ ($R^2 = 1$)	$P = 72.285e^{-0.018 \cdot t}$ ($R^2 = 0.9915$)
抗压强度最大浸水时间/d	9.68	16.55	30.03	40.29
最大浸水时间/d	9.68	16.53	29.61	36.86
耐水系数	0.637	0.702	0.827	0.851

由表 6.4 可以看出，MOC7115 试件在水环境下能够保持抗弯拉强度大于 5MPa、抗压强度大于 35MPa 的最大浸水时间为 9.68d；对氯氧镁水泥混凝土施加防护措施后，其最大浸水时间得到大幅度的提升，其中最大提升到约为原水泥混凝土的 4 倍，在此基础上延长碳化时间得到效果更佳。

6.4 耐水性能提升技术有效性试验模拟

为验证施加耐水性能提升技术措施后氯氧镁水泥混凝土耐水性能得到改善，设计试验对比碳化箱加速碳化和自然环境下碳化的差异，并由此设计耐水性能提升工艺，在此基础上开展氯氧镁水泥混凝土耐水性能提升技术模拟试验，以力学强度、耐水性能等指标评价技术的有效性。

6.4.1 自然环境下氯氧镁水泥的碳化

为探究自然环境下氯氧镁水泥的碳化发展规律，分别制备了两组混凝土试件放置于室内环境中(二氧化碳含量大约为 0.03%，温度为 20℃ ± 2℃)，其中一组混凝土试件受环境湿度影响(平均相对湿度在 55%左右)，另一组试件采用覆膜保湿处理(经测试，平均相对湿度为 80%左右)。分别进行碳化处置，按照前文的测试方法定期测量水泥试件的单位面积质量变化,并与碳化箱碳化水平比较,结果如图6.19所示。可以看出,相对湿度越大,受到二氧化碳浓度影响越大(相对湿度90%环境下,自然环境下碳化速率约为碳化箱碳化水平的50%)。为得到室内加速碳化试验效果,需要尽量提高自然环境中的相对湿度。

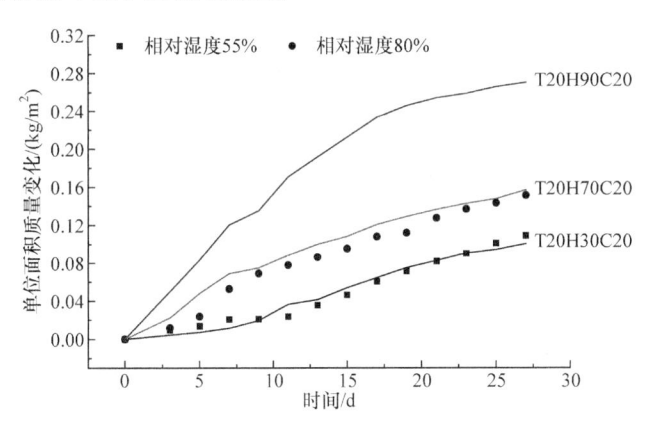

图6.19 自然环境碳化单位面积质量变化与加速碳化对比

6.4.2 耐水性能提升技术工艺设计

1. 添加外加剂工艺

与一般氯氧镁水泥混凝土制备工艺相似,其流程大致为氯化镁溶解(标定浓度+添加外加剂)—轻烧氧化镁与集料拌和(计量用量)—氯化镁溶液与集料等拌和。由于制备氯氧镁水泥混凝土过程中涉及较高浓度的氯化镁溶液,因此与普通混凝土制备过程相比,工艺中任一环节均需要防腐保护措施。另外,需要设置溶解池和浓度调节池溶解氯化镁和调节卤液浓度。

氯化镁溶解池应该设置于拌和站附近,有输送管道可以连接到调节池,溶解池大小应根据一天的氯氧镁水泥混凝土拌和量来设计,一般应满足当天拌和用水量。为了满足施工需求,溶解池一般设计为 5m×8m 的长方形池,深度为 1.5m,体积为 60m³。大规模拌和生产时,建议将抽水泵放置于溶解池中央,使其抽出的液体直接喷到池中,加速液体的流动,以便加速氯化镁的溶解,使得溶解池中液体浓度达到一致、平衡。

调节池将溶解池中饱和氯化镁溶液调节成为适合浓度的氯化镁溶液,一般采用波美度进行快速标定,通常氯氧镁水泥外加剂可以直接添加到调节池中并拌和均匀(也可与集料等预拌)。

氯氧镁水泥混凝土拌和时,材料添加顺序依次为胶凝材料、骨料、砂等,加入卤水前可预拌 30s,加入卤水后搅拌 5~10min。拌和时应注意以下几点:

(1) 氯氧镁水泥混凝土拌和时,为保证各档材料用量的准确性,应采用电子称量计量系统对各种材料进行准确称量；

(2) 拌和时间应根据室内黏聚性、均质性、工作性能等试验获取，得到的拌和参数可用来指导现场拌和；

(3) 卤水通过专用管道输送液体入拌和池，可以控制液体流速来调控拌和时间；

(4) 拌和前应检测骨料、砂的含水率，经过计算后确定骨料、砂的用量及卤水的用量、密度等；

(5) 常规混凝土的拌和时间约为180s，为了混合更加均匀，建议适当延长氯氧镁水泥的拌和时间至210s；

(6) 当天施工结束后应及时冲洗拌和机、运输车及摊铺设施，以便第二天使用。

2. 碳化防护设计

高原地区气候干燥，不利于氯氧镁水泥碳化反应，因此，路面混凝土铺筑完成后应提高周边相对湿度，这既有助于提高水泥水化程度，又加速了水泥的碳化行为，达到防护目的。氯氧镁水泥混凝土凝结较快、早期强度高，路面铺筑完成后即可进行养生环节设置。

覆膜养生是一种比较适宜氯氧镁水泥混凝土的养生方式：

(1) 应选择麻袋、草袋、草帘等既具有良好通气性又具备保湿性的覆膜覆盖路面；

(2) 覆膜应保持一定的含水量(潮湿状态)，保证没有明显水流汇聚到道路层上，并且为路面提供较高的相对湿度；

(3) 养生时间可根据施工要求进行相应调整，但覆膜时间应持续整个养生期，并定期洒水保证水泥最佳碳化环境。

6.4.3 碳化后混凝土性能变化

通过前文试验研究得知，外加剂能够提高氯氧镁水泥的流动性，促进主要水化产物的形成(水化热试验)；提高水泥的密实度，改变水泥水化晶体形貌(水分传输试验)；降低水泥水解反应程度，提高水泥的耐水性能(水解反应试验)；采用加速碳化的方式形成保护层，隔离水分与水化晶体的接触，间接提高水泥耐水能力。鉴于此，本小节开展施加防护措施后氯氧镁水泥混凝土性能变化研究。

制备氯氧镁水泥混凝土试件(活性氧化镁、氯化镁、水的物质的量比为7:1:13，添加0.6%的聚羧酸减水剂和0.25%的缓凝剂)，覆膜养生，然后将试件放置到不同的环境中。一部分试件放置到低湿度环境中(命名为LRH，温度设置为20℃±2℃)；一部分试件放置到高湿度环境中(命名为HRH，温度设置为20℃±2℃)；其余试件作为对照组，密封包裹处理(命名为CON，温度设置为20℃±2℃)。将试件放置在不同环境中28d，之后进行不同指标试验。

1. 力学性能和耐水系数

将氯氧镁水泥混凝土试件放置到大体积去离子水中，分别测定 7d 和 28d 抗弯拉强度、抗压强度和耐水系数，结果如图 6.20 所示。

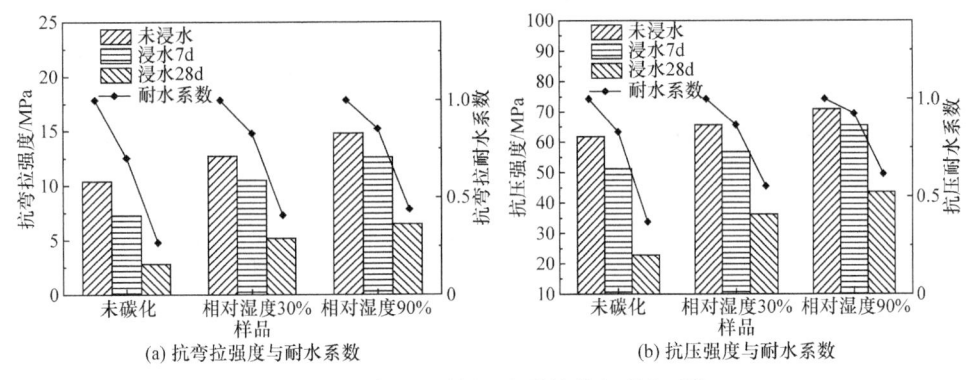

(a) 抗弯拉强度与耐水系数

(b) 抗压强度与耐水系数

图 6.20 碳化后混凝土力学性能和耐水系数

由图 6.20 可以明显看出碳化程度对氯氧镁水泥混凝土力学特性有一定的影响。随着碳化程度的加深，氯氧镁水泥混凝土抗弯拉强度逐渐提高，相对湿度 30% 和相对湿度 90% 环境下未浸水试件抗弯拉强度分别较未浸水未碳化试件提高了 22.1% 和 42.3%，说明碳化有利于提高氯氧镁水泥混凝土密实度；抗压强度随着碳化程度的加深有所提升，但幅度较小。另外，碳化能够显著提升氯氧镁水泥混凝土的耐水性能，以抗弯拉耐水系数为例，相对湿度 30% 试件 7d 和 28d 耐水系数比未碳化试件高 18% 和 50%，其浸水 7d 后的残留强度大于未浸水未碳化的氯氧镁水泥混凝土试件，相对湿度 90% 浸水 7d 的试件残留强度远远大于未浸水未碳化试件。氯氧镁水泥混凝土抗压强度及抗压耐水系数也表明碳化后耐水性能得到有效改善。因此，碳化有利于提高氯氧镁水泥混凝土力学性能和耐水性能。

图 6.21 为抗折试验后氯氧镁水泥混凝土试件断裂面，由图中的标记可以推断出具有良好力学性能的混凝土试件断裂面总是伴随着许多骨料的破裂[图 6.21(a)]，而力学性能差的混凝土试件断裂面大多沿着骨料-砂浆界面处[图 6.21(c)]。骨料破裂面呈黑色或灰色，氯氧镁水泥砂浆断裂面呈白色，经验说明大量骨料破裂容易造成两个断裂面图像极为相似，即具有相似的灰度，而骨料-砂浆界面破裂的断裂面图像形成的灰度相差较大。对氯氧镁水泥混凝土断裂面拍照后采用 Image J 软件进行灰度分析，结果如图 6.22 所示。

由图 6.22(a)可知，未经过去离子水浸泡的混凝土试件断裂面 A 和 B 具有极高的相似度和很高的灰度值，说明此类断裂面的颜色较深。在氯氧镁水泥混凝土体系中具有较深颜色的只能是骨料，进而说明未浸泡的混凝土试件具有极高的力学性能，断裂面通常穿过骨料导致骨料破裂，也说明提高骨料力学性能能够进一

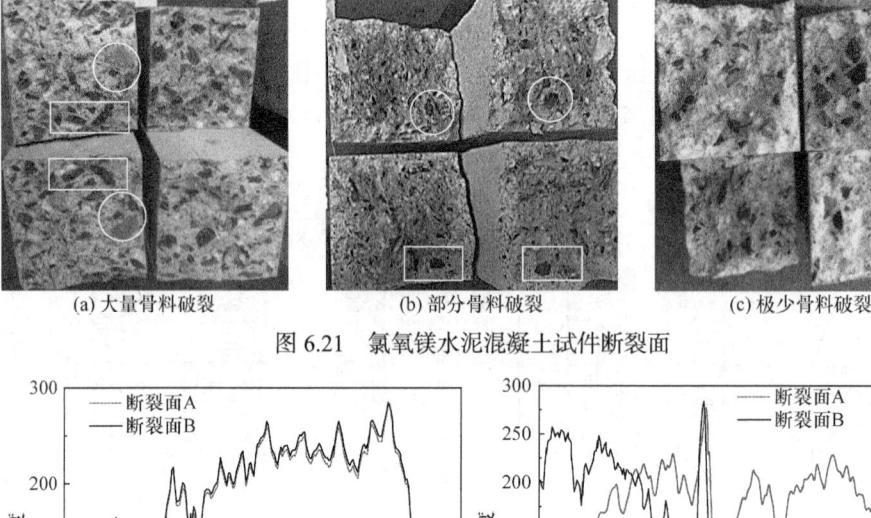

(a) 大量骨料破裂　　　　　(b) 部分骨料破裂　　　　　(c) 极少骨料破裂

图 6.21　氯氧镁水泥混凝土试件断裂面

(a) 未碳化、未浸水　　　　　　　　　　(b) 未碳化、浸水28d

(c) 相对湿度30%碳化28d、浸水28d　　　(d) 相对湿度90%碳化28d、浸水28d

图 6.22　MOC 混凝土断裂界面灰度曲线

步提高氯氧镁水泥混凝土强度。图 6.22(b)、(c)和(d)灰度相似度远远小于图 6.22(a)，说明此类断裂面有经过骨料-砂浆界面处：图 6.22(b)中断裂面 A 与断裂面 B 灰度差距较大，说明很少有骨料破裂且断裂面大都经过骨料-砂浆界面处；图 6.22(c)和(d)灰度相似度较高，但灰度值较低，说明断裂面很少经过骨料或骨料-砂浆界面处，而是通过砂浆。另外，由图 6.22(c)和(d)可以看出，高湿度环境下氯氧镁水泥的碳化行为更有利于提高骨料-砂浆界面黏结能力。图 6.22 说明，氯氧镁水泥混凝土具有较高的力学性能；浸水会导致水分沿通道进入并破坏骨料-砂浆界面；碳化能够有效降低水损坏并保护氯氧镁水泥混凝土骨料界面处。

2. 耐磨性能

耐磨性能是评价道路混凝土耐久性的一个重要指标，直接影响着道路的服役年限，氯氧镁水泥混凝土的耐磨性试验依据《公路工程水泥及水泥混凝土试验规程》，结果如图 6.23 和图 6.24 所示。氯氧镁水泥混凝土耐磨性试验表明碳化后混凝土结构更加密实，质量损失更小；碳化程度越高，其质量损失越小。

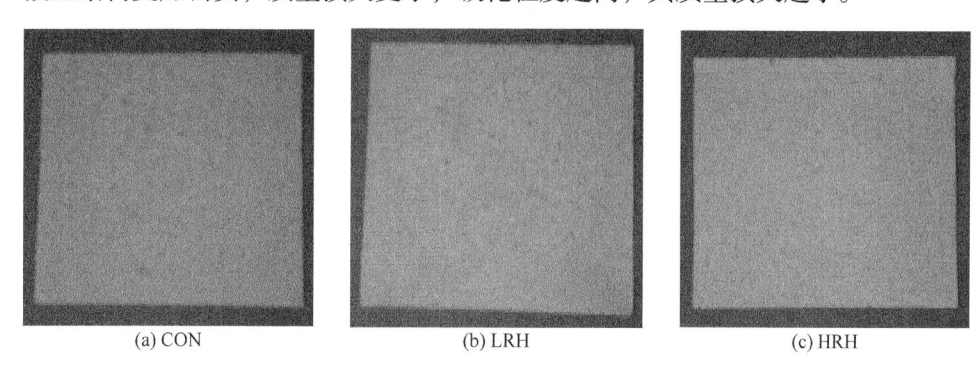

(a) CON　　　　　　　　(b) LRH　　　　　　　　(c) HRH

图 6.23　氯氧镁水泥混凝土耐磨性试验结果

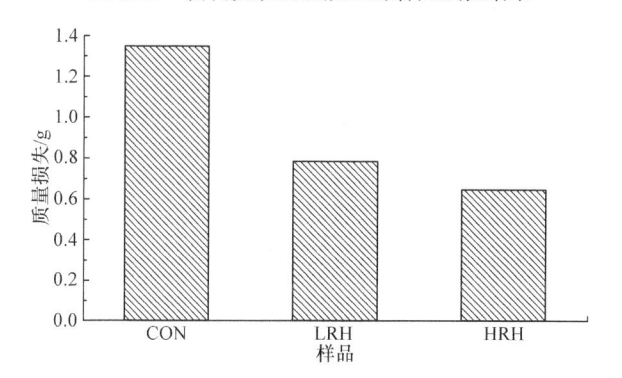

图 6.24　氯氧镁水泥混凝土耐磨性试验质量损失

3. 抗冻性能

西部大部分地区气候寒冷，有必要对氯氧镁水泥混凝土进行抗冻性能试验，试验按照《公路工程水泥及水泥混凝土试验规程》要求的方法进行，结果如图 6.25 和图 6.26 所示。

图 6.25 为冻融循环后氯氧镁水泥混凝土实际破损状况。通过 Image J 软件将冻融后的试件图片高斯模糊和二值处理，可以清晰看出，碳化程度高的试件抗冻性能优于碳化程度低的试件，优于未碳化处理的试件；同时也可以看出氯氧镁水

图 6.25 氯氧镁水泥混凝土抗冻性能试验结果

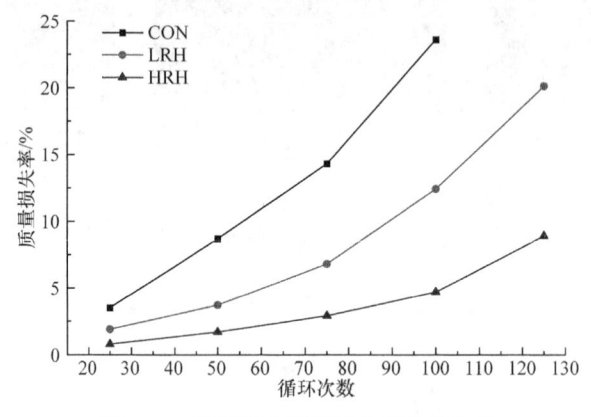

图 6.26 氯氧镁水泥混凝土质量损失率

泥混凝土试件的抗冻性能较差。图 6.26 为抗冻试验过程中试件的质量损失率,由此说明碳化反应产物不仅在氯氧镁水泥水化产物周围形成保护层隔离外部水分的渗透,而且填充了裂缝或孔隙,提高了水泥混凝土的结构密实性,减少了水分浸入混凝土的传输通道,降低了混凝土内部产生的冻胀应力。

参 考 文 献

[1] WALLING S A, PROVIS J L. Magnesia-based cements: A journey of 150 years, and cements for the future[J]. Chemical Reviews, 2016, 116(7): 4170.

[2] GÓCHEZ R, VREELAND T, WAMBAUGH J, et al. Conversion of magnesium oxychloride to chlorartinite and resulting increased water resistance[J]. Materials Letters, 2017, 207(15): 1-3.

[3] DINNEBIER R E, FREYER D, BETTE S, et al. 9Mg(OH)$_2$ · MgCl$_2$ · 4H$_2$O, a high temperature phase of the magnesia binder system[J]. Inorganic Chemistry, 2010, 49(21): 9770-9776.

[4] POWER I M, DIPPLE G M, FRANCIS P S. Assessing the carbon sequestration potential of magnesium oxychloride cement building materials[J]. Cement and Concrete Composites, 2017, 78: 97-107.

[5] UNLUER C, AL-TABBAA A. Enhancing the carbonation of MgO cement porous blocks through improved curing

conditions[J]. Cement and Concrete Research, 2014, 59(10): 55-65.

[6] 冯超, 关博文, 张奔, 等. 湿度对氯氧镁水泥二氧化碳吸附能力影响研究[J]. 硅酸盐通报, 2018, 37(8): 2355-2360.

[7] URWONGSE L, SORRELL C A. The system MgO-MgCl$_2$-H$_2$O at 23°C[J]. Journal of the American Ceramic Society, 2010, 63(9-10): 501-504.

[8] CARMEN M, HALKA B, BORIS M. Reaction products in the system MgCl$_2$-NaOH-H$_2$O[J]. Journal of the American Ceramic Society, 2010, 65(10): 523-526.

[9] DEMEDIUK T, COLE W F, HUEBER H V. Studies on magnesium and calcium oxychlorides[J]. Australian Journal of Chemistry, 1955, 8(2): 215-233.

第 7 章 氯氧镁水泥混凝土路面与涵洞施工关键技术

与硅酸盐水泥相比，氯氧镁水泥具有力学性能优良、凝结硬化快、碱度低、能耗小等优点，但其耐水性能不足限制了氯氧镁水泥混凝土在工程中的广泛应用[1,2]。为了合理规划氯氧镁水泥混凝土在青海省公路建设中的应用[3]，促进青海省经济可持续发展，应以气候要素为条件对氯氧镁水泥混凝土在公路工程中的应用进行适应性研究。根据青海省潮湿系数的分布状况，采用适合的指标对氯氧镁水泥混凝土在公路工程建设区域进行合理划分，对氯氧镁水泥混凝土提出耐水性能要求。由于氯氧镁水泥具有凝结时间短、早期强度高的特点，氯氧镁水泥道路混凝土的施工时间比较短，因此对拌和、运输、摊铺等工序都要进行严格的时间把控。基于氯氧镁水泥混凝土材料组成特点，结合普通混凝土制备工艺，研究 $MgCl_2$ 溶液制备、储存及浓度控制等工艺环节，提出氯氧镁水泥混凝土的制备技术。结合现场示范性工程实践，确定工艺流程时间控制及混凝土材料缓凝措施共用的技术措施，结合已有普通水泥混凝土施工流程优化，最终确定氯氧镁水泥混凝土路面工程与涵洞工程的施工工艺，基于性价比分析方法，评价氯氧镁水泥混凝土路面与涵洞施工的经济效益。

7.1 青海省气候分区及氯氧镁水泥混凝土耐水性能要求

7.1.1 青海省气候分区

青海省地处青藏高原，深居内陆，远离海洋，加之地势高耸，具有典型的高原大陆性气候。其气候特征是日照时间长、光照充足、太阳辐射强；冬季漫长、夏季凉爽；气温日较差大，年较差小；降水量少，地域差异大等。不同的气候类型对氯氧镁水泥混凝土材料有着不同的要求。因此，针对不同的气候区域要求，选择合适的混凝土耐水性能处理措施，在青海全省建立氯氧镁水泥公路工程气候分区是非常有必要的。针对传统氯氧镁水泥耐水性能不足的缺点，采用年潮湿系数(年降水量/年蒸发量)等值线作为区划的标志。

某一地区年降水量与年蒸发量的比值为潮湿系数，如式(7.1)所示：

$$K = \frac{R}{E_\mathrm{T}} \tag{7.1}$$

潮湿系数 K 分为六级：过湿区($K > 2.00$)、中湿区($2.00 \geqslant K > 1.50$)、润湿区($1.50 \geqslant K > 1.00$)、润干区($1.00 \geqslant K > 0.50$)、中干区($0.50 \geqslant K > 0.25$)、过干区($K \leqslant 0.25$)。R、Z 分别为年降水量、年蒸发量，单位均为 mm。由于公路沿线的年蒸发量不能直接测定，一般换算成蒸发力，即可能的蒸发量 E_T。我国公路自然区划中一般采用彭曼公式计算蒸发量 E_T，如式(7.2)~式(7.6)所示：

$$E_T = F \times E_0 \tag{7.2}$$

$$E_0 = \frac{\dfrac{\Delta}{r} \times H + E_a}{1 + \dfrac{\Delta}{r}} \tag{7.3}$$

$$E_a = 0.35 \times \left(1 + \frac{53.7 \times 0.723 \times v_{10}}{100}\right) \times (e_a - e_d) \tag{7.4}$$

$$H = R_a \times (1-\gamma) \times \left(0.18 + 0.55 \times \frac{n}{N}\right) - \delta \times T_a^4 \times (0.56 - 0.092 \times \sqrt{e_d}) \times \left(0.10 + 0.90 \times \frac{n}{N}\right) \tag{7.5}$$

$$\Delta = \left(\frac{e_a}{273+T}\right) \times \left(\frac{6463}{273+T} - 3.927\right) \tag{7.6}$$

式中，F——季节系数，11 月至次年 2 月为 0.6，5~8 月为 0.8，其余各月为 0.7；

E_0——水面蒸发量，mm；

Δ——饱和水汽压曲线在气温为 T_a 处的斜率；

T——各月平均气温，℃；

e_d——饱和水汽压，kPa；

e_a——实际水汽压，kPa，随气温 T_a 变化；

r——干湿球湿度公式中的常数，为 0.486；

E_a——空气干燥率，%；

v_{10}——10m 高度月平均风速，m/s；

H——地面辐射平衡值，W/m²；

R_a——大气完全透明时单位面积地面受太阳总辐射量，W/m²；

γ——下垫面反射率，%；

n/N——日照百分率，%；

$\delta \times T_a^4$——气温 T_a 时的黑体辐射值，W/m；

T_a——绝对温度；

δ——玻尔兹曼常数，取 0.825×10^{-10}。

通过建立一元回归方程或 N 阶回归曲线模拟方程，采用我国气象数据(降水量、风力、风速、日照百分率、气温)，以时间、各气象要素分别作为自变量和因变量，计算出各地每个月的蒸发力和潮湿系数，并通过计算结果讨论潮湿系数随季节的变化特征。

$b_1 \times 10$ 在趋势方程中被称为变化倾向率，单位 mm/10a。$b_1 < 0$ 表示一段时间内呈下降趋势；$b_1 > 0$ 表示呈上升趋势；b_1 绝对值的大小表示其上升、下降的幅度。

1. 潮湿系数的季节变化

青海、甘肃等西北省份属于内陆地区，常年干燥少雨，其潮湿系数分布相对而言比较简单。分析研究青海省气象资料与气象科技档案可知，青海省 11 月至次年 2 月，公路所在地区潮湿系数均小于 0.25(属于过干区)。其中，最小潮湿系数 K 分布在海西地区，较大潮湿系数 K 分布于玉树和果洛地区。在 3～4 月及 9～10 月，公路所在地区沿线潮湿系数为 0.05～0.60。海西、治多、贵南、祁连、尖扎、民和、唐古拉、玛多、共和、贵德、循化、乐都等地潮湿系数均低于最低数值 0.25。大通、互助、杂多、囊谦、称多、玉树等地潮湿系数为 0.26～0.50，属于中干区。班玛、久治公路沿线的潮湿系数均值处于 0.51 以上，该区域属于润干区。最小的潮湿系数分布于青海省中部、西部等地区。

雨季，青海全省 5～8 月公路沿线的潮湿系数分布在 0.05～0.75，从空间维度来看，与年度潮湿系数比较，等值线的分布相差较大。海西公路沿线区域的潮湿系数年均值小于 0.25，属于过干区。玛沁、班玛、久治、杂多、囊谦、称多、玉树、达日等地公路沿线的潮湿系数 K 为 0.51～0.75，属于润干区；其他地区包括唐古拉区域的潮湿系数处于 0.26～0.50，为中干区。

2. 潮湿系数的年际变化

青海省干季和全年的潮湿系数变化幅度均小于 0.20，雨季和过渡季节的变化幅度小于 0.36。1971 年以来，干季公路沿线的潮湿系数呈现逐年减小的趋势，雨季、过渡季节及年度潮湿系数呈现增大趋势。干季，青海省公路沿线潮湿系数的变化倾向率呈现出每 10 年减小 0.009，而雨季、过渡季节、年度潮湿系数呈现出每 10 年增大 0.006、0.021、0.007。因此，1971 年来潮湿系数变化并不显著。

3. 潮湿系数的年代变化

青海省各时段降水量、蒸发力和潮湿系数统计表见表 7.1。

表 7.1 青海省各时段降水量、蒸发力和潮湿系数统计表

项目	时段	干季	过渡季节	雨季	年度
降水量/mm	1971~1980 年	10.3	95.5	255.6	361.3
	1981~1990 年	9.6	102.9	269.4	382.0
	1991~2000 年	10.9	88.7	258.0	357.6
	1971~2000 年	10.3	95.7	261.0	367.0
蒸发力/mm	1971~1980 年	123.7	371.5	733.5	1228.7
	1981~1990 年	122.3	369.3	734.5	1226.1
	1991~2000 年	129.1	376.4	740.5	1246.1
	1971~2000 年	125.0	372.4	736.2	1233.6
潮湿系数 K	1971~1980 年	0.078	0.235	0.359	0.224
	1981~1990 年	0.078	0.258	0.380	0.239
	1991~2000 年	0.085	0.219	0.360	0.221
	1971~2000 年	0.080	0.237	0.366	0.228

从表 7.1 可以观察到，1971~2000 年，青海全省公路沿线在雨季、过渡季节、干季及年度潮湿系数的变化出现了由小变大再变小的过程。其中，1981~1990 年青海省公路沿线的潮湿系数出现较大偏差，主要原因为降水量增多及蒸发力相对偏小。1991~2000 年，各季节阶段的蒸发力普遍有所增加，干季降水量有了明显的增多。青海省处于西北内陆地区，气候干燥，水汽相对较少，气候结构相对比较简单，气候特征以干旱和半干旱为主，潮湿系数变化相对比较简单。以 0.30 作为潮湿系数的相对限度，青海省的玉树东部地区、果洛及黄南南部地区降水相对较多，从而这些地区潮湿系数较高，为高值区。门源、大通等地潮湿系数为 0.30 左右，除此之外，全省其余地区的潮湿系数均小于 0.30，属于干旱地区。青海省玉树东部、黄南南部、果洛大部潮湿系数大于 0.25，果洛南部久治甚至高达 0.50 以上；潮湿系数在 0.26 左右的有门源、大通等地；全省最干旱的地区为柴达木盆地，其潮湿系数低于 0.10；其余地区均小于 0.25。青海省气候区范围如表 7.2 所示。

表 7.2 青海省气候区范围

气候区	范围
过干区 I	I-1：柴达木盆地北部—青海湖北部—祁连山东部一带 I-2：祁连山中部—海西北部、玉树中西部—柴达木盆地以南—海南西南部、果洛中北部—海南南部一带

续表

气候区	范围
过干区 I	I-3：巴颜喀拉山南北两侧的玉树东北部和果洛西北部 I-4：青海东部包括民和、乐都、循化在内的地区 I-5：柴达木盆地中部及青海东部包括同仁、尖扎、共和、化隆等地在内的农业区 I-6：柴达木盆地周缘—环青海湖地区及贵南、湟源等地
中干区 II	II-1：祁连山西北部、玉树中部、果洛中北部—海南南部一带 II-2：柴达木盆地以南—玉树西部的可可西里地区 II-3：以囊谦为代表的玉树州东南部地区 II-4：除囊谦以外的玉树东南部、果洛东部(久治除外)—黄南大部及青海东部的大通、互助等地
润干区 III	III-1：果洛东部地区

7.1.2 氯氧镁水泥混凝土耐水性能要求

按年潮湿系数 K 对青海省划分为过干区、中干区和润干区，并提出青海省氯氧镁水泥耐水性能指标要求及耐水性能改善建议，如表 7.3 所示。

表 7.3 青海省气候区及氯氧镁水泥耐水系数要求(按 K 值划分)

气候区	区域	K	耐水系数	推荐种类
过干区	I-1	$K \leqslant 0.10$	$\geqslant 0.20$	石灰石粉、白云石粉
	I-2、I-3、I-4、I-5、I-6	$0.10 < K \leqslant 0.25$	$\geqslant 0.60$	普通
中干区	II-1、II-2、II-3、II-4	$0.25 < K \leqslant 0.50$	$\geqslant 0.70$	粉煤灰
润干区	III-1	$0.50 < K \leqslant 1.00$	$\geqslant 0.80$	抗水剂

7.2 氯氧镁水泥混凝土制备技术

为了便于氯氧镁水泥混凝土后期在公路工程中大规模推广应用，结合普通混凝土制备工艺流程，本节对氯氧镁水泥混凝土的现场制备工艺流程进行系统研究，其工艺流程如图 7.1 所示。

从图 7.1 可以发现，氯氧镁水泥混凝土制备工艺与普通硅酸盐混凝土制备工艺的不同之处主要有两个：第一，氯氧镁水泥原材料的供给主要为轻烧粉 MgO；第二，氯氧镁水泥拌和用水是由氯化镁溶液所制的卤水。轻烧粉和水泥同属粉状，可以采用水泥料仓储存和称量。在制备氯氧镁水泥混凝土时，须提前准备好试验所需浓度的氯化镁溶液。

氯化镁溶液的配制分两步完成。

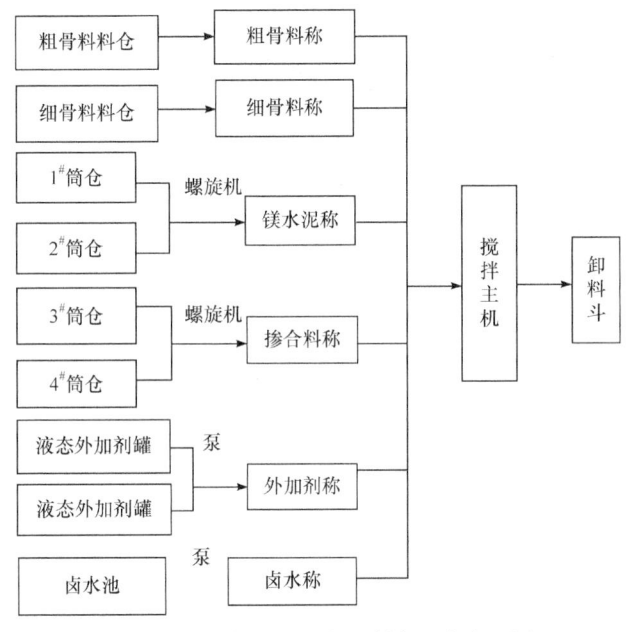

图 7.1 氯氧镁水泥混凝土制备工艺流程图

第一步是配制氯化镁饱和溶液。将氯化镁倒入溶解池中搅拌成饱和溶液，溶解池如图 7.2 所示。

图 7.2 氯化镁溶解池

氯化镁溶解池应该设置于拌和站附近，有输送管道可以连接到调节池，溶解池大小应根据氯氧镁水泥混凝土 1d 的拌和量来设计，一般应满足当天拌和用水量。由青海现场试验工程铺筑的经验分析，平均每天可以生产40车的混凝土，每车可以运送 8m³ 混凝土，1d 总共可以生产氯氧镁水泥混凝土 320m³。按照氯氧镁水泥材料组成设计要求，氯化镁溶液波美度为 25°Bé，密度为 1200kg/m³，计算可以得出每天需要配制的氯化镁溶液体积为 48~53m³。可以设计溶解池为 5m × 8m 的长方形，深为 1.5m，体积为 60m³。

为快速得知卤水浓度是否合适，可以选用波美计进行现场测试，如图 7.3 所示，氯化镁加速溶解如图 7.4 所示。

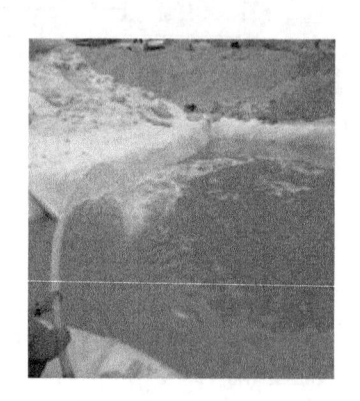

图 7.3 波美度测试图　　　　　　图 7.4 氯化镁加速溶解

氯化镁波美度与温度、浓度之间的计算关系，如式(7.7)所示：

$$y = 1.002747 \cdot x_1 + 0.47033 \cdot x_2 - 1.38618, \quad R^2 = 0.99 \tag{7.7}$$

式中，y——氯化镁溶液波美度，°Bé；

x_1——质量浓度×100，%；

x_2——测量时的温度，℃。

在现场试验工程铺筑过程中发现，溶解池中的氯化镁溶解速度有限，虽然采取了高压喷水加速液体流动的方式，但成效依然甚微，流动液体仅限于局部而无法带动整个溶解池运动。大规模拌和生产时，建议将抽水泵放置于溶解池中央，使其抽出的液体直接喷到池中，加速液体的流动，以便加速氯化镁的溶解，使得溶解池中液体浓度达到一致、平衡。

第二步是配制满足要求的氯化镁溶液。将饱和的氯化镁溶液泵送到氯化镁调节池中(图 7.5)，调节池可将饱和氯化镁溶液调节成为适合浓度的氯化镁溶液，形状为 4m × 5m 的长方形，深 1.9m。

氯氧镁水泥混凝土拌和时，材料添加顺序依次为胶凝材料、骨料、砂、外加剂和水，加入卤水前可预拌 30s，加入卤水后搅拌 5~10min。

第7章 氯氧镁水泥混凝土路面与涵洞施工关键技术

图7.5 氯化镁调节池

7.3 氯氧镁水泥混凝土路面施工技术

青海省海西泉水沟公路工程项目，是海西泉水沟地区国防公路的重要组成部分，也是海西柏树山旅游景区的必经之路，项目起点K6+990，终点K11+615接G315线。路线所经地区主要有德令哈市郊区、陶斯图。项目所在地位于柴达木盆地东北部，属于Ⅰ区域，高原荒漠半荒漠干旱气候，年均气温4℃，年降水量约176.1mm。

在B标段选取2km进行氯氧镁水泥混凝土路面铺设，路面结构如表7.4所示。试验路面工程由青海省海西州交通运输局和青海省交通科学研究院负责，长安大学提供技术支持。

表7.4 氯氧镁水泥混凝土试验段路面结构

地理位置	青海省海西州泉水沟公路工程B标段
试验路长度	1800m+200m(掺白云石粉)
路面宽度	6.0m
路面结构	氯氧镁水泥混凝土面层20cm
路面设计强度及工作性能	设计抗弯拉强度4.0MPa，C30，施工坍落度10~50mm

7.3.1 原材料

胶凝材料为氧化镁、轻烧白云石粉(轻烧粉)和氯化镁，其中氧化镁产自辽宁海域，为米黄色粉末，主要成分如图7.6所示，利用水合法测得氧化镁的活性为60%。轻烧白云石粉产自青海格尔木，主要成分如图7.7所示，存放场地见图7.8。

氯化镁产自青海格尔木，主要成分如图 7.9 所示，为白色晶体，存放场地见图 7.10。

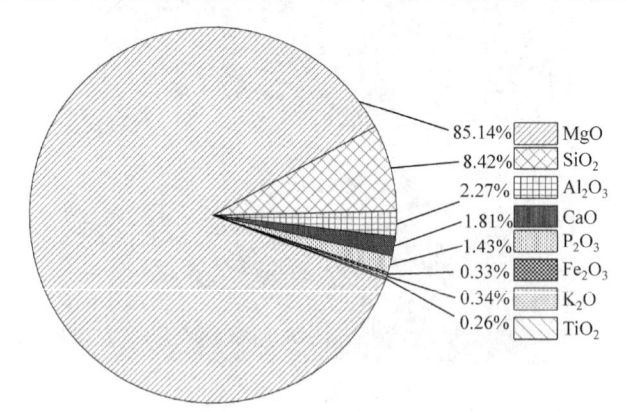

85.14% MgO
8.42% SiO$_2$
2.27% Al$_2$O$_3$
1.81% CaO
1.43% P$_2$O$_5$
0.33% Fe$_2$O$_3$
0.34% K$_2$O
0.26% TiO$_2$

图 7.6　氧化镁的主要成分(质量分数)

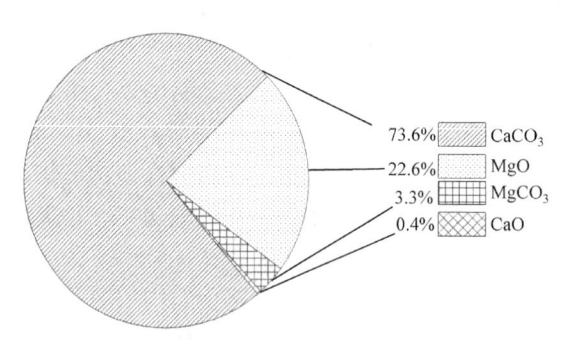

73.6% CaCO$_3$
22.6% MgO
3.3% MgCO$_3$
0.4% CaO

图 7.7　轻烧白云石粉主要成分(质量分数)
因质量分数进行过舍入修约，合计不为100%

图 7.8　轻烧粉存放场地

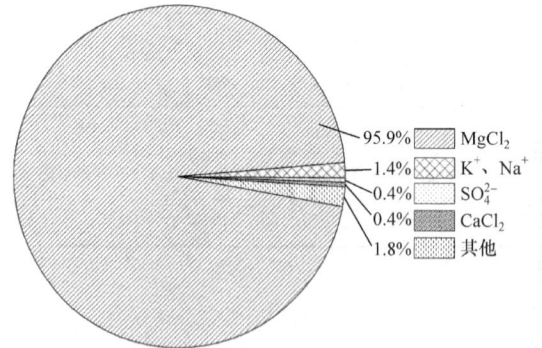

95.9% MgCl$_2$
1.4% K$^+$、Na$^+$
0.4% SO$_4^{2-}$
0.4% CaCl$_2$
1.8% 其他

图 7.9　氯化镁的主要成分(质量分数)
因质量分数进行过舍入修约，合计不为100%

图 7.10　氯化镁存放场地

粗骨料为粒径 16.0~31.5mm 的碎石，堆积密度为 1.45g/cm^3，振实密度为

1.60g/cm³，表观密度为 2.727g/cm³，压碎值为 17.5%，针片状颗粒含量为 2.7%。砂的粒径小于 9.5mm，细度模数为 3.24，堆积密度为 1.808g/cm³，表观密度为 2.657g/cm³，含泥量为 2.3%。粗骨料和砂存放场地分别见图 7.11 和图 7.12。

图 7.11 粗骨料存放场地　　　　　图 7.12 砂存放场地

外加剂为复合外加改性剂，其掺量为 10%，存放场地见图 7.13。

水为天然水，河水清澈，不含杂质，水量丰富，经检测可以作为工程用水，见图 7.14。

图 7.13 外加剂存放场地　　　　　图 7.14 工程用水

7.3.2 施工配合比

试验工程按照抗弯拉强度为 4.0MPa、坍落度为 10~50mm 来设计配制氯氧镁水泥混凝土，由大量的室内试验得到，表 7.5 中两种配合比均能满足施工的要求，现分别应用于试验路段。轻烧粉铺筑长度为1800m，轻烧粉和苛性白云石粉混合料铺筑长度为200m。

表 7.5 氯氧镁水泥混凝土施工配合比

原料	轻烧粉	苛性白云石粉	氯化镁	水	砂	碎石
质量/kg	230	0	104.05	81.07	772.38	1260.2
	95	285	143	100.2	694.564	1133.236

该工程设计文件要求氯氧镁水泥混凝土设计强度等级为C30,坍落度为120～160mm,分别按照添加与不添加苛性白云石粉进行室内试验设计。经验证,表7.6、表7.7中的两种配合比能够满足设计文件要求,分别用于试验工程中。

表7.6 生产路段混凝土配合比

水灰比	混凝土材料用量/(kg/m³)				坍落度/mm	28d抗弯拉强度/MPa
	水泥	水	砂	碎石		
0.41	390	160	713	1163	40	4.2

表7.7 氯氧镁水泥混凝土施工配合比(不添加苛性白云石粉)

混凝土材料用量/(kg/m³)					坍落度/mm	7d抗弯拉强度/MPa
轻烧粉	氯化镁	水	砂	碎石		
230	106	82	773	1260	40	6.1

7.3.3 氯氧镁水泥混凝土路面施工

1. 施工准备

氯氧镁水泥混凝土面临的主要问题之一为钢筋腐蚀,氯氧镁水泥对钢筋的腐蚀速率比普通硅酸盐水泥对钢筋的腐蚀速率要高5倍。已有研究表明[4,5],防腐蚀涂层处理能够很好地解决氯氧镁水泥混凝土中钢筋锈蚀问题。因此,传力杆和拉杆应进行防腐蚀处理,如图7.15所示。

图7.15 钢筋的防腐蚀处理

2. 氯氧镁水泥混凝土制备

氯氧镁水泥混凝土拌和前,需提前准备好氯化镁溶液,氯化镁溶液浓度应达到要求,波美度控制在24～25°Bé,如果现场条件允许,应将氯化镁溶液静置1d。由于氯氧镁水泥具有较大的腐蚀性,所以铺筑现场需要的金属材料应进行防腐蚀处理。另外，氧化镁、白云石粉等材料易潮湿结块，应保存在干燥阴凉处，并做好防水处理，骨料、砂存放时也应注意防止雨淋。

3. 运输

为保证氯氧镁水泥铺筑质量，运输混凝土采用罐车，根据现场拌和速度、铺筑速度及拌和站与铺筑现场距离等计算罐车的数量，并进行连续作业。由于氯氧镁水泥混凝土具有早凝早强的特性，一般拌和出机的坍落度为 50~80mm，而工程设计要求的坍落度为 10~40mm，应根据氯氧镁水泥混凝土的凝结特征和规律指导现场试验工程铺筑。室内试验强度增长规律如图 7.16 所示。

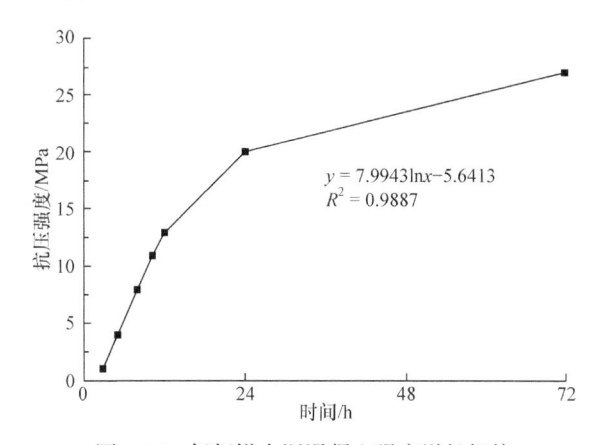

图 7.16 氯氧镁水泥混凝土强度增长规律

由室内试验及现场试验铺筑情况得出，氯氧镁水泥混凝土从出厂到铺筑现场的时间应控制在 40min 以内，铺筑时间控制在 20min 以内；如果混凝土中添加缓凝剂类的外加剂，则施工时间可延长至 3h。运输选用混凝土搅拌车，见图 7.17。

图 7.17 搅拌车

4. 摊铺

在氯氧镁水泥混凝土摊铺前，应先测试混凝土的各项指标性能，如坍落度(图 7.18)、水胶比等。当各项指标满足设计要求时，方可进行混凝土铺筑。氯氧镁水泥混凝土摊铺时，将罐车中的料直接倾倒在基层上，如图 7.19 所示。用插入式振捣器对拌和好的混凝土进行振捣，振捣器应横跨整个摊铺幅度，并沿所有胀缝装置两边同时进行充分、有效的振捣。

图 7.18 现场坍落度检测　　　　　图 7.19 混凝土铺筑

5. 振捣

氯氧镁水泥混凝土振捣方式包括插入式振动棒振捣(图 7.20)和振动梁振捣(图 7.21)。当摊铺作业面大于 10m 时，开始振捣工序，采用振捣棒进行作业，此时应注意避免振捣棒接触到模板、预埋钢筋等构件，同时还要保证振捣作业的充分和均匀。当表面出现泛浆或无气泡时，即可停止该区域振捣，避免出现漏振或多振区域，振捣时间一般不超过 30s。

图 7.20 振动棒振捣　　　　　图 7.21 振动梁振捣

6. 整平和切缝

整平工序可以分为两步进行。第一步为粗整平,由圆盘式抹面机完成(图 7.22);第二步为精整平,由叶片式抹面机来完成(图 7.23)。整个整平工序在振捣后的 1h 之内完成。

图 7.22 粗整平 　　图 7.23 精整平

同普通混凝土路面施工,氯氧镁水泥混凝土摊铺、粗整平后,也需要设置胀缝板。胀缝板要求具有良好的收缩、弹性恢复、耐久性等性能,能够适应氯氧镁水泥的腐蚀性,一般每 3~4m 设置一处胀缝板。现场铺筑试验路以 4m 长度为限,设置胀缝板,见图 7.24 和图 7.25。

图 7.24 胀缝板 　　图 7.25 设置胀缝板

7. 拉毛和拆模

为了增大车辆与路面之间的摩擦和阻力,保证行车安全,需要在混凝土路面上进行粗糙化处理,以加大道路表面的构造深度,一般工序分为刻槽、压槽、拉槽或拉毛(图 7.26)等。在混凝土道路表面进行加大构造深度工序时,应保证深度

均匀性、构造棱角的完整性，同时不破坏路面的平整度。鉴于氯氧镁水泥混凝土具有凝结时间短、早期强度高的特点，应在精整平后迅速进行拉毛、刻槽等工序，避免路面硬化而导致拉毛困难及产生路面成块分离等损坏。

图 7.26 拉毛处理

由于氯氧镁水泥混凝土凝结时间短、硬化速度快，一般 3d 强度能达到强度最大值的 70%～80%，因此氯氧镁水泥混凝土的拆模时间较短。按照水泥混凝土相关规范要求，当强度超过 8.0MPa 时，可以进行拆模工序，结合实验室数据可以得出，氯氧镁水泥混凝土铺筑后 6h 就可以拆模。

8. 养护

对于氯氧镁水泥混凝土来说，前期材料组成设计直接影响着其路用性能，后期养护方式也同样对混凝土的各项指标产生重大影响，养护环境、养护方式都直接使氯氧镁水泥混凝土的性能发生变化。不同环境、不同养护方式下，水泥混凝土内在的水化历程、水化热、水化产物等均会产生不同的变化，外在体现在各项路用性能指标的变化。大量研究表明，氯氧镁水泥混凝土不需要进行洒水养护，摊铺后的前 3d 要严格控制水的浸入，特别是阴雨天应覆盖塑料薄膜，避免雨水的冲刷。本研究进行不同养护方式试验，分别为标准养护室养护、室外自然养护和室外薄膜养护。图 7.27 为三种养护方式下氯氧镁水泥混凝土的抗压强度。

由图 7.27 可以看出，三者力学性能具有较为明显的差异性。室外薄膜养护条件的氯氧镁水泥混凝土强度最高，此种养护方式的温度适宜，水分蒸发少，外界水分进入少。标准养护条件的湿度较高，室外自然养护受水分蒸发及外界水分进入影响较大，因此强度均略有下降。

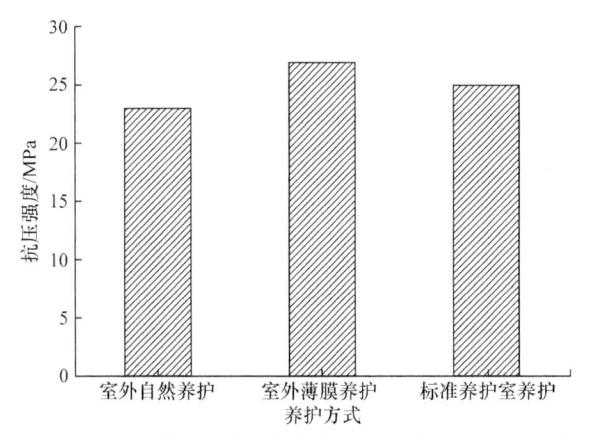

图 7.27 三种养护方式下氯氧镁水泥混凝土的抗压强度

9. 施工质量检测

道路工程施工需要进行质量检测，检测内容包括原材料的性能指标、混凝土的工作性能指标和强度指标等。

施工前检测：施工之前主要是对原材料的性能检测，主要包括骨料和砂的粒径大小、力学指标、含水率等；氧化镁和白云石粉的细度、活性、有无凝结等；氯化镁的纯度等。

施工中检测：施工中主要是对原材料的级配组成有无变化、拌和后的混凝土和易性是否满足要求等进行检测，保证混凝土具有良好的泌水性与坍落度，避免出现离析等现象，对摊铺后的氯氧镁水泥混凝土路面进行路面质量状况检测等。铺筑成型后应进行 7d 强度检测，本试验工程是由青海省海西州建设检测试验公司进行检测的，其 7d 强度如图 7.28 所示。

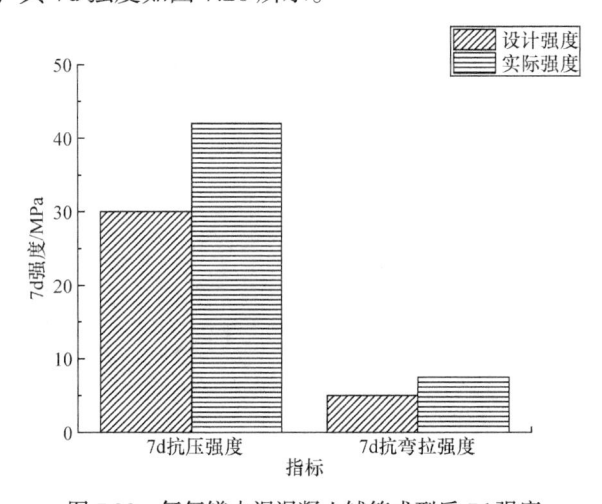

图 7.28 氯氧镁水泥混凝土铺筑成型后 7d 强度

施工后检测：施工后期主要进行养生方式检测、路面状态检测及氯氧镁水泥混凝土力学指标监控。本试验工程力学指标的监控采用回弹仪对相同路段进行了10d 的检测，强度随龄期的增长规律如图 7.29 所示。修筑后 3d 通车情况如图 7.30 所示。

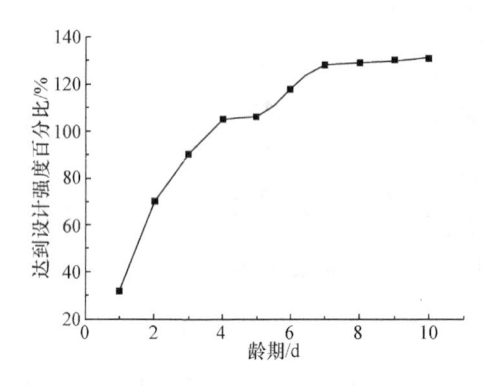

图 7.29 氯氧镁水泥混凝土强度随龄期的增长规律

图 7.30 修筑后 3d 通车情况

由图 7.29 可以看出，试验路段混凝土的强度发展良好，3d 的强度达到了设计文件要求强度的 94%，远远大于普通硅酸盐水泥的强度。

7.3.4 氯氧镁水泥混凝土路面应用效果

本小节对氯氧镁水泥混凝土路面现场试验工程进行了跟踪观测，表面平整无裂纹，现场示范工程整体运营状况良好，见图 7.31。预存 2a 试件与 28d 试件强度对比，见图 7.32。经检测，氯氧镁水泥混凝土强度基本上没有衰减，其强度为相邻路段普通混凝土的 1.5 倍左右。观测结果表明，氯氧镁水泥混凝土非常适用于青海地区公路路面工程建设，不仅可提高路面的力学性能，还能延长其使用寿命。

图 7.31 通车 2a 后取样

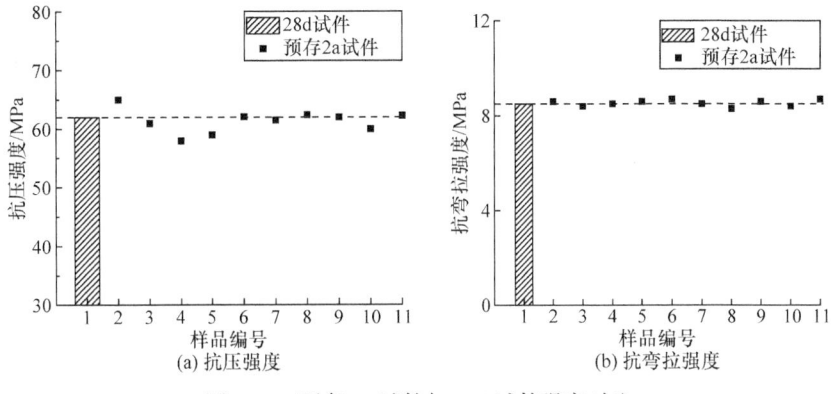

图 7.32　预存 2a 试件与 28d 试件强度对比

7.4　氯氧镁水泥混凝土涵洞施工技术

试验路项目为海西泉水沟地区国防公路涵洞工程，采用氯氧镁水泥混凝土进行建设。项目所在地位于青海省柴达木盆地东北部，属于过干区（Ⅰ区），高原荒漠半荒漠干旱气候。

修筑氯氧镁水泥混凝土盖板明涵 2 道。试验工程由青海省海西州交通运输局、青海省交通科学研究院负责，由长安大学提供技术支持。

7.4.1　原材料及施工配合比

试验涵洞氯氧镁水泥混凝土原材料与试验路面氯氧镁水泥混凝土原材料一致，见 7.3.1 小节。氯氧镁水泥混凝土涵洞施工配合比如表 7.8 所示。

表 7.8　氯氧镁水泥混凝土涵洞施工配合比

混凝土材料用量/(kg/m³)					坍落度/mm	28d 抗压强度/MPa
轻烧粉	氯化镁	水	砂	碎石		
238	112	107	724	1151	132	46.3

7.4.2　氯氧镁水泥混凝土涵洞施工

1. 施工前准备

试验涵洞混凝土施工前准备与试验路一致，见 7.3.3 小节。在公路涵洞施工的过程中，经常会使用模板。防锈处理是公路涵洞施工前的必需工作。在支模之前要在模板上涂抹脱模剂，用水平尺和砂浆将支撑处顶面的模板找平，以保证施工中模板的水平和平整，从而保证施工质量。同时，为防止产生漏浆、跑模等现象，需在螺栓接口处放置海绵条。

盖板混凝土浇筑之前，先要确保支架的搭设、底模的安装是否到位。为保证施工质量及施工安全性，可采用钢筋支架。在钢模板进行底模安装时要对接缝处进行严密处理，绑扎钢筋时，要确保钢筋的尺寸和直径等参数准确。对钢筋采用防腐蚀涂层进行防腐蚀处理后，需要矫正两根主钢筋的位置，确保竖直后对其进行固定。在绑扎钢筋时，确保主骨架牢固，并检查其在竖直方向的竖直度是否符合要求。严格按照设计图纸进行绑扎，以免出现丢筋、漏筋的情况，可采用混凝土垫块，用来确保钢筋骨架捆扎位置准确。钢筋的绑扎与防腐蚀处理如图 7.33 所示。

图 7.33　钢筋绑扎与防腐蚀处理

2. 拌和与运输

将氯氧镁水泥混凝土原材料严格按照施工配合比要求进行准确称量，采用电子计量系统来保证称量的准确性。轻烧氧化镁、抗水剂、砂和碎石分别由加料仓加入，根据拌和物的黏聚性、均质性及强度稳定性，通过试拌，确定最佳拌和时间。在搅拌过程中，卤水最后由专用泵从调节池加入到搅拌锅中。为了使卤水、轻烧氧化镁、抗水剂充分发生反应，搅拌时间较传统混凝土搅拌时间增加了 30s。每天施工完毕后，需要清洗搅拌与传输容器 2～3 遍。氯氧镁水泥混凝土具有早强、凝结硬化快的特性，工程要求的坍落度为 120～160mm。根据现场观测，氯氧镁水泥混凝土放热高，坍落度在运输过程中损失大，涵洞用氯氧镁水泥混凝土制备到运输完毕时间不超过 30min。每天运输完毕后，需要清洗运输容器 2～3 遍。

3. 浇筑

使用溜槽入仓浇筑，并随时检查混凝土的坍落度及和易性。在浇筑施工中，应确保混凝土出浆口距离底模不大于 2m，并严格控制水灰比，避免出现离析。在浇筑时，应确保浇筑高度在 30cm 上下，以保证水泥浆不会喷洒到模板及钢筋上，并确保能够一次性、连续性进行浇筑，保证施工过程中混凝土的外观质量符合相关规定要求。图 7.34 和图 7.35 展示了混凝土的浇筑过程。

图 7.34　混凝土浇筑(基础)　　　　图 7.35　混凝土浇筑(盖板)

4. 振捣

使用插入式振捣器振捣，振捣器移动的距离应为振动半径的 1.5 倍，同时要确保与侧模保持 10～150mm 的距离，避免振捣棒触碰模板和钢筋。每次振捣应缓慢进行，至该部位密实，混凝土停止下沉，不再冒出气泡，表面平整泛浆为止，并在浇筑期间注意观察模板，钢筋和预埋件牢固情况，不发生松动或移位情况。图 7.36 和图 7.37 展示了振捣作业过程。

图 7.36　振捣作业(基础)　　　　图 7.37　振捣作业(盖板)

5. 拆模

混凝土路面拆模时，不仅需要考虑施工所在区域的环境温度条件，还需考虑混凝土的特性等因素。通常情况下，拆模时间应距离施工时间 6～24h 为宜，具体依据当地天气变化情况而定。在拆模时，要对已经凝固的混凝土表面棱角进行保护，保证其外观质量。图 7.38 展示了拆模后效果，图 7.39 为现场回弹检测。

图 7.38　拆模后效果图 　　　　　　图 7.39　现场回弹检测

经现场检测，混凝土表面平整，棱线顺直，无严重啃边、掉角现象；混凝土表面未出现非受力裂缝。盖板尺寸符合质量标准，混凝土的 7d 强度达到 40.0MPa 以上，满足设计要求。

7.4.3　氯氧镁水泥混凝土涵洞应用效果

氯氧镁水泥混凝土涵洞试验工程和涵洞混凝土留样测试分别见图 7.40 和图 7.41。从试验工程现场施工的效果来看，经现场检测，盖板尺寸符合质量标准，4d 强度达到设计强度，混凝土 7d 强度达到 40.0MPa 以上，远远超过 C30 强度设计要求，具有更优异的承载能力。

图 7.40　氯氧镁水泥混凝土涵洞试验工程 　　　图 7.41　涵洞混凝土留样测试

现场试验工程施工完成后，对氯氧镁水泥混凝土涵洞试验工程进行了跟踪观测，涵洞氯氧镁水泥混凝土使用 2a 与 28d 抗压强度对比见图 7.42。试验工程运营两年来效果良好，氯氧镁水泥混凝土强度无衰减。观测结果表明，氯氧镁水泥混凝土可以适用于青海省高寒干旱地区公路涵洞工程，不但能提高其力学性能，还可延长其使用寿命。

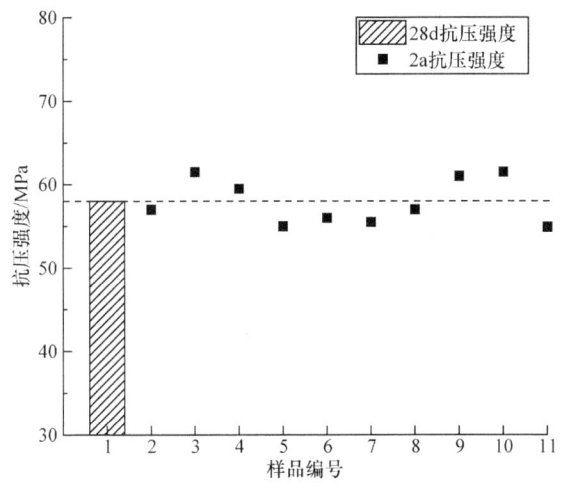

图 7.42 涵洞氯氧镁水泥混凝土使用 2a 与 28d 抗压强度对比

7.5 经济与环境效益分析

7.5.1 成本分析

试验工程路面及常规路面主要原材料单价如表 7.9 所示，选用的混凝土路面材料单价对比分析如图 7.43 所示。

表 7.9 主要原材料单价 (单位：元/t)

编号	品类	材料费	产地	目的地	运费	单价
1	轻烧粉	380	东北	德令哈	670	1050
2	轻烧白云石粉	320	西宁	德令哈	330	650
3	氯化镁	90	格尔木	德令哈	250	340
4	普通硅酸盐水泥	350	德令哈	德令哈	0	350

从表 7.9 可以看出，轻烧粉和轻烧白云石粉单价高于普通硅酸盐水泥，氯化镁的单价低于普通硅酸盐水泥。氯氧镁水泥混凝土胶凝材料的用量低于普通硅酸盐水泥混凝土胶凝材料的用量，试验路面材料单价与生产路面材料单价相近。从图 7.43 可以看出，仅仅从材料费用(仅材料成本，不含运费)比较，氯氧镁水泥路面(试验路面 1)混凝土材料单价 341 元/m³、掺白云石粉镁水泥路面(试验路面 2)混凝土材料单价 362 元/m³，较生产路面(试验路面 3)普通硅酸盐水泥混凝土材料单价 370 元/m³ 分别降低 8%和 2%。

从表 7.9 还可以发现，产地运输距离对原材料的价格影响较大，尤其是轻烧粉从东北运到德令哈的运费已远超于材料本身的费用。由于运输成本的增加，材

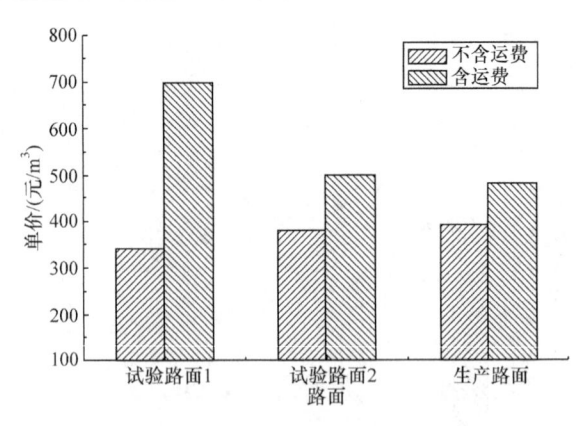

图 7.43　不同路面材料单价对比图

料总费用大幅度增加，从总费用(材料费+运费)比较，氯氧镁水泥路面混凝土材料单价 713 元/m³、掺白云石粉镁水泥路面混凝土材料单价 514 元/m³，较普通硅酸盐水泥混凝土材料单价 464 元/m³ 分别提高 54%和 11%。涵洞工程用 C30 混凝土材料单价对比如图 7.44 所示。

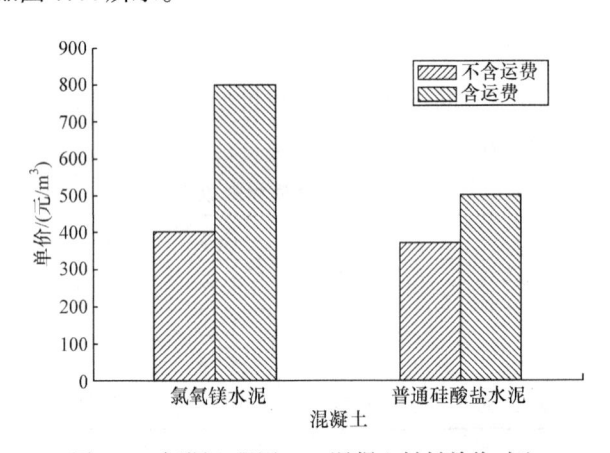

图 7.44　涵洞工程用 C30 混凝土材料单价对比

从图 7.44 可以看出，仅仅从材料费用比较，氯氧镁水泥混凝土材料单价与普通硅酸盐水泥混凝土相近，成本增加 10%；受运费的影响，氯氧镁水泥路面混凝土材料单价(材料费+运费)812 元/m³ 较普通硅酸盐水泥混凝土材料单价增加 59%。虽然氯氧镁水泥混凝土总价较高，但其具有优异的力学性能，28d 抗压强度达到了 42.3MPa，远远地超过普通硅酸盐水泥混凝土的设计强度。通过室内试验可知，氯氧镁水泥混凝土具有很好的抗腐蚀能力。在普通水泥混凝土路面分析中，并没有将其在青海柴达木盆地盐渍土环境中防腐蚀处理措施的相关费用计算在内，从全寿命周期成本综合分析来看，氯氧镁水泥混凝土路面的综合成本可能会更低。

7.5.2 性价比分析

性能价格比，简称性价比，是材料优化后路用性能与材料成本的比值，定义为单位人民币的材料性能，其表达式为

$$性价比 = \left[\sum_{i=1}^{n} k_i f_i\right] \Big/ C \tag{7.8}$$

式中，k_i——各指标权重系数的取值；

f_i——路用性能指标值(相对于普通混凝土的比值，普通混凝土取 1.00)，为氯氧镁水泥混凝土的抗弯拉强度、抗压强度等性能指标与基准水泥混凝土性能指标之比；

C——路面材料价格。

由于氯氧镁水泥混凝土路面的施工工艺与传统普通混凝土的工艺相近，防腐及卤水加工等费用为成本的 10%，其他人工设备费用并无增加。氯氧镁水泥混凝土的性能评价和性价比评价结果分别如表 7.10 和表 7.11 所示。

表 7.10　氯氧镁水泥混凝土性能评价

类型	力学性能		耐久性						总评
	抗弯拉强度	抗压强度	抗渗性能	耐磨性能	耐腐蚀性能	抗冻性能	耐水性能	收缩性能	
权重系数	0.20	0.20	0.10	0.10	0.10	0.10	0.10	0.10	1.00
普通混凝土	1.00	1.00	1.00	1.00	1.00	1.00	1.00	1.00	1.00
氯氧镁水泥混凝土	1.56	1.58	1.50	1.12	1.22	1.20	0.90	1.30	1.35

注：指标权重系数采用专家咨询法取值。

表 7.11　氯氧镁水泥混凝土性价比评价

类型	普通混凝土	氯氧镁水泥混凝土(不含运费)	氯氧镁水泥混凝土(含运费)
性能	1.0	1.35	1.35
成本	1.0	1.07	1.63
性价比	1.0	1.26	0.83

由表 7.10 和表 7.11 可知，不考虑运费的情况下，氯氧镁水泥混凝土路面造价略高于普通水泥混凝土路面，每立方米价格是普通混凝土路面的 1.07 倍，其性价

比却是普通混凝土路面的 1.26 倍,表明氯氧镁水泥混凝土路面的最终成本收益比更高。考虑运费情况,氯氧镁水泥混凝土路面造价远高于普通水泥混凝土路面,虽然氯氧镁水泥混凝土综合性能优于普通混凝土,但高额的运输费用造成性价比较低,仅为 0.83。目前,青海省内发现可供炼镁用菱镁矿、白云岩产地较少,勘查程度也比较低。试验路选用的轻烧粉从东北远距离运输导致成本大大增加。建议进一步扩展察尔汗盐湖氯化镁制备工艺方面的研究,提高氯化镁在氯氧镁水泥混凝土中的综合利用率。氯氧镁水泥原材料在青海实现自给自足,提高氯化镁利用效率,将大幅度降低跨省份长距离运输的成本。

7.5.3 环境效益分析及推广应用前景

青海省镁资源丰富,具有优越的开发利用价值,其自然条件及镁资源物质基础使得镁产品发展前景十分可观。青海省镁资源主要集中在柴达木盆地,以氯化镁、硫酸镁为主,储量达 4.782×10^{12} t。察尔汗盐湖是柴达木盆地钾肥开发的重要基地,在开发钾肥的过程中会产生大量的氯化镁,1t 氯化钾产 8~10t 氯化镁。随着钾肥的开发利用,副产品氯化镁不断增加,察尔汗盐湖目前年产约 4500 万 t 氯化钾,伴随有 2400 万~3000 万 t 氯化镁产出,但以氯化镁作为原料的产品用量仅占 1/100~1/60,氯化镁利用率极低。据统计,2015 年青海省预拌混凝土销售量达 1200 万 m^3,如果 10%混凝土为氯氧镁水泥混凝土,每年将消耗 15 万 t 氯化镁,如果解决制备活性氧化镁工艺关键技术问题,每年将消耗 50 万 t 氯化镁。氯氧镁水泥混凝土大范围的推广应用将大幅度提高氯化镁的就地利用率,实现真正意义上的自给自足,减少环境污染问题。

本研究成果可减少青海省公路工程水泥混凝土结构物早期破坏、施工期短造成的社会经济损失,解决盐湖地区氯化镁废料带来的生活环境破坏等问题,既符合我国国情,又符合循环经济发展的理念,符合建设节约型社会、实现可持续发展的要求。因此,氯氧镁水泥混凝土的推广及应用前景广阔。

参 考 文 献

[1] 交通运输部公路科学研究院. 公路水泥混凝土路面施工技术细则: JTG/T F30—2014[S]. 北京: 人民交通出版社, 2014.

[2] 尤启俊, 顾本庭, 田新. 外加剂对混凝土收缩性能的影响[J]. 广东建材, 2000, (2): 21-24.

[3] 李颖, 余红发, 董金美, 等. 氯氧镁胶凝材料吸潮返卤泛霜的研究进展[J]. 硅酸盐通报, 2010, 29(4): 858-865.

[4] 周子昌, 井艳文, 吴振琏. 改善氯氧镁水泥耐水性的研究[J]. 新型建筑材料, 1996, (10): 34-36.

[5] 房建宏, 徐安花. 青海省公路建设主要技术对策探讨[J]. 青海交通科技, 2014, (6): 13-17.